政府采购和招标投标

质疑投诉诉讼实务案例解析

李金升 著

中国法治出版社
CHINA LEGAL PUBLISHING HOUSE

前　言

有人的地方，就有规则。有规则的地方，就有对规则的理解与适用。

在招标采购活动之中，就有大量的招标采购的规则，包括国家法律法规以及招标采购行业惯例等。

面对数量众多的招标采购规则，招标采购的各方主体，无论是招标人、投标人、评标专家、招标代理机构，抑或是行政监督部门、行政复议机关或司法机构等，对其的理解与适用也容易出现差异。

也正因为如此，招标采购中的异议质疑投诉等争议纠纷，成了招标采购的各方主体时常会面对的问题。

而对于守着正义最后一道防线的法院，其对招标采购规则适用中的争议的裁判，对于统一大家的认识，指引人们的各种行为，有着非常重要的意义。

通过公开的法院裁判文书，我们可以认真研读招标采购的各种真实且鲜活案例，增强对招标采购规则的理解。

规则的生命源于经验，经验的丰富源于案例。本书从海量的裁判文书中，撷取55个经典的招标采购案例，以飨读者。

在55个经典案例中，我们可以看到，规则虽多，但也有规则的真空，或曰法律的空白。

在55个经典案例中，我们可以看到投标人的异议质疑，招标人的质疑答复，行政监督部门的投诉处理，一审法院的裁判说理，二审法院的维持原判抑或改判的理由，再审法院的最终裁判。

在55个经典案例中，我们可以看到投标人的视角，招标人的坚持，监督部门的处理，法院的平衡。

在55个经典案例中，我们可以看到招标采购工作的专业、不易，以及相应的行为预期和建议。

欢迎大家对本书予以指正（邮箱：545126155@qq.com，微信：jinshenglvshi）。

李金升律师

2025年2月6日

目录 Contents

案例 1：全民所有制企业的物业招标是否由财政部门进行监督？ ……………（1）

案例 2：国企竞争性磋商采购是否适用《政府采购法》？ ………………（5）

案例 3：政府采购质疑答复前是否须暂停采购活动不得开标？ ……………（9）

案例 4：政府采购评分项要求近3年业绩是否属于排斥供应商？ …………（12）

案例 5：政府采购供应商的"突击投诉"是否有效？ ………………………（16）

案例 6：竞争性比选方式是否也须适用财政部令第74号？ ………………（21）

案例 7：两次招标均"流标"后可否直接转单一来源采购？ ………………（24）

案例 8：某一供应商投标保证金未按时到账能否将整个采购项目废标？ …（28）

案例 9：投标样品外包装上可否有公司名称？ ……………………………（33）

案例 10："一个政府采购项目可否设两个以上预算金额？ …………………（38）

案例 11：投标报价是否一定以开标一览表报价为准？ ……………………（42）

案例 12：可否依据招标文件将管委会列为政府采购的监督部门？ ………（48）

案例 13：他人有权对未参与的单一来源采购项目提出质疑投诉吗？ ……（52）

案例 14：可否通过公开渠道免费下载获取采购代理机构售价300元的采购文件，然后提出质疑投诉？ …………………………………（57）

案例 15：可否将生产厂家授权书作为政府采购项目的评分项？ …………（62）

案例 16：供应商有权对采购文件提出质疑的起算时间如何确定？ ………（66）

案例 17：采购人不签订合同时中标人可否直接提出投诉？ ………………（70）

案例 18：如何理解供应商"具有良好的商业信誉"？ ……………………（75）

案例 19：又论如何理解供应商"具有良好的商业信誉"？ ………………（80）

案例 20："优良中差"是否属于政府采购项目的量化评分？ ………………（86）

案例 21：第一中标候选人可否起诉作出废标处理决定的财政部门？……（91）
案例 22：投标人对招标文件售价过高的投诉归谁管？……………………（95）
案例 23：C 公司和 D 公司两投标人授权代表均为 E 公司的员工是否构成串标？……………………………………………………（99）
案例 24：只有部分原评标委员会专家参加协助答复质疑是否合法？……（104）
案例 25：采购文件评分条件的设置是否也不得"与合同履行无关"？……（108）
案例 26：可否另行抽取评标专家对质疑投诉的事项再行审查？…………（114）
案例 27：非故意提交虚假投标资料的是否应受行政处罚？………………（119）
案例 28：政府采购项目可否规定只有政府采购项目业绩才得分？………（123）
案例 29：采购文件可否规定投标产品核心部件为进口的得分高于国产的？……………………………………………………………（126）
案例 30：投标人先后多次提出质疑情形下哪一次质疑为有效质疑？……（130）
案例 31：A 公司持有 B 公司 37.13% 的股权，该两公司是否不得同时投标？……………………………………………………………（136）
案例 32：经网上查询有行贿行为的供应商是否不得投标？………………（142）
案例 33：具有共同股东的不同供应商可否同时参加投标？………………（148）
案例 34：3 家供应商投标报价一致是否属于串标，其投标是否无效？……（152）
案例 35："一套班子两块牌子"的两家公司业绩可否互用于投标？………（157）
案例 36：投标分项报价表上制造商名称错填成代理商名称是否属于不符合招标文件的实质要求？………………………………（163）
案例 37：采购预算为 5600 万元，投标报价为 200 万元是否属于不合理低价竞争？……………………………………………………（167）
案例 38：采购代理机构在 17:00 后不再出售招标文件是否合法？………（176）
案例 39：未在投标签到表上签到的供应商是否不得继续参与投标？……（183）
案例 40：供应商可否在投标文件里提出向采购人"赠送"一定的货物或服务？……………………………………………………（188）
案例 41：政府采购项目是否可以设置成本警戒线？………………………（193）
案例 42：可否在对前三名中标候选人的投标样品进行检测后再行确定中标人？……………………………………………………（198）

案例 43：A 公司的投标文件盖了 B 公司的章是否构成串标？ …………（203）
案例 44：政府采购项目是否须公开评标专家的工作单位信息？ …………（210）
案例 45：营业执照经营范围是否属于供应商的资格条件？ …………（214）
案例 46：投标供应商的注册资本是否必须大于采购预算？ …………（219）
案例 47：质疑供应商要求公开中标人的投标文件是否可行？ …………（223）
案例 48：未查验投标人授权代表的身份证原件是否应当废标？ …………（227）
案例 49：用评标现场的录音进行投诉的供应商是否应被行政处罚？ ……（232）
案例 50：投标供应商提供的业绩合同金额与实际金额有出入是否为
　　　　　虚假业绩？ ……………………………………………………（238）
案例 51：市场占有率可否作为参与询价项目的资格条件？ …………（243）
案例 52：利害关系人是否有权对政府采购项目提出质疑投诉？ …………（248）
案例 53：政府采购货物可否在采购文件中拒绝进口产品投标？ …………（253）
案例 54：对供应商超期提出的质疑可否不予答复？ …………（256）
案例 55：6 个子项中 3 个子项报价为 0 元是否属于低于成本价投标？ ……（260）

后　　记 ………………………………………………………………………（267）

案例1：全民所有制企业的物业招标是否由财政部门进行监督？

一、前言

招标投标活动中，难免会出现质疑、投诉等情况。某全民所有制企业招标采购物业服务，针对投标人的质疑，代理机构书面答复告知，如果对质疑答复不满的，可以根据政府采购的相关法规向监督部门投诉，该监督部门如何认定？

二、代理机构书面答复告知对质疑答复不满可以根据政府采购的相关法规向监督部门投诉①

1. 招标项目情况。2018年12月30日，深圳市某物业集团有限公司参与采购人为湖南省烟草公司甲市公司、采购代理机构为湖南某项目管理有限公司实施的湖南省烟草公司甲市公司办公区物业管理服务项目。开标后，甲市某物业服务有限公司被确认为中标人。

2. 投标人认为中标人应被取消中标资格而提出质疑。深圳市某物业集团有限公司对中标结果不服，向采购代理机构湖南某项目管理有限公司提出了书面质疑书，认为中标单位弄虚作假，谋取中标，应取消其中标资格。

3. 采购代理机构质疑答复告知不满意的可以根据政府采购的相关法规向监督部门投诉。采购代理机构湖南某项目管理有限公司对深圳市某物业集团有限公司的质疑作出了书面答复，要求质疑人针对质疑事项举出事实依据和必要的法律依据，并交代，如果对质疑答复不满意，可在答复期满后十五个工作日内按《政府采购供应商投诉处理办法》（财政部第20号令，已失效，现在施行的是财政部令第94号）的规定向同级监督部门依法提起投诉。

4. 甲市财政局对投诉一直不予答复。深圳市某物业集团有限公司对采购代

---

① 因案件发生及受理时间问题，本书相关行政文书及司法裁判文书所涉的法律法规存在修订（修正）及废止等情况，具体内容以现行规定为准。

理机构的质疑答复不满意，于 2019 年 1 月 15 日向湖南省甲市财政局邮寄政府采购供应商投诉书，投诉中标人甲市某物业服务有限公司在上述政府采购项目中弄虚作假，谋取中标，应取消中标资格。甲市财政局于 2019 年 1 月 17 日收到投诉书后，认为湖南省烟草公司甲市公司办公区物业管理服务项目并非政府采购项目，故一直未予答复。

三、法院对全民所有制企业的物业招标是否由财政部门进行监督的裁判

1. 一审法院湖南省甲市某县人民法院判决甲市财政局败诉。深圳市某物业集团有限公司对甲市财政局一直不予答复投诉事宜，将甲市财政局作为被告，起诉到湖南省甲市某县人民法院。湖南省甲市某县人民法院经审理后，作出行政判决，认为：根据《政府采购质疑和投诉办法》（财政部令第 94 号）第二十一条规定："财政部门收到投诉书后，应当在 5 个工作日内进行审查，审查后按照下列情况处理……（二）投诉不符合本办法第十九条规定条件的，应当在 3 个工作日内书面告知投诉人不予受理，并说明理由。（三）投诉不属于本部门管辖的，应当在 3 个工作日内书面告知投诉人向有管辖权的部门提起投诉……"以及《湖南省行政程序规定》第六十五条规定，"行政机关对当事人提出的申请，应当根据下列情况分别作出处理：（一）申请事项依法不属于本行政机关职权范围的，应当即时作出不予受理的决定，并告知当事人向有关行政机关申请……行政机关受理或者不受理当事人申请的，应当出具加盖本行政机关印章和注明日期的书面凭证。"本案中，被告甲市财政局认为投诉项目并非政府采购项目，故认为没有义务对原告的投诉予以答复，明显地违反了上述行政规章的规定，被告甲市财政局应根据上述规定对原告的投诉是否属于政府采购项目，是否具有管辖权，是否应予受理该事项给予原告书面答复。故，原告的诉讼请求依法成立，本院应予支持，根据《行政诉讼法》第七十二条之规定，判决如下：责令被告甲市财政局于本判决生效后根据《政府采购质疑和投诉办法》（财政部令第 94 号）规定的期限内对原告深圳市某物业集团有限公司的投诉作出书面答复。

2. 二审法院湖南省甲市中级人民法院裁判认为其不属于政府采购财政局无权监管。2019 年 8 月 5 日，湖南省甲市中级人民法院作出行政裁定，认为：湖南省烟草公司甲市公司系全民所有制企业，根据湖南省烟草公司甲市公司出具的说

明和甲市财政局提供的证据，能证明湖南省烟草公司甲市公司委托湖南某项目管理有限公司代理办公区物业管理服务采购招标的项目，未使用财政性资金，亦未列入集中采购目录，湖南省烟草公司甲市公司自主采购物业管理服务的行为不属于政府采购行为，不属于《政府采购法》调整的范围，被上诉人深圳市某物业集团有限公司的投诉明显不属于上诉人甲市财政局的法定职责和监督管理范围，其投诉应向湖南省烟草公司甲市公司的纪检监察部门或上级主管部门湖南省烟草公司提出。故，被上诉人深圳市某物业集团有限公司所请求履行的法定职责明显不属于上诉人甲市财政局的权限范围，应当裁定驳回起诉。据此，湖南省甲市中级人民法院裁定：一、撤销湖南省甲市某县人民法院行政判决；二、驳回深圳市某物业集团有限公司的起诉。

3. 再审法院湖南省高级人民法院裁判认为其不属于政府采购财政局无权监管。2019年12月24日，湖南省高级人民法院作出行政裁定，认为：湖南省烟草公司甲市公司系全民所有制企业，其委托湖南某项目管理有限公司代理办公区物业管理服务采购招标的项目，未使用财政性资金，亦未列入集中采购目录。湖南省烟草公司甲市公司自主采购物业管理服务的行为不属于政府采购行为，亦不属于《政府采购法》调整的范围。再审申请人深圳市某物业集团有限公司的投诉明显不属于被申请人甲市财政局的法定职责和监督管理范围。深圳市某物业集团有限公司起诉请求履行的法定职责不属于甲市财政局的权限范围，依照《最高人民法院关于适用〈中华人民共和国行政诉讼法〉的解释》第九十三条第二款"人民法院经审理认为原告所请求履行的法定职责或者给付义务明显不属于行政机关权限范围的，可以裁定驳回起诉"之规定，原二审裁定驳回深圳市某物业集团有限公司的起诉，认定事实清楚，适用法律、法规正确，应予维持。深圳市某物业集团有限公司申请再审的理由不能成立，本院不予支持。据此，湖南省高级人民法院裁定：驳回深圳市某物业集团有限公司的再审申请。

四、政府采购项目并不包含全民所有制企业的招标采购项目

1. 全民所有制企业是企业，不是国家机关、事业单位或团体组织。根据《全民所有制工业企业法》第二条的规定："全民所有制工业企业（以下简称企业）是依法自主经营、自负盈亏、独立核算的社会主义商品生产和经营单位。企

业的财产属于全民所有，国家依照所有权和经营权分离的原则授予企业经营管理。企业对国家授予其经营管理的财产享有占有、使用和依法处分的权利。企业依法取得法人资格，以国家授予其经营管理的财产承担民事责任。"全民所有制企业是企业，不是政府机关、事业单位或团体组织。

2. 只有国家机关、事业单位或团体组织，才是政府采购的采购主体。《政府采购法》第二条规定："在中华人民共和国境内进行的政府采购适用本法。本法所称政府采购，是指各级国家机关、事业单位和团体组织，使用财政性资金采购依法制定的集中采购目录以内的或者采购限额标准以上的货物、工程和服务的行为……"因此，全民所有制企业就不可能是政府采购的采购主体，其实施的招标采购活动，不适用《政府采购法》《政府采购法实施条例》等政府采购法律法规等。也因此，全民所有制企业实施的招标采购活动，财政部门并无监督管理的权限和职责。

3. 企业自有资金不能与财政性资金相混淆。《政府采购法实施条例》第二条规定："政府采购法第二条所称财政性资金是指纳入预算管理的资金。以财政性资金作为还款来源的借贷资金，视同财政性资金。国家机关、事业单位和团体组织的采购项目既使用财政性资金又使用非财政性资金的，使用财政性资金采购的部分，适用政府采购法及本条例；财政性资金与非财政性资金无法分割采购的，统一适用政府采购法及本条例……"因此，自负盈亏、独立核算的全民所有制企业，其自有资金，并不是纳入预算管理的财政性资金，用企业自有资金实施的招标采购活动，不适用《政府采购法》《政府采购法实施条例》等政府采购法律法规等。也因此，财政部门并无监督管理的权限和职责。

五、结语

虽然在前述湖南省烟草公司甲市公司办公区物业管理服务项目中，代理机构告知投标人，如果对质疑答复不满意的话，可以根据政府采购的相关规定向监督部门投诉。但这并不代表或意味着财政部门对全民所有制企业实施的招标采购活动具有监督的权限或职责。监督部门须依法确定、依法监督。

案例2：国企竞争性磋商采购是否适用《政府采购法》？

一、招采过程

1. PPP（Public-Private-Partnership 的缩写，即政府和社会资本合作，以下简称 PPP）项目招标。2015 年，四川省乙市某区产业新城（PPP）一期项目在四川政府采购网进行公开招标。

2. 中标社会资本。2016 年 2 月，确定中标社会资本，中标社会资本为联合体，其联合体成员分别为：甲市某城建投资中心、乙市某投资有限公司、某交通建设集团有限公司。

3. 成立 SPV（Special Purpose Vehicle 的缩写，即特殊目的机构/公司，以下简称 SPV）公司。2016 年 5 月 23 日，中标社会资本三家单位共同出资成立 SPV 公司，即：乙市某建设开发有限公司，具体实施该工程项目。其中，政府出资人代表乙市某投资有限公司出资额为 100 万元，占注册资本总额的 10%。故乙市某建设开发有限公司为国有参股公司。

4. SPV 公司竞争性磋商采购设备。2017 年 9 月 29 日，采购人乙市某建设开发有限公司在中国采招网发出《某区产业新城（PPP）一期项目调蓄池设备采购公告》（以下简称公告），该公告载明了该项目的资金来源为：企业自筹。采购邀请比照《政府采购竞争性磋商采购方式管理暂行办法》（财库〔2014〕214 号）第六条，由评审专家书面推荐。

5. 评审结果。2017 年 10 月 25 日，采购人乙市某建设开发有限公司使用随机抽取的方式选取了 10 名评审专家对某区产业新城（PPP）一期项目调蓄池设备采购磋商进行评审。通过评审，供应商武汉某排水系统有限公司得分 71.15 分，为第三候选人。

二、质疑投诉

1. 第三候选人提出质疑。2017 年 10 月 15 日，供应商武汉某排水系统有限公司向采购人乙市某建设开发有限公司发出调蓄池设备采购招标文件质疑函，对调蓄池设备采购招标中的综合评分的分数设置提出异议。

2. 采购人SPV公司答复质疑。2017年10月20日，采购人乙市某建设开发有限公司对该质疑进行了回复。

3. 第一次投诉。2017年10月30日，供应商武汉某排水系统有限公司员工雷某丽以电子邮件的方式向乙市某区财政局投诉调蓄池招投标存在不公平和造假现象。

4. 回复第一次投诉。2017年11月1日，乙市某区财政局对该质疑以电子邮件的方式作出回复：该采购属于PPP公司，不属于财政部门的政府采购监督对象；国有企业采购监管属于国资委。

5. 第二次投诉。2017年11月6日，供应商武汉某排水系统有限公司以电子邮件的方式向代理公司四川某建设工程有限公司发出投诉函，四川某建设工程有限公司回复：投诉函不属于投诉处理条件，不予受理。

6. 第三次投诉。2017年11月10日，供应商武汉某排水系统有限公司再次就调蓄池设备招标进行投诉。

7. 回复第三次投诉。2017年12月5日，乙市某区管委会组织财政局、建设局、发改局、采购人乙市某建设开发有限公司、乙市某投资有限公司共同对供应商武汉某排水系统有限公司的投诉进行了会议答复。答复具体如下：本次调蓄池设备采购招标不适用《政府采购法》《招标投标法》及《招标投标法实施条例》。本次采购只是参考《政府采购法》。采购人乙市某建设开发有限公司本次的采购行为属于公司日常经营管理行为。

三、行政诉讼

1. 法院立案。2018年3月26日，四川省乙市某区人民法院对原告武汉某排水系统有限公司与被告乙市某区管理委员会、乙市某区财政局、乙市某区建设局、乙市某区发展改革局、第三人乙市某建设开发有限公司行政违法一案予以立案。

2. 法院审理。2018年5月29日，四川省乙市某区人民法院公开开庭审理了本案。

3. 法院判决。2018年7月25日，四川省乙市某区人民法院作出行政判决书，认为：《政府采购法》第二条第一款至第二款规定，在中华人民共和国境内进行的政府采购适用本法。本法所称政府采购，是指各级国家机关、事业单位和团体组织，使用财政性资金采购依法制定的集中采购目录以内的或者采购限额标准以上的货物、工程和服务的行为。第三人乙市某建设开发有限公司为国有参股公司，其进行调蓄池设备采购的招标行为属于企业日常经营行为，不适用《政府采购法》的规定。判决驳回原告武汉某排水系统有限公司的诉讼请求。

四、法律适用分析

1. 竞争性磋商属于法定的政府采购方式。根据《政府采购法》第二十六条的规定："政府采购采用以下方式：（一）公开招标；（二）邀请招标；（三）竞争性谈判；（四）单一来源采购；（五）询价；（六）国务院政府采购监督管理部门认定的其他采购方式。公开招标应作为政府采购的主要采购方式。"以及财政部于 2014 年发布的《政府采购竞争性磋商采购方式管理暂行办法》（财库〔2014〕214 号），竞争性磋商属于法定的政府采购方式。

2. 国有企业不属于国家机关、事业单位和团体组织。《政府采购法》第二条第一款、第二款规定："在中华人民共和国境内进行的政府采购适用本法。本法所称政府采购，是指各级国家机关、事业单位和团体组织，使用财政性资金采购依法制定的集中采购目录以内的或者采购限额标准以上的货物、工程和服务的行为。"只有国家机关、事业单位和团体组织，才是政府采购的主体。第九届全国人民代表大会常务委员会第二十四次会议关于《中华人民共和国政府采购法（草案）》的说明中提到"……草案第二条第二款规定：'本法所称政府采购，是指国家机关、事业单位和团体组织，使用财政性资金采购货物、工程和服务的行为'。该条对政府采购作了界定，同时明确了政府采购的调整范围，涉及政府采购的采购单位、采购资金和采购对象。只有这三个方面都符合法律的规定，才纳入政府采购法的调整范围。从中国的实际情况出发，参照国际通行做法，草案将采购单位规定为各级国家机关、事业单位和团体组织。包括各级国家权力机关、行政机关、审判机关、检察机关、政党组织、政协组织、工青妇组织以及文化、教育、科研、医疗、卫生、体育等事业单位。考虑到我国国有企业和国有控股企业面广量大，其职能和国家机关、事业单位、团体组织不同，为了保证企业经营自主权的落实，草案未将国有企业和国有控股企业的采购包括使用财政资金进行的采购纳入调整范围。军事装备和军用物资的采购涉及国家的安全和机密，其采购过程不可能遵循透明、公开等原则，因此草案未将军事采购纳入调整范围，而在附则一章中规定军事采购法规由中央军事委员会另行制定"。因此，即使国有企业和国有控股企业的采购包括使用财政资金进行的采购，都不属于政府采购，都不适用《政府采购法》。

3. 国有企业设备采购并不均属于依法必须进行招标的项目。《招标投标法》第三条规定："在中华人民共和国境内进行下列工程建设项目包括项目的勘察、设计、施工、监理以及与工程建设有关的重要设备、材料等的采购，必须进行招标：（一）大型基础设施、公用事业等关系社会公共利益、公众安全的项目；（二）全部或者部分使用国有资金投资或者国家融资的项目；（三）使用国际组织或者外国政府贷款、援助资金的项目。前款所列项目的具体范围和规模标准，由国务院发展计划部门会同国务院有关部门制订，报国务院批准。法律或者国务院对必须进行招标的其他项目的范围有规定的，依照其规定。"因此，只有与工程建设有关的重要设备的采购，符合相应条件的，才属于依法必须进行招标的项目。对于非依法必须进行招标的设备采购项目，国有企业可以不采用招标方式而采用前述案涉竞争性磋商方式。

五、结语

虽然竞争性磋商方式属于法定的政府采购方式，但国有企业采用竞争性磋商方式采购的，并不当然适用《政府采购法》。

案例 3：政府采购质疑答复前是否须暂停采购活动不得开标？

一、争议缘起

1. 规定的开标时间。2018 年 3 月 21 日，采购人某大学、采购代理机构某招标公司发布《某大学斑马鱼养殖系统采购项目变更公告》，变更开标时间为：2018 年 4 月 9 日 9 时 30 分 00 秒（北京时间）。

2. 提出质疑的时间。2018 年 4 月 3 日，供应商北京某科技发展有限公司（以下简称某科技公司）对某大学斑马鱼养殖系统采购项目提出质疑。

3. 提出暂停的时间。2018 年 4 月 9 日，涉案项目开标、评标，某科技公司提交暂停招投标函。

4. 答复质疑的时间。2018 年 4 月 11 日，即开标后采购人某大学、采购代理机构某招标公司才对某科技公司在开标前（2018 年 4 月 3 日）提出的质疑进行答复。

质疑供应商某科技公司认为，在其提交暂停招投标函后，采购人某大学、采购代理机构某招标公司未暂停开标活动，违反了《招标投标法实施条例》第二十二条的规定，并且采购代理机构在开标后才将采购人第二次质疑答复反馈给投诉人，属程序违法，质疑供应商某科技公司由此向财政部投诉后续又申请行政复议及提起行政诉讼。

二、法院裁判

1. 一审法院北京市某中级人民法院认为，关于"投诉事项 3""投诉事项 6"，即某科技公司认为"在其提交暂停招投标函后，某大学、某招标公司未暂停开标活动，违反了《招标投标法实施条例》第二十二条的规定，以及代理机构在开标后才将采购人第二次质疑答复反馈给投诉人等程序违法"的问题。根据《政府采购法》第四条的规定，政府采购工程进行招标投标的，适用招标投标法。而该法第二条第六款规定，本法所称工程，是指建设工程，包括建筑物和构筑物的新建、改建、扩建、装修、拆除、修缮等。涉案项目是某大学采用公开招标方式采购斑马鱼养殖缸等设备，属于货物采购，不适用《招标投标法》，亦不适用《招标投标法实施条例》的相关规定，故某科技公司的相关投诉事项于法无据。此外，《政府采购法》第五十三条规定，采购人应当在收到供应商的书面质疑后七个工作日内作出答复，并以书面形式通知质疑供应商和其他有关供应商，但答复的内容不得涉及商业秘密。第五十四条规定，采购人委托采购代理机构采购的，供应商可以向采购代理机构提出询问或者质疑，采购代理机构应当依照本法第五十一条、第五十三条的规定就采购人委托授权范围内的事项作出答复。本案中，某招标公司于 2018 年 4 月 3 日收到某科技公司的第二次质疑，并于同年 4 月 11 日进行答复，符合上述规定，某科技公司的相关投诉事项缺乏事实和法律依据。结合其他，北京市某中级人民法院作出行政判决，驳回某科技公司的诉讼请求。

2. 二审法院北京市高级人民法院裁判。2019 年 12 月 25 日，北京市高级人民法院作出行政判决，认为：本案中，涉案项目系某大学采用公开招标方式采购斑马鱼养殖缸等设备，明显属于货物采购，亦并非与工程建设有关的货物采购，故并不适用《招标投标法》及其实施条例的相关规定。《政府采购法》、《政府采购质疑和投诉办法》（财政部令第 94 号）及《政府采购货物和服务招标投标管理办法》（财政部令第 87 号）中，均未规定采购人或代理机构作出质疑答复前，应当暂停招标投标活动。某招标公司收到某科技公司两次质疑后作出答复的期限、方式，均符合《政府采购法》及《政府采购质疑和投诉办法》（财政部令第 94 号）的相关规定，故被诉处理决定认定某科技公司投诉事项 3、6 缺乏事实依据，并无不当。某科技公司认为一审判决及被诉处理决定认定涉案项目属于货物采购，不适用《招标投标法》规定有误的诉讼理由，没有事实和法律依据，本院不予支持。结合其他，北京市高级人民法院判决驳回上诉，维持一审判决。

3. 再审法院最高人民法院裁判。2021 年 3 月 30 日，最高人民法院作出行政裁定，驳回再审申请人北京某科技公司的再审申请。

三、两法不一

在招标采购领域，我们国家并行两套法律体系：一是以《招标投标法》为典型的招标投标法律体系；二是以《政府采购法》为典型的政府采购法律体系。

两套法律体系，有些规定是相通的，但也有些规定是不一致的。比如案涉项目，对质疑答复前是否需要暂停招标采购活动，两法不一。首先是名称的不一致，招标投标法律体系，将其命名为"异议"，政府采购法律体系，将其命名为"质疑"，但实质基本相同，属于实同名不同。

1. 招标投标法律体系：回复异议前必须暂停招投标活动。《招标投标法实施条例》第二十二条明文规定："潜在投标人或者其他利害关系人对资格预审文件有异议的，应当在提交资格预审申请文件截止时间 2 日前提出；对招标文件有异议的，应当在投标截止时间 10 日前提出。招标人应当自收到异议之日起 3 日内作出答复；作出答复前，应当暂停招标投标活动。"

2. 政府采购法律体系：回复质疑前无须暂停政府采购活动。《政府采购法》第五十三条仅规定："采购人应当在收到供应商的书面质疑后七个工作日内作出答复，并以书面形式通知质疑供应商和其他有关供应商，但答复的内容不得涉及商业秘密。"《政府采购质疑和投诉办法》（财政部令第 94 号）第十三条也仅规定："采购人、采购代理机构不得拒收质疑供应商在法定质疑期内发出的质疑函，应当在收到质疑函后 7 个工作日内作出答复，并以书面形式通知质疑供应商和其他有关供应商。"《政府采购货物和服务招标投标管理办法》（财政部令第 87 号）也未规定质疑答复前须暂停招标投标活动。

四、结语

在招标采购活动中，首先须判明，该项目是适用以《招标投标法》为典型的招标投标法律体系，还是适用以《政府采购法》为典型的政府采购法律体系。适用的法律不同，其相关规则不同，法律后果也就不同。

案例 4：政府采购评分项要求近 3 年业绩是否属于排斥供应商？

一、业绩评分标准被质疑

1. 原招标文件规定的业绩评分标准。2018 年 3 月 2 日，采购人某大学、采购代理机构某招标公司发布《某大学斑马鱼养殖系统采购项目公开招标公告》，所附招标文件对业绩分的规定为："投标人提供 2015 年 1 月 1 日至本项目投标截止时间同类项目业绩合同，合同金额≥30 万元的项目，每一项目得 1 分，如项目实施在科研院所或高校用以科研目的且合同金额≥100 万元的项目，每提供一个项目得 3 分，本项满分 17 分。注：投标时提供中标通知书及合同关键页（须含设备清单、合同总价及签章页）复印件，不提供不得分。另需提供合同原件备查，如评委有核查需求时，投标人无法立即提供或提供的原件与复印件不符合，均不得分。"

2. 提出质疑。2018 年 3 月 14 日，供应商北京某科技发展有限公司（以下简称某科技公司）对"某大学斑马鱼养殖系统采购项目"提出质疑。

二、业绩评分标准被修改

1. 采购人对原业绩评分标准进行修改。2018 年 3 月 21 日，采购人某大学、采购代理机构某招标公司发布《某大学斑马鱼养殖系统采购项目变更公告》，将原业绩评分标准更改为："投标人提供 2015 年 1 月 1 日至本项目投标截止时间同类项目业绩合同，每一项目得 1 分，如项目实施在科研院所或高校用以科研目的，每提供一个项目得 2 分，业绩得分最高可得 12 分；在投标所提供业绩合同基础上再提供对应合同履行情况的客户服务满意度评价，每提供一个对应合同的履行服务质量为满意或优等类似的正面评价得 1 分，服务评价最高可得 5 分。注：投标时提供中标通知书及合同关键页（须含设备清单、合同总价及签章页）复印件，不提供、有缺项或不满足均不得分，时间以合同签订时间为准；客户服务评价内容须有用户盖章，否则不得分。投标时需提供合同原件备查，如评委有核查需求时，投标人无法立即提供或提供的原件与复印件不符，均不得分。"

2. 再次提出质疑。2018 年 4 月 3 日，某科技公司对"某大学斑马鱼养殖系统采购项目"再次提出质疑。采购代理机构答复质疑后，某科技公司向财政部提出投诉，及后续提出行政复议，乃至将财政部作为被告提起诉讼。

三、法院对采购评分项要求近 3 年业绩是否属于排斥供应商的裁判

1. 一审法院北京市某中级人民法院裁判认为不排斥。一审法院认为：根据《政府采购法实施条例》第十五条的规定，采购人、采购代理机构应当根据政府采购政策、采购预算、采购需求编制采购文件。采购需求应当符合法律法规以及政府采购政策规定的技术、服务、安全等要求。故此，在符合法律法规以及政府采购政策规定的技术、服务、安全等要求的前提下，采购人有根据采购需求编制采购文件的权利。本案中，关于"项目实施在研究院所或高校用以科研目的"要求"合同金额≥100 万元"方得 3 分的要求属于对供应商实行差别待遇或歧视待遇的投诉内容，因某招标公司已于 2018 年 3 月 21 日发布变更公告，删除了招标文件中关于"项目实施在研究院所或高校用以科研目的"中"合同金额≥100 万元"的表述，并将招标文件有关"同类项目业绩"修改为"同类业绩及客户服务满意度评价"，调整了评审标准和分值设置，某科技公司相应投诉事项的事实基础已不存在。关于将"2015 年 1 月 1 日"作为提供业绩合同的特定起始日属于对供应商实行差别待遇或歧视待遇的投诉内容，根据某大学在《关于某大学斑马鱼养殖系统采购项目质疑函质疑问题的回复意见及招标文件修改要求》中的表述，其将 2015 年 1 月 1 日作为提供业绩合同的特定起始日，是因采购人在涉案项目中采购的产品生产制作工艺、技术日新月异，某些生产厂家的产品生产技术还停留在多年前，如果使用此类产品，可能影响实验质量，其说法符合公知常理，亦不违反法律法规的规定，可以认定为采购人的正当采购需求。综上，现有证据不足以证明本案采购人、代理机构存在某科技公司主张的对供应商实行差别待遇或歧视待遇的情形。结合其他，北京市某中级人民法院作出行政判决，驳回某科技公司的诉讼请求。

2. 二审法院北京市高级人民法院裁判也认为不排斥。2019 年 12 月 25 日，北京市高级人民法院作出行政判决，认为：对某科技公司投诉事项 1、2、5、7

的认定及处理并无不当,一审判决对此的判理本院不持异议,在此不赘。"投诉事项2",即某科技公司认为"本项目采购物品属于按场地要求的定制产品,招标文件将特定业绩作为加分条件,属于对供应商实行差别待遇或歧视待遇"的问题。结合其他,北京市高级人民法院判决驳回上诉,维持一审判决。

3. 再审法院最高人民法院裁判也认为不排斥。2021年3月30日,最高人民法院作出行政裁定,认为:关于再审申请人投诉认为某大学在本次招标中将2015年1月1日作为提供业绩合同的特定起始日,属于对供应商实行差别待遇或歧视待遇的问题。某大学在回复该质疑时提出:"将2015年1月1日作为提供业绩合同的特定起始日,以保证投标人所投产品在目前阶段(近3年内)处于业务的活跃阶段,是投标人当下具有符合项目要求的施工力量的一种体现,也是其产品近年来得到其他客户认可且有人采购使用的一种证明,让我方对投标人有能力按时完成项目更有信心,打分设置以择优为原则。"某大学的上述陈述具备合理性,一、二审法院认为其属于采购人的正当采购需求、财政部驳回该项投诉合法,并无明显不当。遂驳回再审申请人某科技公司的再审申请。

四、业绩评分标准设置须慎重

1. 不得设置业绩规模标准。《中小企业促进法》第四十条第三款规定:"政府采购不得在企业股权结构、经营年限、经营规模和财务指标等方面对中小企业实行差别待遇或者歧视待遇。"《政府采购货物和服务招标投标管理办法》(财政部令第87号)第十七条规定:"采购人、采购代理机构不得将投标人的注册资本、资产总额、营业收入、从业人员、利润、纳税额等规模条件作为资格要求或者评审因素,也不得通过将除进口货物以外的生产厂家授权、承诺、证明、背书等作为资格要求,对投标人实行差别待遇或者歧视待遇。"《政府采购促进中小企业发展管理办法》(财库〔2020〕46号)第五条规定:"采购人在政府采购活动中应当合理确定采购项目的采购需求,不得以企业注册资本、资产总额、营业收入、从业人员、利润、纳税额等规模条件和财务指标作为供应商的资格要求或者评审因素,不得在企业股权结构、经营年限等方面对中小企业实行差别待遇或者歧视待遇。"

因此,采购人某大学、采购代理机构某招标公司发布《某大学斑马鱼养殖系统采购项目变更公告》,将原业绩评分标准合同金额≥30万元的项目、合同金额

≥100万元的项目进行了更改，不再要求金额的规模标准，修改后，对有效业绩的认定，不得以规模作为评判标准。

2. 近×年的业绩不属于以经营年限对供应商实行差别待遇或者歧视待遇。政府采购相关法律法规政策并未规定获得业绩的年限限制，而是交由采购人、采购代理机构根据采购需求自行合理确定。《政府采购法实施条例》第十五条规定："采购人、采购代理机构应当根据政府采购政策、采购预算、采购需求编制采购文件。采购需求应当符合法律法规以及政府采购政策规定的技术、服务、安全等要求。政府向社会公众提供的公共服务项目，应当就确定采购需求征求社会公众的意见。除因技术复杂或者性质特殊，不能确定详细规格或者具体要求外，采购需求应当完整、明确。必要时，应当就确定采购需求征求相关供应商、专家的意见。"《政府采购需求管理办法》（财库〔2021〕22号）第七条规定："采购需求应当符合法律法规、政府采购政策和国家有关规定，符合国家强制性标准，遵循预算、资产和财务等相关管理制度规定，符合采购项目特点和实际需要。采购需求应当依据部门预算（工程项目概预算）确定。"因此，在前述案件中，不管是一审法院、二审法院，还是最高人民法院，均认为要求2015年1月1日以来（案涉项目近3年来）的业绩"属于采购人的正当采购需求"。

由此可以知道，对采购人、采购代理机构而言，在采购文件中确定业绩评分标准时，不论要求的是近1年，近2年，还是近5年的业绩，均由采购人、采购代理机构依法开展的采购需求确定，法律并无对业绩年限的规定或要求。当然，采购人的采购需求，应是正当的采购需求。

五、结语

在招标采购活动业绩评分项的设置中，需要有所为有所不为。不得以金额规模来评判业绩，但可以设定合理的年限业绩要求。至于具体是近几年的业绩才合理和正当，须根据采购人、采购代理机构依法开展的采购需求来确定。

案例5：政府采购供应商的"突击投诉"是否有效？

一、前言

在政府采购活动中，供应商可以依法提出质疑、投诉，如果供应商在质疑阶段未对某事宜提出质疑，在投诉时，基于各种缘由，"突击"提出对该事宜的投诉，该"突击投诉"是否有效？

二、供应商两次质疑均未提及恶意串通等事宜

1. 项目概况。2018年3月2日，采购人某大学、采购代理机构某招标公司发布《某大学斑马鱼养殖系统采购项目公开招标公告》，进行公开招标采购。

2. 供应商2次提出质疑。2018年3月14日，供应商北京某科技发展有限公司（以下简称某科技公司）对"某大学斑马鱼养殖系统采购项目"提出质疑。2018年4月3日，某科技公司对"某大学斑马鱼养殖系统采购项目"再次提出质疑。但上述质疑中均未提及采购人某大学涉嫌与其他供应商恶意串通等事宜。

三、供应商"突击投诉"恶意串通等事宜

1. 供应商向财政部"突击投诉"恶意串通等事宜被认定为无效投诉。某科技公司因对质疑答复不满，向主管部门财政部提出投诉，投诉事项有7项，其中：投诉事项4中，某科技公司认为某大学在未知中标结果的情况下即进行装修施工，涉嫌与上海某生物实验设备有限公司（以下简称某实验设备公司）恶意串通；在投诉事项5和投诉事项7中，某科技公司认为某大学、某招标公司对供应商的资格审查存在重大过错；中标公告与招标文件采购数量不一致，涉嫌变相提高产品价格等。财政部认为：关于投诉事项4，经审查，某大学提交的答复材料显示，斑马鱼实验室装修是某大学医学院科研实验室二期改造工程项目的一部分，相关工程与涉案项目是两个独立项目。现有证据不足以证明某大学与某实验设备公司恶意串通。同时，经审查，投诉事项4、投诉事项5以及投诉事项7均

未经质疑，属于无效投诉事项。

2. 供应商向财政部申请行政复议也被认定为无效投诉。某科技公司不服财政部于 2018 年 7 月 2 日就其投诉作出的被诉处理决定，于 2018 年 8 月 30 日向财政部提出行政复议申请，请求：撤销投诉处理决定，对某科技公司的投诉事项重新调查处理。行政复议机关财政部经审查认为：根据《政府采购法实施条例》第五十五条的规定，供应商投诉的事项不得超出已质疑事项的范围。投诉事项 4、投诉事项 5 及投诉事项 7 均未经质疑，被诉处理决定认定其为无效投诉事项，并无不妥。

四、法院对政府采购供应商"突击投诉"的裁判

1. 一审法院北京市某中级人民法院裁判认为其属于无效投诉。某科技公司不服财政部的行政复议决定，以财政部为被告，向北京市某中级人民法院提起行政诉讼，北京市某中级人民法院经审理认为：关于投诉事项 4、投诉事项 5 及投诉事项 7，即某科技公司认为"某大学在未知中标结果的情况下即进行装修施工，涉嫌与某实验设备公司恶意串通""某大学、某招标公司对供应商的资格审查存在重大过错""中标公告与招标文件采购数量不一致，涉嫌变相提高产品价格"等问题。根据《政府采购法实施条例》第五十五条的规定，供应商质疑、投诉应当有明确的请求和必要的证明材料。供应商投诉的事项不得超出已质疑事项的范围。《政府采购质疑和投诉办法》第二十条亦规定："供应商投诉的事项不得超出已质疑事项的范围，但基于质疑答复内容提出的投诉事项除外。"本案中，某科技公司的上述投诉事项，均超出其已质疑事项的范围，故财政部认定其为无效投诉事项，并予以驳回的处理正确。结合其他，北京市某中级人民法院作出行政判决驳回某科技公司的诉讼请求。

2. 二审法院北京市高级人民法院裁判也认为其属于无效投诉。2019 年 12 月 25 日，北京市高级人民法院作出行政判决，认为：《政府采购法实施条例》第五十五条规定："供应商质疑、投诉应当有明确的请求和必要的证明材料。供应商投诉的事项不得超出已质疑事项的范围。"《政府采购质疑和投诉办法》第二十条规定："供应商投诉的事项不得超出已质疑事项的范围，但基于质疑答复内容提出的投诉事项除外。"本案中，根据审理查明的事实，某科技公司投诉事项 4，即"某大学在未知中标结果的情况下即进行装修施工，涉嫌与某实验设备公司恶

意串通"的问题,均未在其之前的两次质疑及质疑答复内容中涉及,故被诉处理决定认定其为无效投诉事项,并予以驳回的处理并无不当……此外,即使以某科技公司质疑投诉程序中投诉事项4为财政部依职权履行政府采购监管职责之线索,经财政部审查,斑马鱼实验室装修是某大学医学院科研实验室二期改造工程项目的一部分,相关工程与涉案项目是两个独立项目,现有证据并不足以证明某大学与某实验设备公司存在恶意串通的事实。而财政部依职权认定的评审专家在评审过程中违反评标纪律发表倾向性意见的行为,亦不足认定某大学与某实验设备公司存在恶意串通的事实。故,某科技公司认为"被诉处理决定对于其投诉事项4的认定错误,某大学与某实验设备公司恶意串通行为有评审现场录音录像予以证实,无论是否属于有效投诉事项,均应依法处理"的诉讼理由,缺乏事实及法律依据。结合其他,北京市高级人民法院判决驳回上诉,维持一审判决。

3. 再审法院最高人民法院裁判也认为其属于无效投诉。2021年3月30日,最高人民法院作出行政裁定,认为:再审申请人投诉认为某大学在未知中标结果的情况下进行装修施工,涉嫌与某实验设备公司恶意串通。而《政府采购法实施条例》第五十五条规定:"供应商质疑、投诉应当有明确的请求和必要的证明材料。供应商投诉的事项不得超出已质疑事项的范围。"《政府采购质疑和投诉办法》第二十条规定:"供应商投诉的事项不得超出已质疑事项的范围,但基于质疑答复内容提出的投诉事项除外。"经审查,再审申请人的上述投诉事项在其之前的两次质疑及相关质疑答复中均未涉及,财政部作出的处理决定认定该项投诉属无效投诉事项并予以驳回,于法有据。结合其他,遂驳回再审申请人某科技公司的再审申请。

五、"突击投诉"有效的例外是基于"质疑答复内容"

1. 先质疑后投诉。《政府采购法》第五十五条规定:"质疑供应商对采购人、采购代理机构的答复不满意或者采购人、采购代理机构未在规定的时间内作出答复的,可以在答复期满后十五个工作日内向同级政府采购监督管理部门投诉。"《政府采购质疑和投诉办法》第十七条也规定:"质疑供应商对采购人、采购代理机构的答复不满意,或者采购人、采购代理机构未在规定时间内作出答复的,可以在答复期满后15个工作日内向本办法第六条规定的财政部门提起投诉。"因此，政府采购活动中，质疑是投诉的前置程序，必须先提出质疑，再提出投诉。

2. 无质疑不投诉。《政府采购质疑和投诉办法》第十八条规定："投诉人投诉时，应当提交投诉书和必要的证明材料，并按照被投诉采购人、采购代理机构（以下简称被投诉人）和与投诉事项有关的供应商数量提供投诉书的副本。投诉书应当包括下列内容：（一）投诉人和被投诉人的姓名或者名称、通讯地址、邮编、联系人及联系电话；（二）质疑和质疑答复情况说明及相关证明材料……"第十九条规定："投诉人应当根据本办法第七条第二款规定的信息内容，并按照其规定的方式提起投诉。投诉人提起投诉应当符合下列条件：（一）提起投诉前已依法进行质疑……"第二十一条规定："财政部门收到投诉书后，应当在5个工作日内进行审查，审查后按照下列情况处理：（一）投诉书内容不符合本办法第十八条规定的，应当在收到投诉书5个工作日内一次性书面通知投诉人补正。补正通知应当载明需要补正的事项和合理的补正期限。未按照补正期限进行补正或者补正后仍不符合规定的，不予受理。（二）投诉不符合本办法第十九条规定条件的，应当在3个工作日内书面告知投诉人不予受理，并说明理由……"因此，政府采购活动中，如果供应商没有先对某事项提出质疑，则其对该事项提出的投诉，财政部门不予受理，即"无质疑不投诉"。

3. 质疑什么投诉什么。《政府采购法实施条例》第五十五条规定："供应商质疑、投诉应当有明确的请求和必要的证明材料。供应商投诉的事项不得超出已质疑事项的范围。"因此，投诉事项必须是质疑的事项，质疑什么，则投诉什么，不得超范围投诉，对未经质疑的事项"突击投诉"的，为无效投诉。因此，前述某科技公司的投诉事项4、投诉事项5、投诉事项7，因为没有在前2次质疑中提出，最终被判定为无效投诉。

4. 答复什么投诉什么。《政府采购质疑和投诉办法》第二十条规定："供应商投诉的事项不得超出已质疑事项的范围，但基于质疑答复内容提出的投诉事项除外。"质疑什么投诉什么是质疑投诉的原则性规定，而答复什么投诉什么则是"突击投诉"的例外规定。因此，虽然供应商没有对某项事宜提出质疑，但采购人、采购代理机构在质疑答复中提及了该项事宜的，质疑供应商可以基于质疑答复的内容对该事项进行"突击投诉"，则此种"突击投诉"属于有效投诉，其他的"突击投诉"，则为无效投诉。

六、结语

程序性是政府采购活动的特色之一。有先有后,即为程序。效率性是政府采购活动的特色之二,如果允许未经质疑的"突击投诉",则政府采购争议解决的效率将大受影响。故,法律法规政策对"突击投诉"持否定性评价。

案例 6：竞争性比选方式是否也须适用财政部令第 74 号？

一、前言

竞争性比选方式，同竞争性谈判方式一样，均属于非招标方式，是不是也同竞争性谈判方式一样，适用《政府采购非招标采购方式管理办法》（财政部令第 74 号）（以下简称财政部令第 74 号）的相关规定？

二、两次招标流标后第三次招标采用竞争性比选方式

1. 两次招标均流标。2017 年 4 月 7 日、4 月 19 日，昭通市生态环境局（原昭通市环境保护局，以下简称市环保局）及其委托的代理机构云南某海外咨询有限公司（以下简称某咨询公司），两次在中国采购与招标网上发布《昭通市甲县、乙县医疗废物集中处置点特许经营权招标公告》，因投标单位不足，两次招标均流标。

2. 第三次招标采用竞争性比选方式。2017 年 5 月 12 日，某咨询公司受市环保局委托，又在中国采购与招标网发布《昭通市甲县、乙县医疗废物集中处置点特许经营权竞争性比选公告》。2017 年 5 月 18 日，由专家打分进行比选，并经昭通市某公证处公证，确定泸州市某医疗废物处理有限公司（以下简称某医疗废物处理公司）为 B 包拟成交候选人。后市环保局同意确定某医疗废物处理公司为 B 包成交人并签订《医疗废物处理特许经营协议》。

三、未成交供应商认为竞争性比选程序因未执行财政部令第 74 号而违法

未成交供应商玉溪某环境技术有限公司（以下简称某环境技术公司）认为：市环保局和某咨询公司，在竞争性比选阶段没有按照比选文件要求以及财政部令第 74 号第七条、第八条的规定组织专家与供应商进行谈判比选和最后报价，违反比选程序和竞争性比选不能使用综合评分法文件的要求，直接选定第三人某医疗废物处理公司作为 B 包（乙县）中标候选人，而某医疗废物处理公司并不符

合招投标文件要求的条件。某环境技术公司特提起诉讼，请求人民法院判决确认被告昭通市人民政府委托市环保局将乙县医疗废物处置点特许经营权许可给某医疗废物处理公司的行政行为违法并予以撤销，本案诉讼费由被告承担。

四、法院对竞争性比选是否适用财政部令第 74 号的裁判

1. 一审法院云南省昭通市中级人民法院裁判认为其不适用。云南省昭通市中级人民法院认为，针对原告某环境技术公司的主张（三）"被告市环保局及第三人某咨询公司没有按照竞争性比选文件的要求以及财政部令第 74 号第七条、第八条的规定组织专家与供应商进行谈判比选，直接选择第三人某医疗废物处理公司作为中标人"，市环保局委托第三人某咨询公司制作的竞争性比选文件的比选标准和办法明确了企业综合实力、企业财务状况、人员配置、项目投资金额和筹资方案、工程建设方案及进度安排、业绩信誉及服务质量、应急保障等七项评分标准，并没有关于"组织专家与供应商进行谈判比选"的内容，而财政部令第 74 号第七条、第八条关于"竞争性谈判小组"的相关规定，与本案的竞争性比选不相符合。因此，原告某环境技术公司的主张无事实和法律依据，本院不予采纳。结合其他，云南省昭通市中级人民法院作出行政判决，驳回原告某环境技术公司的诉讼请求。

2. 二审法院云南省高级人民法院裁判也认为其不适用。2018 年 11 月 5 日，云南省高级人民法院作出行政判决，认为：某环境技术公司认为某咨询公司在招标过程中未在规定时间进行资格预审，采用竞争性比选的方式不符合法律规定而应适用竞争性谈判的上诉理由与所查明事实不符，且因其主张采用的《政府采购法》和财政部令第 74 号与本案招投标的案件情况并不相符，故对该上诉理由本院依法不予采纳。结合其他，云南省高级人民法院判决驳回上诉，维持原判。

3. 再审法院最高人民法院裁判也认为其不适用。2021 年 3 月 30 日，最高人民法院作出行政裁定，认为：某环境技术公司依照财政部令第 74 号的规定主张招标程序和结果违法不能成立。结合其他，遂驳回某环境技术公司的再审申请。

五、竞争性比选不等于竞争性谈判且也不属于法定的政府采购方式

1. 竞争性比选不属于法定的政府采购方式。《政府采购法》第二十六条规

定:"政府采购采用以下方式:(一)公开招标;(二)邀请招标;(三)竞争性谈判;(四)单一来源采购;(五)询价;(六)国务院政府采购监督管理部门认定的其他采购方式。公开招标应作为政府采购的主要采购方式。"财政部令第74号第二条规定:"采购人、采购代理机构采用非招标采购方式采购货物、工程和服务的,适用本办法。本办法所称非招标采购方式,是指竞争性谈判、单一来源采购和询价采购方式。竞争性谈判是指谈判小组与符合资格条件的供应商就采购货物、工程和服务事宜进行谈判,供应商按照谈判文件的要求提交响应文件和最后报价,采购人从谈判小组提出的成交候选人中确定成交供应商的采购方式。单一来源采购是指采购人从某一特定供应商处采购货物、工程和服务的采购方式。询价是指询价小组向符合资格条件的供应商发出采购货物询价通知书,要求供应商一次报出不得更改的价格,采购人从询价小组提出的成交候选人中确定成交供应商的采购方式。"与此同时,根据《政府采购竞争性磋商采购方式管理暂行办法》(财库〔2014〕214号)、《政府采购框架协议采购方式管理暂行办法》(财政部令第110号)和《政府采购合作创新采购方式管理暂行办法》(财库〔2024〕13号)的规定,法定的政府采购方式只有公开招标、邀请招标、竞争性谈判、单一来源采购、询价、竞争性磋商、框架协议采购及合作创新采购8种方式,而竞争性比选不属于法定的政府采购方式。因此,竞争性比选也就不适用《政府采购法》《政府采购法实施条例》、财政部令第74号等的规定。

2. 竞争性比选不等于竞争性谈判。虽然仅有两字之差,但竞争性比选不属于法定的政府采购方式,只是招标采购领域的一种采购惯例;竞争性谈判属于法定的采购方式,在财政部令第74号中有明确而具体的程序性规定。政府采购用竞争性谈判方式的,须严格按照法律规定执行,而竞争性比选方式则不适用相关法律规定。前述云南省昭通市中级人民法院、云南省高级人民法院和最高人民法院对案涉项目的裁判,已能很好地说明此事宜。

六、结语

招标采购活动中,招标采购方式的确定,是非常核心和关键的事宜。不管对招标采购人,还是对竞标供应商,方式不同则路径不同,适用的法律依据也不同,结果也会大不相同。

案例 7：两次招标均"流标"后可否直接转单一来源采购？

一、前言

不管是对招标人而言，还是对招标代理机构而言，最担心的是没有供应商投标，导致不足三家投标人无法开标而"流标"，最最担心的是二次招标又"流标"。如果二次招标后又"流标"的，招标人可否直接转单一来源采购呢？

二、两次招标均流标后第三次采用单一来源采购方式

1. 两次招标均流标。安徽省亳州市甲县、乙县、丙县生活垃圾焚烧发电厂 BOT（Build-Operate-Transfer 的缩写，意为建设-经营-转让，是私营企业参与基础设施建设，向社会提供公共服务的一种方式。以下简称 BOT）项目的投标联合体山西某实业公司、北京某投资公司称，2012 年 11 月初第一次发布招标公告招标由于投标人不足三家而流标。2012 年 12 月 17 日，甲县政府对该项目重新招标，发布第二次招标公告，投标报名的公司只有三家，后又有两家退出，仅剩前述投标联合体一家。

2. 招标文件对流标后的处理规定。招标人甲县政府称，案涉项目招标文件第 49.1 条规定："如果本项目公告后报名投标人不足三家，则招标人可发布二次公告，二次公告后仍不足三家则按以下方式处理：二次公告后，仅有两家有效投标人报名的，本项目转入竞争性谈判程序；二次公告后，仅有一家有效投标人报名的，本项目转入单一来源采购程序。"

3. 案涉项目招标流标后转单一来源采购。联合体山西某实业公司、北京某投资公司称，招标人发布第二次招标公告后，投标报名的人数只有三家，其中有两家退出，仅剩其组成的联合体，甲县政府履行了请示上一级主管部门的程序后，将该项目转为单一来源采购。

三、法院对招标流标后转单一来源采购的裁判

1. 一审法院安徽省亳州市中级人民法院裁判认为转单一来源采购不当。安徽省亳州市中级人民法院认为：根据《招标投标法》第二十八条第一款规定，投标人少于三个的，招标人应当依照本法重新招标。涉案BOT项目在正式开始前，另外两家投标公司分别退标，致使2013年9月5日开标时，仅剩下由两原告（山西某实业公司、北京某投资公司）组成的联合体这一家。按规定，应重新招标，但被告甲县政府经请示上级主管部门确定后，将涉案项目转为单一来源采购程序，存在不当之处。结合其他，安徽省亳州市中级人民法院作出行政判决，驳回原告山西某实业公司、北京某投资公司除要求退还投标保证金之外的诉讼请求。

2. 二审法院安徽省高级人民法院裁判认为转单一来源采购不合法。2019年8月19日，安徽省高级人民法院作出行政判决，认为：《政府采购法》第三十一条规定："符合下列情形之一的货物或者服务，可以依照本法采用单一来源方式采购：（一）只能从唯一供应商处采购的；（二）发生了不可预见的紧急情况不能从其他供应商处采购的；（三）必须保证原有采购项目一致性或者服务配套的要求，需要继续从原供应商处添购，且添购资金总额不超过原合同采购金额百分之十的。"根据该条规定，采取单一来源采购方式必须符合上述三个条件之一。从案件查明的事实可确认，第一，参与案涉垃圾焚烧发电BOT项目投标报名至少有三家公司，显然山西某实业公司、北京某投资公司组成的联合体不是唯一供应商；第二，案涉垃圾焚烧发电BOT项目，从前期的招商引资项目，到后来的公开招标及单一来源采购，前后长达数年之久，其间没有发生不可预见的紧急情况，而必须采取单一来源采购；第三，案涉垃圾焚烧发电BOT项目是新投资项目，亦不存在需要与原有采购项目一致性或者服务配套或者继续从原供应商处添购的情形；第四，案涉垃圾焚烧发电BOT项目属于市政特许经营行业，不属于《政府采购法》规定的货物或者服务，不属于法律规定的能够采取"单一来源采购"的范畴。故，案涉垃圾焚烧发电BOT项目不符合采取单一来源采购的实质要件。另，根据《政府采购法》第三十七条规定："废标后，除采购任务取消情形外，应当重新组织招标；需要采取其他方式采购的，应当在采购活动开始前获得设区的市、自治州以上人民政府采购监督管理部门或者政府有关部门批准。"

案涉垃圾焚烧发电 BOT 项目废标后，自行转入单一来源采购，没有经过相关部门批准，程序上不符合法律规定。结合其他，除投标保证金外，安徽省高级人民法院判决维持一审判决。

3. 再审法院最高人民法院裁定驳回联合体山西某实业公司、北京某投资公司的再审申请。2020 年 11 月 12 日，最高人民法院作出行政裁定，认为：二审法院……基于本案存在案涉项目采取单一来源采购方式不符合法律规定……而认定招标行为无效。上述审查认定具有法律依据。遂驳回北京某投资公司、山西某实业公司的再审申请。

四、单一来源采购的适用条件及其程序非常严格

1. 《招标投标法》并无单一来源采购方式的规定。《招标投标法》第十条规定："招标分为公开招标和邀请招标。公开招标，是指招标人以招标公告的方式邀请不特定的法人或者其他组织投标。邀请招标，是指招标人以投标邀请书的方式邀请特定的法人或者其他组织投标。"因此，《招标投标法》规定的招标方式，有且只有公开招标、邀请招标两种，无第三种方式。

2. 《招标投标法》并未规定"流标"后可以转单一来源采购。《招标投标法》第二十八条第一款规定："投标人应当在招标文件要求提交投标文件的截止时间前，将投标文件送达投标地点。招标人收到投标文件后，应当签收保存，不得开启。投标人少于三个的，招标人应当依照本法重新招标。"对于"流标"后的程序，《招标投标法》规定的是重新招标，而不是转单一来源采购。

3. 《政府采购法》规定废标后转单一来源采购须事先报批。《政府采购法》第三十七条规定："废标后，除采购任务取消情形外，应当重新组织招标；需要采取其他方式采购的，应当在采购活动开始前获得设区的市、自治州以上人民政府采购监督管理部门或者政府有关部门批准。"至于哪些情形下会废标，《政府采购法》第三十六条第一款规定："在招标采购中，出现下列情形之一的，应予废标：（一）符合专业条件的供应商或者对招标文件作实质响应的供应商不足三家的；（二）出现影响采购公正的违法、违规行为的；（三）投标人的报价均超过了采购预算，采购人不能支付的；（四）因重大变故，采购任务取消的。"因此，项目"流标"或废标后，不能直接转单一来源采购，必须事先报批，且只能向"设区的市、自治州以上人民政府采购监督管理部门或者政府有关部门"

报批，而不能向其他部门报批，此为法定程序要求，不得违反。

4. 《政府采购法》规定报批单一来源采购的条件非常严格。《政府采购法》第三十一条规定："符合下列情形之一的货物或者服务，可以依照本法采用单一来源方式采购：（一）只能从唯一供应商处采购的；（二）发生了不可预见的紧急情况不能从其他供应商处采购的；（三）必须保证原有采购项目一致性或者服务配套的要求，需要继续从原供应商处添购，且添购资金总额不超过原合同采购金额百分之十的。"首先，政府采购工程项目，不得采用单一来源采购方式，因为工程、货物、服务属于不同的政府采购项目。其次，政府采购货物或服务，只有满足前述三个条件之一的，才可以予以批准采用单一来源采购方式。因此，前述案涉项目，既不满足前述三个条件之一，又不属于政府采购货物或服务，更没有向"设区的市、自治州以上人民政府采购监督管理部门或者政府有关部门"报批，直接转单一来源采购属于违法。

5. 招标文件规定的内容不能违反法律。前述案涉招标文件第49.1条规定："如果本项目公告后报名投标人不足三家，则招标人可发布二次公告，二次公告后仍不足三家则按以下方式处理：二次公告后，仅有两家有效投标人报名的，本项目转入竞争性谈判程序；二次公告后，仅有一家有效投标人报名的，本项目转入单一来源采购程序。"违反了《政府采购法》的规定，违法的内容不应获得执行或支持。

五、结语

虽然都不愿意"流标"，尤其是二次招标后又"流标"，但如果确实发生该等情况，需要转单一来源采购的，必须依法报批，且申请理由须满足法律的规定。否则直接转单一来源采购将被认定为违法。同时，招标文件的制定及其内容，也须满足法律的规定，不得擅自创设不合法的内容，否则也是多此一举，自寻麻烦。

案例 8：某一供应商投标保证金未按时到账能否将整个采购项目废标？

一、前言

1个政府采购项目，5家投标人，4家投标保证金按时到账，1家投标保证金未按时到账，该政府采购项目是否会被废标？

二、招投标当事几方各执一词

1. 招标人认为应当是未按时到账投标人的投标文件无效。2017年8月14日，广西某咨询公司受委托，在中国政府采购网发布了《关于某垃圾处理中心项目设备采购招标公告》及招标文件，对某垃圾处理中心项目设备采购进行公开招标。招标公告规定："九、投标保证金（人民币）壹万贰仟元整（须足额交纳）。投标人应于投标截止时间2017年9月6日9时30分前将投标保证金从投标人账户通过网银转账方式交纳，保证金交纳银行账户信息请登录桂林市公共资源交易平台查看。竞标人应于竞标截止时间前将保证金从竞标人账户通过网银转账方式转账交纳，否则视为无效保证金。保证金交纳银行账户信息请登录桂林市公共资源交易平台查看。"招标文件的投标人须知前附表第17.3条规定："投标保证金交纳方式：投标人应于投标截止时间前将投标保证金从投标人账户通过网银转账方式交纳，否则视为无效保证金。保证金交纳银行账户信息请登录桂林市公共资源交易平台查看。凡未在规定时间内足额交纳或以其他方式交纳的投标保证金均视为无效投标保证金，其投标文件一律作无效处理。投标人应按上述要求交纳投标保证金，并自行考虑到账时间，妥善安排投标保证金交纳工作，确保按时到账。"因此，根据招标公告和招标文件的规定，投标人要自行考虑投标保证金的到账时间，凡未在规定时间内足额交纳或以其他方式交纳的投标保证金均视为无效投标保证金，其投标文件一律作无效处理。

2. 评标委员会未废标并出具评标报告。某垃圾处理中心项目设备采购，共有广西某节能公司、广西某贸易公司等5家供应商投标，其中广西某贸易公司投标保证金未按时到账,其他 4 家供应商投标保证金按时到账。评标委员会未将本项目废标,而是继续评审并出具评标报告。

3. 未按时到账的供应商认为是代理机构公布无效账户,导致损害了公司和公共利益。广西某贸易公司认为,招标代理机构广西某咨询公司公布无效账户,导致潜在的投标人因保证金未能交纳而失去投标资格,这侵害了其公司的利益。招标文件存在重大瑕疵,导致严重不公平,既损害了其公司利益,也损害了公共利益。招标文件出现重大错误,招标人应当进行澄清或者修改。

4. 中标人称与其无关,若整个采购项目废标则不能体现公平公正原则。广西某节能公司为中标人,其认为广西某贸易公司未能成功交纳投标保证金应自行承担责任。由于银行账户系统的原因导致该公司的投标保证金未能成功交纳而贸然废标,导致完全无关的中标人无端的经济损失不能体现公平公正的原则。

三、行政监督部门与行政复议机关意见不一

1. 行政监督部门甲市财政局认为本项目应废标。2018 年 1 月 16 日,广西某贸易公司向甲市财政局投诉。2018 年 2 月 5 日,甲市财政局调查后认为,由于系统原因导致该项目的一个账户在截止开标时间前无法将竞标保证金存入,违反了《政府采购法》第三十五条,广西某贸易公司的投诉事项成立,依据《政府采购法》第三十六条第一款第二项的规定,作出政府采购投诉处理决定书,决定对该项目作出废标处理,撤销合同,并责令重新开展采购活动。

2. 行政复议机关甲市人民政府认为应由投标人自行承担未按时到账的责任而不应当废标。中标人广西某节能公司对甲市财政局的废标决定不服,提起行政复议。行政复议机关甲市人民政府认为本案所涉采购活动并未出现影响采购公正的违法、违规行为,广西某贸易公司应当自行跟踪确认保证金如期到账的情况,否则,相应的不利后果应由其承担。甲市财政局以此为由作出废标处理决定,更加不能体现公平和效率,属适用法律错误,故于 2018 年 3 月 23 日作出行政复议决定书,撤销甲市财政局于 2018 年 2 月 5 日作出的政府采购投诉处理决定书,确认广西某节能公司中标。

四、法院对某一供应商投标保证金未按时到账能否将整个采购项目废标的裁判

1. 一审法院桂林市中级人民法院裁判认为甲市人民政府的行政复议决定认定事实不清、证据不足。桂林市中级人民法院认为：广西某贸易公司在截止开标日前向指定账户交纳投标保证金，符合相关招标公告的要求。但由于该银行账户系统故障导致其公司保证金未能成功交纳，影响了本次采购项目公正地进行，而相应的责任不应由该公司承担，故广西某贸易公司的诉讼请求应予以支持，甲市人民政府的行政复议决定认定事实不清、证据不足。结合其他，桂林市中级人民法院作出行政判决，撤销甲市人民政府作出的复议决定，由甲市人民政府重新作出复议决定。

2. 二审法院广西壮族自治区高级人民法院裁判认为作出废标处理合法。2019年5月28日，广西壮族自治区高级人民法院作出行政判决，认为：广西某咨询公司通过交易中心平台发布提交保证金的银行账户应当有效，该账户在交纳投标保证金截止时间之前发生变动或无效情况的，广西某咨询公司应当告知投标人。广西某贸易公司未获知银行账户无效的情况，其根据广西某咨询公司公布的银行账户通过银行存入保证金，在开标当天才获知其存入保证金的银行账户无效，保证金未能成功交纳。广西某咨询公司公布银行账户无效后未告知投标人是造成广西某贸易公司所交纳保证金未交纳到账的原因，广西某贸易公司不应承担不利后果，根据《政府采购法》第三十六条第一款规定"在招标采购中，出现下列情形之一的，应予废标……（二）出现影响采购公正的违法、违规行为的……"甲市财政局作出处理决定对采购项目作出废标处理，撤销合同，并责令重新开展采购活动有法律依据，应当予以维持。甲市人民政府作出的复议决定确认中标的行为错误，应予撤销。结合其他，广西壮族自治区高级人民法院判决如下：变更桂林市中级人民法院行政判决主文为"撤销甲市人民政府于2018年3月23日作出的复议决定，恢复甲市财政局于2018年2月5日作出的政府采购投诉处理决定书的法律效力"。

3. 再审法院最高人民法院裁定认为作出废标处理合法。2020年8月28日，最高人民法院作出行政裁定，认为：根据《政府采购法》第三十六条第一款的规定，在招标采购中，出现影响采购公正的违法、违规行为的，应予废标。广西

某咨询公司未及时告知投标人提交保证金的银行账户无效,导致广西某贸易公司等未能成功交纳保证金,影响采购项目的公正进行。二审法院判决撤销广西壮族自治区甲市人民政府作出的行政复议决定书,并恢复广西壮族自治区甲市财政局作出的政府采购投诉处理决定书并无不当,本院予以支持。遂驳回再审申请人广西某节能公司的再审申请。

五、应具体问题具体分析什么原因导致投标保证金未按时到账及其法律后果

1. 投标人如因自身原因未按照招标文件要求提交投标保证金的,投标无效。《政府采购法实施条例》第三十三条第一款规定:"招标文件要求投标人提交投标保证金的,投标保证金不得超过采购项目预算金额的2%。投标保证金应当以支票、汇票、本票或者金融机构、担保机构出具的保函等非现金形式提交。投标人未按照招标文件要求提交投标保证金的,投标无效。"此处的"招标文件要求",不是授权给招标人随意在招标文件里规定对投标保证金的要求,而应当仅是投标保证金的金额及提交形式两种要求,如《政府采购竞争性磋商采购方式管理暂行办法》(财库〔2014〕214号)第九条规定:"磋商文件应当包括供应商资格条件……保证金交纳数额和形式以及不予退还保证金的情形……"《政府采购非招标采购方式管理办法》(财政部令第74号)第十一条第一款规定:"谈判文件、询价通知书应当包括供应商资格条件……保证金交纳数额和形式、评定成交的标准等。"另外,《政府采购货物和服务招标投标管理办法》(财政部令第87号)第六十三条也规定:"投标人存在下列情况之一的,投标无效:(一)未按照招标文件的规定提交投标保证金的……"因此,如果因为投标人自身原因导致提交的投标保证金无法按时到账的,其投标无效。

2. 如因招标人、代理机构未告知提交保证金银行账户无效导致无法按时到账的,属于应予废标情形。《政府采购法》第三十六条规定:"在招标采购中,出现下列情形之一的,应予废标……(二)出现影响采购公正的违法、违规行为的……"在前述案例中,招标代理机构广西某咨询公司通过交易中心平台发布提交保证金银行账户,应当为有效账户,该账户在交纳投标保证金截止时间之前发生变动或无效的情况的,广西某咨询公司都应当告知投标人。广西某贸易公司未获知银行账户无效的情况,其根据广西某咨询公司公布的银行账户通过银行

存入保证金，在开标当天才获知其存入保证金的银行账户无效，保证金未能成功交纳。广西某咨询公司公布的银行账户状态变动为无效后未告知投标人，是造成广西某贸易公司所交纳保证金无法到账的原因，广西某贸易公司不应承担不利后果。因此，因招标人、代理机构未告知提交保证金银行账户无效导致保证金无法按时到账，系招标人、代理机构未履行自身职责，属于"影响采购公正的违法、违规行为"，依法应当废标。

六、结语

本案因招标人、招标代理机构的原因使得某一供应商投标保证金未按时到账，导致将整个政府采购项目作废标处理，对招标人、招标代理机构而言，须重新采购；对未中标的广西某贸易公司而言，获得参加重新采购的机会；对中标的广西某节能公司而言，自己没错，但原本已中标却要重新参与竞标，也值得同情。但根据《政府采购法实施条例》第七十六条的规定："政府采购当事人违反政府采购法和本条例规定，给他人造成损失的，依法承担民事责任。"广西某节能公司可以依法向相关责任人追偿其遭受的损失。这也相当于给招标人、招标代理机构郑重提醒，必须依法开展招标采购活动，必须依法尽职尽责。

案例 9：投标样品外包装上可否有公司名称？

一、前言

根据《政府采购货物和服务招标投标管理办法》（财政部令第 87 号）第二十条规定："采购人或者采购代理机构应当根据采购项目的特点和采购需求编制招标文件。招标文件应当包括以下主要内容……（二）投标人须知（包括投标文件的密封、签署、盖章要求等）……"因此，一般投标文件密封时，在外包封上，均会按照招标文件的要求，写上项目名称、投标人名称等信息。但是，如果该采购项目需要供应商提供样品的，样品的外包装上，是否也可以像投标文件一样体现公司名称呢？

二、招标文件对样品包装的规定

1. 招标文件对样品外包装的规定。2019 年 11 月 18 日，采购人中国人民银行长沙中心支行、采购代理机构湖南某招标公司发布《中国人民银行长沙中心支行 A 座营业办公用房定制办公家具采购项目（第三次）公开招标公告》，进行公开招标采购。招标文件第六章"招标文件前附表"规定现场样品提交要求为：所有样品须密封提交，密封包装上不注明公司名称，供应商只需在各自样品上注明公司名称。

2. 招标文件对样品包装不符合要求的处理。招标文件第一章第 19.4 条规定，招标文件前附表规定投标人在投标时提供样品，投标人未按招标文件前附表规定的提交时间、地点、要求提交的，在评标时将其视为无效投标。第六章招标文件前附表规定现场样品提交要求为：所有样品须密封提交，密封包装上不注明公司名称，供应商只需在各自样品上注明公司名称；如未按规定提交样品或样品破损或密封不完整，采购人和代理公司有权拒收，后果由供应商自行承担。

三、某供应商投标样品外包装上有公司名称被拒收

1. 供应商样品外包装有公司名称被拒收。湖南某家具公司提交的样品外包

装上有涂黑的字体，能够辨认出"雄派办公家具""雄派"图标、"广东·佛山"、公司地址、网址。投标人样品签到表显示，湖南某家具公司一栏处，授权代表有马某奎的签字，其他书写内容为"按第六章第19.4条规定，该公司样品拒收"。

2. 代理机构告知可对样品外包装进行更换等。采购代理机构湖南某招标公司的工作人员在接收湖南某家具公司的样品时，告知其授权代表马某奎，湖南某家具公司提交的样品不符合招标文件的要求，可以在截止时间前对样品外包装进行更换或做其他遮盖样品外包装上字体的处理，不做更换或任何处理的，则拒收样品，湖南某家具公司授权代表马某奎放弃更换样品外包装及做遮盖处理。据此，采购代理机构湖南某招标公司拒收了湖南某家具公司的样品。

3. 被拒收样品的湖南某家具公司提出质疑。湖南某家具公司认为：招标文件中"样品记名，包装不记名"的要求，涉嫌违背《政府采购法》第三条规定的公开透明原则，属于不合理招标条件。湖南某家具公司用黑漆遮住了样品外包装上的字，虽然有露底，但是对评标没有任何影响。但是代理机构湖南某招标公司拒收湖南某家具公司样品，评标委员会也未要求湖南某家具公司澄清，属于以不合理条件限制或排斥潜在供应商，损害湖南某家具公司的公平竞争权。随后，采购代理机构进质疑答复，湖南某家具公司对质疑答复不满，向财政部提出投诉。

四、财政部认为应按照招标文件的规定拒收外包装有公司名称的样品

1. 财政部作出投诉处理决定认为其应拒收。2020年3月30日，财政部作出投诉处理决定，认为湖南某家具公司的样品外包装上虽有黑色喷漆，但仍可辨认出公司名称、图标、地址及网址，不符合招标文件对于提供样品的要求，且湖南某家具公司授权代表已在投标人样品签到表签字确认。代理机构湖南某招标公司拒收原告样品，并无不妥，且现有证据不能够证明采购代理机构和评标委员会存在以不合理条件限制或排斥潜在供应商的行为。湖南某家具公司的投诉缺乏事实依据，不成立。

2. 财政部作出行政复议决定认为其应拒收。2020年6月12日，财政部作出行政复议决定，认为：经审理，湖南某家具公司提出的投诉事项均不成立，财政

部作出的投诉处理决定认定事实清楚，证据确凿，适用依据正确，程序合法，内容适当。根据《行政复议法》第二十八条①第一款第一项的规定，财政部决定维持投诉处理决定。

湖南某家具公司对财政部作出的行政复议决定不服，向北京市某中级人民法院提起行政诉讼，该案经二审审结。

五、法院对投标样品外包装上有公司名称的裁判

1. 一审法院北京市某中级人民法院裁判认为其应拒收。北京市某中级人民法院经审理认为：关于湖南某家具公司提出"代理机构拒收原告样品，且评标委员会未要求原告澄清，属于以不合理条件限制或排斥潜在供应商"的投诉。本院认为，在案证据可以证明湖南某家具公司提交的样品外包装上有公司名称等内容，不符合招标文件关于提交样品的规定，代理机构湖南某招标公司拒收原告的样品并无不妥。财政部认定湖南某家具公司的该项投诉事项缺乏事实依据，投诉不成立，决定驳回湖南某家具公司该项投诉并无不当。关于湖南某家具公司认为评标委员会未要求其对样品进行澄清，属于以不合理条件限制或排斥潜在供应商的主张。本院认为，参照《政府采购货物和服务招标投标管理办法》（财政部令第87号）第五十一条的规定，澄清事项的范围是投标文件中含义不明确、同类问题表述不一致或者有明显文字和计算错误的内容，不符合招标文件要求的样品问题不属于澄清事项的范围。湖南某家具公司的该主张缺乏事实及法律依据，本院不予支持。结合其他，北京市某中级人民法院作出行政判决，判决驳回湖南某家具公司的诉讼请求。

2. 二审法院北京市高级人民法院裁判认为其应拒收。2021年6月2日，北京市高级人民法院作出行政判决，认为：关于湖南某家具公司提出的"代理机构拒收湖南某家具公司样品，且评标委员会未要求湖南某家具公司澄清，属于以不合理条件限制或排斥潜在供应商"的投诉问题。本案中，采购项目第三次招标文件已明确写明，投标人未按招标文件前附表规定的提交时间、地点、要求提交的，在评标时将其视为无效投标；所有样品须密封提交，密封包装上不注明公司名称，供应商只需在各自样品上注明公司名称；如未按规定提交样品或样品破损或密封不完整，采购人和代理公司有权拒收，后果由供应商自行承担。且湖南某

---

① 《行政复议法》于2023年修订，相关内容现参见第六十三条至第六十八条，后文同。

招标公司的工作人员在接收湖南某家具公司的样品时，已告知其授权代表马某奎提交的样品不符合招标文件的要求，可以在截止时间前对样品外包装进行更换或做其他遮盖样品外包装上字体的处理，不做更换或任何处理的，则拒收样品，而湖南某家具公司授权代表马某奎放弃更换样品外包装及做遮盖处理。据此，投诉处理决定认定湖南某招标公司拒收投诉人湖南某家具公司的投标文件并无不妥，现有证据不足以证明湖南某招标公司以不合理条件限制或者排斥潜在供应商的情形，湖南某家具公司的投诉事项缺乏事实依据。该结论具有事实根据，并无不当。结合其他，北京市高级人民法院判决驳回上诉，维持一审判决。

六、样品如何包装法律法规等无具体规定

1. 政府采购法律法规并未具体规定如何包装样品。《政府采购法》和《政府采购法实施条例》未规定如何包装样品以及外包装应当注意的事项。

2. 政府采购规章规范性文件等也并未具体规定如何包装样品。如《政府采购货物和服务招标投标管理办法》（财政部令第87号）、《政府采购非招标采购方式管理办法》（财政部令第74号）等政府采购规章，《政府采购竞争性磋商采购方式管理暂行办法》（财库〔2014〕214号）等政府采购规范性文件，均未具体规定如何包装样品。仅有《政府采购货物和服务招标投标管理办法》（财政部令第87号）第二十二条对样品有如下规定："采购人、采购代理机构一般不得要求投标人提供样品，仅凭书面方式不能准确描述采购需求或者需要对样品进行主观判断以确认是否满足采购需求等特殊情况除外。要求投标人提供样品的，应当在招标文件中明确规定样品制作的标准和要求、是否需要随样品提交相关检测报告、样品的评审方法以及评审标准。需要随样品提交检测报告的，还应当规定检测机构的要求、检测内容等。采购活动结束后，对于未中标人提供的样品，应当及时退还或者经未中标人同意后自行处理；对于中标人提供的样品，应当按照招标文件的规定进行保管、封存，并作为履约验收的参考。"但即使是如此相对详细的规定，也未规定样品如何包装，以及外包装应当注意的事项。

3. 法无规定情形下，按招标文件的规定执行。在前述"中国人民银行长沙中心支行A座营业办公用房定制办公家具采购项目（第三次）"招标文件中，对样品的包装进行了相应的细化规定，并规定了不符合招标文件规定的样品的后果（拒收等），作为投标人，在法无规定情形下，须按招标文件的规定执行。

七、结语

投标须慎重。除投标文件的密封须慎重外,样品的外包装也须慎重。对于样品的外包装,须按照招标文件的规定来执行,否则将承担招标文件规定的提交不符合样品的后果,如前述案例所示。

案例10：一个政府采购项目可否设两个以上预算金额？

一、前言

《政府采购法》第三十六条规定："在招标采购中，出现下列情形之一的，应予废标……（三）投标人的报价均超过了采购预算，采购人不能支付的……"《政府采购货物和服务招标投标管理办法》（财政部令第87号）第六十三条规定："投标人存在下列情况之一的，投标无效……（四）报价超过招标文件中规定的预算金额或者最高限价的……"因此，如果投标人的报价超过采购文件规定的预算，则投标人的投标无效。那么，为了避免供应商做出类似于工程项目不平衡报价的行为，采购人可否在一个政府采购项目中设定两个以上的预算呢？即设一个总预算，再下设多个分项预算？

二、一个采购项目设置一个总预算二个分项预算和三个单项预算

1. 招标文件对采购预算的规定。2019年11月18日，采购人中国人民银行长沙中心支行、采购代理机构湖南某招标公司发布《中国人民银行长沙中心支行A座营业办公用房定制办公家具采购项目（第三次）公开招标公告》，进行公开招标采购。预算金额：249.99万元（人民币），其中：办公柜组预算为154.25万元，会议桌椅预算为95.74万元（★）。

2. 招标文件对超过预算的投标报价的处理规定。"中国人民银行长沙中心支行A座营业办公用房定制办公家具采购项目（第三次）"招标文件第六章"招标文件前附表"规定供应商不得超过采购项目总预算、两个分项预算（办公柜组预算为154.25万元，会议桌椅预算为95.74万元）和单个会议桌椅预算报价，超过任何一项预算的投标为无效投标。（★）

3. 某供应商开标一览表报价超过分项预算。供应商珠海某家私公司投标文件开标一览表的报价为：投标报价总价为210.55万元，办公柜组为71.45万元，会议桌椅为139.1万元。会议桌椅的报价超过了招标文件规定的会议桌椅的

预算。

4. 质疑供应商认为珠海某家私公司的投标应无效。质疑供应商湖南某家具公司对于珠海某家私公司投标文件中开标一览表中的会议桌椅报价超过预算事宜，提出质疑，认为根据"招标文件第10.2条明确规定，标注'★'的条款为实质性要求条款。中标供应商珠海某家私公司填反会议桌椅和办公柜组预算价格，属于违反招标文件规定的'供应商不得超过采购总预算、两个分预算和单个会议桌椅预算报价，超过任何一项预算的投标为无效投标（★）'实质性要求"。认为中标供应商珠海某家私公司的投标应无效。

质疑供应商湖南某家具公司提出质疑后，对采购人的质疑答复不满，向财政部投诉；对投诉处理决定不满，向财政部提出行政复议；对财政部行政复议决定不满，将财政部作为被告，起诉到北京市某中级人民法院；对北京市某中级人民法院判决不服，上诉到北京市高级人民法院。

三、财政部未否认一个采购项目设立多个预算金额的有效性

2019年12月13日，代理机构湖南某招标公司收到质疑供应商湖南某家具公司提交的质疑材料，并于同年12月25日作出质疑答复，认为质疑供应商湖南某家具公司的质疑不成立。

2019年12月30日，财政部收到湖南某家具公司的政府采购投诉材料。2020年3月30日，财政部作出投诉处理决定，认为湖南某家具公司的投诉事项1、2缺乏事实依据，驳回投诉。

2020年4月15日，财政部收到湖南某家具公司提交的行政复议申请书。2020年6月12日，财政部作出行政复议决定，根据《行政复议法》第二十八条第一款第一项的规定，决定维持财政部作出的投诉处理决定。

因此，在财政部处理"中国人民银行长沙中心支行A座营业办公用房定制办公家具采购项目（第三次）"投诉、行政复议过程中，均未否认"中国人民银行长沙中心支行A座营业办公用房定制办公家具采购项目（第三次）"设置总预算、分项预算、单个会议桌椅预算等多个预算金额的有效性。

四、法院对一个采购项目设多个预算金额的裁判

1. 一审法院北京市某中级人民法院裁判未否认其有效性。质疑供应商湖南

某家具公司对行政复议决定不满,将财政部作为被告,起诉到北京市某中级人民法院,北京市某中级人民法院经审理认为:关于原告(湖南某家具公司)认为应适用《政府采购货物和服务招标投标管理办法》(财政部令第87号)第五十九条第一款第一项的规定,以开标一览表确定珠海某家私公司的会议桌椅报价,珠海某家私公司的澄清事项属于对投标文件的实质性修改等主张缺乏事实及法律依据,本院不予支持。结合其他,北京市某中级人民法院作出行政判决,判决驳回湖南某家具公司的诉讼请求。

2. 二审法院北京市高级人民法院裁判也未否认其有效性。2021年6月2日,北京市高级人民法院作出行政判决,认为:对湖南某家具公司的主张,本院不予支持。结合其他,北京市高级人民法院判决驳回上诉,维持一审判决。

五、政府采购法律法规等并未禁止一个采购项目设多个预算金额

1. 政府采购法律法规并未禁止。《政府采购法》和《政府采购法实施条例》均未禁止一个采购项目设多个预算金额。如前文所述,如果一个采购项目,采购的标的种类较多,供应商有可能像施工招标项目一样,通过不平衡报价获得最大利益。那么,对于采购人来说,如何防范供应商的类似不平衡报价呢?前述"中国人民银行长沙中心支行A座营业办公用房定制办公家具采购项目(第三次)",分别设置了采购项目总预算、两个分项预算(办公柜组预算为154.25万元,会议桌椅预算为95.74万元)和单个会议桌椅预算,用多个预算的方式,尽量减少供应商的不平衡报价不失为一种预防方法,且关键的是,政府采购法律法规并未禁止一个采购项目设多个预算金额。

2. 政府采购规章规范性文件等也并未禁止。如《政府采购货物和服务招标投标管理办法》(财政部令第87号)、《政府采购非招标采购方式管理办法》(财政部令第74号)等政府采购规章,《政府采购竞争性磋商采购方式管理暂行办法》(财库〔2014〕214号)等政府采购规范性文件,均未禁止一个采购项目设多个预算金额。也因此,针对前述"中国人民银行长沙中心支行A座营业办公用房定制办公家具采购项目(第三次)",作为该项目行政监督部门的财政部,以及北京市某中级人民法院、北京市高级人民法院均未否认该项目分别设置采购项目总预算、两个分项预算(办公柜组预算为154.25万元,会议桌椅预算为

95.74万元）和单个会议桌椅预算的有效性。

六、结语

政府采购活动中，有预算，才采购；无预算，不采购。投标超预算，投标无效。所有投标超预算，整个采购项目废标。如果对于一个采购项目包含多个采购标的，采购人为预防供应商的"不平衡报价"，设置多个预算进行预防的，也是一个可行的方法。

案例 11：投标报价是否一定以开标一览表报价为准？

一、前言

《政府采购货物和服务招标投标管理办法》第五十九条规定："……（一）投标文件中开标一览表（报价表）内容与投标文件中相应内容不一致的，以开标一览表（报价表）为准……"那么，在政府采购活动中，是不是投标报价一定需要以开标一览表的报价为准呢？

二、供应商开标一览表报价与分项价格表报价不一致

1. 招标文件对采购预算的规定。2019 年 11 月 18 日，采购人中国人民银行长沙中心支行、采购代理机构湖南某招标公司发布《中国人民银行长沙中心支行 A 座营业办公用房定制办公家具采购项目（第三次）公开招标公告》，进行公开招标采购。预算金额：249.99 万元（人民币），其中：办公柜组预算为 154.25 万元，会议桌椅预算为 95.75 万元（★）。

2. 供应商开标一览表报价超过预算。供应商珠海某家私公司投标文件开标一览表的报价为：投标报价总价为 210.55 万元，办公柜组为 71.45 万元，会议桌椅为 139.1 万元。会议桌椅的报价超过了招标文件规定的预算。

3. 供应商分项价格表报价未超过预算。有意思的是，珠海某家私公司投标文件中的分项报价表，其报价为：分项价格表中货物名称为会议桌椅项目（共 6 项）的合计价格为 71.45 万元，货物名称为组合柜、茶水柜、储物柜、展示柜项目（共 7 项）的合计价格为 139.1 万元，总计价格 210.55 万元。该报价，恰好与开标一览表的报价相反。会议桌椅的报价没有超过招标文件规定的预算。

4. 开标记录表报价超过预算。2019 年 12 月 9 日，该采购项目第三次招标的开标记录表显示，珠海某家私公司的办公柜组投标报价为 71.45 万元，会议桌椅报价为 139.1 万元。会议桌椅的报价超过了招标文件规定的预算。

三、评标委员会认为属于对"同类问题表述不一致"启动澄清程序

评标委员会发现珠海某家私公司投标文件中开标一览表报价与分项价格表报价不一致事宜，没有根据《政府采购货物和服务招标投标管理办法》第五十九条的规定："……（一）投标文件中开标一览表（报价表）内容与投标文件中相应内容不一致的，以开标一览表（报价表）为准……"以开标一览表报价为准。

评标委员会根据的是招标文件第二章第2.2.1条的规定："对投标文件中含义不明确、同类问题表述不一致或者有明显文字和计算错误的内容，评标委员会将以书面形式通知投标人作出必要的澄清、说明，但不得超出投标文件的范围或对投标文件做实质性的修改（计算错误修正除外）。评标委员会不接受投标人主动提出的澄清、说明。"认为这是珠海某家私公司对投标文件对"同类问题表述不一致"，启动澄清程序。

因此，在开标当日，即2019年12月9日，评标委员会对珠海某家私公司作出问题澄清通知，要求珠海某家私公司根据招标文件第二章评标方法及标准中第2.2.1条和第2.2.3条的规定，对投标文件中的报价进行澄清、说明。同日，珠海某家私公司对评标委员会出具加盖公司印章及授权代表签名的投标文件澄清书，称其开标一览表、分项价格有误，澄清如下内容：总报价为210.55万元，办公柜组139.1万元，会议桌椅71.45万元，投标报价以澄清价格为准。2019年12月10日，代理机构湖南某招标公司发布中标公告，珠海某家私公司中标。

四、质疑供应商认为应以开标一览表报价为准且中标供应商投标应无效

质疑供应商湖南某家具公司对于珠海某家私公司投标文件中开标一览表报价与分项价格表报价不一致事宜，提出质疑、投诉、行政复议，并将财政部作为被告提起行政诉讼一审，及相应的行政诉讼二审。

湖南某家具公司认为：中标供应商珠海某家私公司的投标应被认定为无效投标。

一是中标供应商珠海某家私公司开标一览表会议桌椅报价139.1万元，超过

招标文件规定的预算要求。根据招标文件第二章第2.2.1条和《政府采购货物和服务招标投标管理办法》第五十一条的规定，澄清不得对投标文件进行实质性修改。招标文件第10.2条明确规定，标注"★"的条款为实质性要求条款。中标供应商珠海某家私公司填反会议桌椅和办公柜组预算价格，属于违反招标文件规定的"供应商不得超过采购总预算、两个分预算和单个会议桌椅预算报价，超过任何一项预算的投标为无效投标（★）"实质性条款，珠海某家私公司的澄清属于对投标文件的实质性修改。被告认为中标供应商珠海某家私公司的澄清不属于实质性修改没有依据。

二是评标委员会混淆了"要求其澄清"和"认可其澄清"的概念，其应当依据《政府采购货物和服务招标投标管理办法》第五十一条第一款的规定和招标文件的要求对中标供应商珠海某家私公司的澄清内容进行评判。《政府采购货物和服务招标投标管理办法》第五十九条规定，报价文件出现前后不一致的，以开标一览表为第一修正顺序。

五、法院对开标一览表报价与分项价格表报价不一致的裁判

1. 一审法院北京市某中级人民法院裁判认为属于对"同类问题表述不一致"并以澄清报价为准中标有效。质疑供应商湖南某家具公司对评标结果不满，向采购人中国人民银行长沙中心支行提出质疑，对质疑答复不满，向财政部提出投诉，对投诉处理决定不满，向财政部提出行政复议，对行政复议决定不满，将财政部作为被告，起诉到北京市某中级人民法院，北京市某中级人民法院经审理认为：关于原告（提出质疑的供应商湖南某家具公司）提出"中标供应商珠海某家私公司投标文件不满足会议桌椅报价不得超过95.75万元预算的实质性要求，属于无效投标"的投诉。《政府采购货物和服务招标投标管理办法》第五十一条规定："对于投标文件中含义不明确、同类问题表述不一致或者有明显文字和计算错误的内容，评标委员会应当以书面形式要求投标人作出必要的澄清、说明或者补正。投标人的澄清、说明或者补正应当采用书面形式，并加盖公章，或者由法定代表人或其授权的代表签字。投标人的澄清、说明或者补正不得超出投标文件的范围或者改变投标文件的实质性内容。"本案中，采购项目第三次招标文件第二章第2.2节的条款亦规定了投标人澄清、说明的内容和程序。珠海某家私公司投标文件中开标一览表显示的会议桌椅报价139.1万元，办公柜组报价71.45

万元，但其分项价格表中各项会议桌椅报价合计71.45万元，各项办公柜组报价合计139.1万元，存在前后不一致的情形。评标委员会书面要求珠海某家私公司按照招标文件关于澄清的规定对投标报价进行澄清。珠海某家私公司提交书面澄清文件，明确其开标一览表分项价格报价存在错误，澄清后会议桌椅报价为71.45万元，办公柜组报价为139.1万元。珠海某家私公司的澄清未改变投标文件的实质性内容，澄清后的会议桌椅报价未超出分项预算，评标委员会认可该澄清的内容，符合招标文件的要求及《政府采购货物和服务招标投标管理办法》第五十一条的规定。据此，被告（财政部）认定原告的该项投诉缺乏事实依据，投诉不成立，决定驳回原告该项投诉并无不当。关于原告认为应适用《政府采购货物和服务招标投标管理办法》第五十九条第一款第一项的规定，以开标一览表确定珠海某家私公司的会议桌椅报价，珠海某家私公司的澄清事项属于对投标文件的实质性修改等主张缺乏事实及法律依据，本院不予支持。结合其他，北京市某中级人民法院作出行政判决，判决驳回湖南某家具公司的诉讼请求。

2. 二审法院北京市高级人民法院裁判也认为属于对"同类问题表述不一致"并以澄清报价为准中标有效。2021年6月2日，北京市高级人民法院作出行政判决，认为：本案中，关于湖南某家具公司提出的"中标供应商珠海某家私公司投标文件不满足会议桌椅报价不得超过95.75万元预算的实质性要求，属于无效投标"投诉的问题。《政府采购货物和服务招标投标管理办法》第五十一条规定："对于投标文件中含义不明确、同类问题表述不一致或者有明显文字和计算错误的内容，评标委员会应当以书面形式要求投标人作出必要的澄清、说明或者补正。投标人的澄清、说明或者补正应当采用书面形式，并加盖公章，或者由法定代表人或其授权的代表签字。投标人的澄清、说明或者补正不得超出投标文件的范围或者改变投标文件的实质性内容。"本案中，在案证据显示，珠海某家私公司投标文件中开标一览表显示的会议桌椅报价139.1万元，办公柜组报价71.45万元，但其分项价格表中各项会议桌椅报价合计71.45万元，各项办公柜组报价合计139.1万元。就此，评标委员会书面要求珠海某家私公司按照招标文件关于澄清的规定对投标报价进行澄清。珠海某家私公司按照评标委员会的要求提交书面澄清文件，明确其开标一览表分项价格报价存在错误，澄清后会议桌椅报价为71.45万元，办公柜组报价为139.1万元，评标委员会认可了该澄清的内容。财政部认为珠海某家私公司的澄清行为属于前引《政府采购货物和服务招标投标管理办法》第五十一条规定的情形，被诉处理决定据此认定湖南某家具公司的前项投诉事项，缺乏事实依据，具有事实根据，结论并无不当。湖南某家具公司提出的前述珠海某家私公司的报价问题应适用《政府采购货物和服务招标投标管理办法》第五十九条第一款第一项的规定，即投标文件中开标一览表（报价表）内容与投标文件中相应内容不一致的，以开标一览表（报价表）为准的主张。本院认为，根据在案证据，可以认定本案中珠海某家私公司的报价问题明显属于《政府采购货物和服务招标投标管理办法》第五十一条规定的同类问题表述不一致或者有明显文字和计算错误的内容的情形，而非《政府采购货物和服务招标投标管理办法》第五十九条第一款第一项所规定的情形。故，对湖南某家具公司的该项主张，本院不予支持。结合其他，北京市高级人民法院判决驳回上诉，维持一审判决。

六、投标报价并非一定以开标一览表为准且开标一览表报价也属于可以澄清的内容

1. 如果招标文件有规定不以开标一览表为准的，则执行招标文件的规定。《政府采购货物和服务招标投标管理办法》第五十九条规定："投标文件报价出现前后不一致的，除招标文件另有规定外，按照下列规定修正：（一）投标文件中开标一览表（报价表）内容与投标文件中相应内容不一致的，以开标一览表（报价表）为准……"因此，如果招标文件规定不以开标一览表为准的，则执行招标文件的规定，并不必然是以开标一览表为准。上述第五十九条对此作了"授权性"的规定，赋予采购人在招标文件此部分内容设定上的自主权，由采购人自主规定。当然，如果采购人放弃该自主权，则执行《政府采购货物和服务招标投标管理办法》的规定。

2. 如果属于投标文件"同类问题表述不一致"的，则以投标人的澄清报价为准。在前述《中国人民银行长沙中心支行 A 座营业办公用房定制办公家具采购项目（第三次）》中，中标供应商珠海某家私公司投标文件中开标一览表的报价，与分项报价表的报价，恰好相反，开标唱标时，唱标的报价和开标记录表的报价与开标一览表报价一致。评标委员会根据招标文件的规定，其实招标文件的该等规定，也是《政府采购货物和服务招标投标管理办法》第五十一条的规定："对于投标文件中含义不明确、同类问题表述不一致或者有明显文字和计算错误的内容，评标委员会应当以书面形式要求投标人作出必要的澄清、说明或者

补正。投标人的澄清、说明或者补正应当采用书面形式，并加盖公章，或者由法定代表人或其授权的代表签字。投标人的澄清、说明或者补正不得超出投标文件的范围或者改变投标文件的实质性内容。"评标委员会据此认定中标供应商珠海某家私公司投标文件中的投标报价属于"同类问题表述不一致"，启动了澄清程序，中标供应商珠海某家私公司予以澄清。财政部、北京市某中级人民法院、北京市高级人民法院也均认可评标委员会的该行为。因此，即使投标文件报价出现前后不一致的，如果属于"同类问题表述不一致"的，也并不必然以开标一览表报价为准。

3. 即使是开标一览表的报价，也属于可以澄清的内容。提出质疑的供应商湖南某家具公司认为，澄清不得对投标文件进行实质性修改。认为中标供应商珠海某家私公司的澄清，修改了其开标一览表的报价，是属于实质性修改。但财政部、北京市某中级人民法院、北京市高级人民法院，均不认为对开标一览表的报价的澄清，即将"办公柜组 71.45 万元，会议桌椅 139.1 万元"澄清为"办公柜组 139.1 万元，会议桌椅 71.45 万元"为"改变投标文件的实质性内容"，并均认可评标委员会启动澄清程序的行为。因此，对于开标一览表的报价，也并不属于不可以澄清的内容。

七、结语

开标一览表非常重要，但并不代表一定是以开标一览表的报价为准。开标一览表的报价，在满足特定的条件下，是可以澄清的，并以澄清的报价为准。当然，对于投标人而言，投标文件前后一致，是目标。但在追求目标的过程中，如果出了"偏离"，哪怕是"报价"这一非常重要的"偏离"，也并不一定导致投标无效。

案例 12：可否依据招标文件将管委会列为政府采购的监督部门？

一、前言

投标人担忧之事较多，其中之一担忧投诉无门。代理机构在编制招标文件时，也须明确本项目的监督部门。在地方政府设立管理委员会的情形下，可否依据招标文件将管委会列为监督部门？

二、招标文件对监督部门的规定

2020 年 7 月 5 日，招标人杭州某开发公司、招标代理机构浙江某咨询公司发布《关于某小镇班车营运项目采购的公开招标公告》，进行公开招标采购。租赁 47 座客车 32 辆、19 座客车 5 辆（含驾驶员），作为员工上下班接送车辆。投标人须满足：《政府采购法》第二十二条规定，以及落实政府采购政策需满足的资格要求。对符合财政扶持政策的中小企业（小型、微型）、监狱企业、残疾人福利性单位给予价格优惠扶持，享受评审中价格扣除政策等。

《关于某小镇班车营运项目采购的公开招标公告》规定：采购单位监督管理部门：杭州某小镇管理委员会，地址：杭州市甲区国际会展中心。

三、管委会自认、区政府确认管委会具有本次招标项目监督权

1. 管委会自认对本项目具有监督管理权并受理投诉。2020 年 7 月 31 日，招标代理机构浙江某咨询公司发布《关于某小镇班车营运项目采购的中标（成交）结果公告》，公告：杭州某运输公司以 5965640 元的价格中标；本次采购评审专家由徐某、金某波、丁某、余某君、洪某涛组成。投标人杭州某客运公司不服，杭州某客运公司依据《政府采购法》第五十二条、《政府采购质疑和投诉办法》第十条的规定，于 2020 年 8 月 5 日向杭州某开发公司、浙江某咨询公司提交书面质疑函。2020 年 8 月 18 日，杭州某客运公司对质疑答复不服，依据《政府采

购法》第五十五条、《政府采购质疑和投诉办法》第十七条的规定，向杭州某小镇管理委员会提起书面投诉。2020年8月26日，杭州某小镇管理委员会召集杭州某客运公司、浙江某咨询公司及原评审专家在管委会三楼1号会议室评审。据此，管委会自认对该招标项目具有监督管理权并对投标人的投诉进行处理。

2. 杭州市甲区人民政府也确认管委会有监督管理权。杭州市甲区人民政府认为：采购招标文件的招标公告"十二、联系方式"中明确了采购监督管理部门为杭州市某小镇管理委员会。此外，杭州市甲区人民政府办公室《关于印发〈杭州某小镇管理委员会主要职责、内设机构和人员编制规定〉的通知》（西政办〔2017〕102号）规定，"某小镇管委会为杭州市甲区人民政府的派出机构，其机构级别与区政府工作部门相同"，同时明确规定了管委会的职权包括"组织实施区域内各项基础设施和公用设施的建设和管理；负责为企服务、人才服务工作"。因此，某小镇管委会虽是甲区人民政府的派出机构，其对于案涉"某小镇班车运营"招投标项目负有监管职责，应当是该项目的政府采购监督管理部门，有权对投诉事项作出答复并承担相应的法律责任。

3. 投标人杭州某客运公司认为应当由杭州市甲区人民政府承担处理投诉的责任。杭州某客运公司认为，管委会在处理投诉中的不作为行为违反了《政府采购法》第五十六条和《政府采购质疑和投诉办法》第二十三条、第二十六条、第三十三条的规定。杭州某小镇管理委员会系杭州市甲区人民政府内设机构，依据《行政诉讼法》第二十六条及《最高人民法院关于适用〈中华人民共和国行政诉讼法〉的解释》第二十条的规定，杭州某小镇管理委员会因行政管理所产生的法律后果由杭州市甲区人民政府承担。遂把杭州市甲区人民政府作为被告起诉到杭州市中级人民法院，要求：1. 判决被告在处理杭州某客运公司投诉某小镇班车营运项目招标一案中行政不作为违法；2. 判令被告对杭州某客运公司投诉某小镇班车营运项目招标一案依法作出处理；3. 本案诉讼费由被告承担。

四、法院对管委会是否具有本次招标项目监督权的裁判

1. 一审法院杭州市中级人民法院裁判认为管委员和甲区人民政府均无本招标项目的监督管理权。杭州市中级人民法院经审理认为：《政府采购法》第五十五条规定："质疑供应商对采购人、采购代理机构的答复不满意或者采购人、采购代理机构未在规定的时间内作出答复的，可以在答复期满后十五个工作日内向

同级政府采购监督管理部门投诉。"该法第十三条规定："各级人民政府财政部门是负责政府采购监督管理的部门，依法履行对政府采购活动的监督管理职责。各级人民政府其他有关部门依法履行与政府采购活动有关的监督管理职责。"《政府采购质疑和投诉办法》第十七条规定："质疑供应商对采购人、采购代理机构的答复不满意，或者采购人、采购代理机构未在规定时间内作出答复的，可以在答复期满后15个工作日内向本办法第六条规定的财政部门提起投诉。"根据前述规定，"财政部门"是政府采购监督管理部门。被告甲区人民政府显然并非"财政部门"，故不具有原告请求其履行的法定职责。而且，即便原告向财政部门提起投诉，也应当提供初步证据证明相关采购活动属于政府采购。本院同时认为，行政机关的法定职责一般应当通过法律设定，而不能由行政机关自我设定，更不能像本案这样，由杭州某开发公司和浙江某咨询公司通过发布采购招标文件的方式加以规定。杭州市甲区人民政府办公室《关于印发〈杭州某小镇管理委员会主要职责、内设机构和人员编制规定〉的通知》（西政办〔2017〕102号）中也没有关于该机构具有政府采购监督管理职责的直接而清晰的规定，不能据以认定杭州某小镇管理委员会具有原告请求其履行的法定职责，也无须推定甲区人民政府为此承担行政法律责任。据此，杭州市中级人民法院作出行政裁定，驳回原告杭州某客运公司的起诉。

2. 二审法院浙江省高级人民法院裁判认为管委员和甲区人民政府均无本招标项目的监督管理权。2021年1月28日，浙江省高级人民法院作出行政裁定，认为：案涉项目并非使用财政性资金采购项目。因此，上诉人（杭州某客运公司）请求被上诉人（杭州市甲区人民政府）依照《政府采购法》第五十五条、《政府采购质疑和投诉办法》第十七条的相关规定履行采购监管职责，不具备法律适用的前提条件。此外，即便是按照《政府采购法》第五十五条的规定，要求相关行政机关履行监管法定职责，也应当是同级政府采购监管部门，而非某小镇管理委员会。同时，监管部门的法定职责应由法律设定。杭州某开发公司和浙江某咨询公司无权通过发布采购招标文件确定政府采购监管部门。而根据现有证据及法律规定均不能证明或推导出被上诉人为案涉项目的政府采购监管部门，具备相关法定职责。据此，原审法院认为被上诉人甲区人民政府以及杭州某小镇管理委员会不具有上诉人请求其履行的法定职责，驳回上诉人的起诉，并无不当。原审裁定适用法律正确，审判程序合法，依法应予维持。上诉人的上诉理由均不能成立。因此，浙江省高级人民法院裁定驳回上诉，维持原裁定。

五、政府采购监督部门属于法定而非招标文件等的规定

1. 政府采购监督部门属于法定。《政府采购法》第十三条规定："各级人民政府财政部门是负责政府采购监督管理的部门，依法履行对政府采购活动的监督管理职责。各级人民政府其他有关部门依法履行与政府采购活动有关的监督管理职责。"因此，只有财政部门，而非管委会或政府，才是政府采购的法定监督管理部门。另外，《政府采购法》第六十七条规定："依照法律、行政法规的规定对政府采购负有行政监督职责的政府有关部门，应当按照其职责分工，加强对政府采购活动的监督。"对于政府采购负有行政监督职责的政府有关部门，只能由法律、行政法规规定，也即法定。

2. 政府文件或招标文件无权另行设定政府采购监督部门。恰如前述案例中法院的说理，政府采购的监督部门，属于法定，而非招标人或代理机构在招标采购文件中设定。这也是招标采购文件的编制要求，须依法编制、满足合法性的应有之义。招标采购文件的内容，不得违反法律法规的规定，包括对该招标采购项目监督部门的设定。当然，对于投标人而言，向行政监督部门提出投诉时，除了遵循招标文件规定的监督部门之外，还需要根据法律法规的规定自行确定究竟谁才是该招标采购项目的行政监督部门，谁才能受理该招标采购项目的投诉并作出投诉处理决定。如果法律法规的规定，与招标采购文件的规定不一，须根据法律法规的规定提出投诉，而不是根据错误的招标采购文件的规定提出投诉。否则，既耽误了时间，也耽误了机会，更浪费了精力。

六、结语

依法编制招标文件，依法质疑，依法投诉，核心均为依法。确定招标采购项目的监督部门，并非依据招标文件，而是依据法律法规。当然，招标文件的规定，与法律的规定相符时，依据招标文件，其实也是依据法律法规，这也是适用法律一致性的应有之义。

案例 13：他人有权对未参与的单一来源采购项目提出质疑投诉吗？

一、前言

单一来源采购，意味着供应商只有一家。没有参与单一来源采购项目的单位，是否有权利对该单一来源采购项目提出质疑投诉呢？

二、两次公开招标失败转单一来源采购被异议案

1. 两次公开招标失败。2019 年 1 月 30 日和 2019 年 8 月 8 日，采购人海南省卫生健康委员会、采购代理机构海南省政府采购中心分别组织的海南省基层医疗卫生机构标准化建设医疗设备采购项目（第 9 包）两次公开招标，投标截止时间结束后均只有一家投标人（海南某医疗科技公司）递交投标文件，导致招标失败。

2. 失败后转单一来源采购。2019 年 8 月 27 日，采购代理机构海南省政府采购中心在中国政府采购网上发布了《海南省基层医疗卫生机构标准化建设医疗设备采购项目（第 9 包）单一来源公告》，内容包括拟采用的采购方式：单一来源，拟采购的货物：除颤监护仪，采购金额：2256.25 万元，公示期限：2019 年 8 月 27 日至 2019 年 9 月 3 日，拟定供应商名称：海南某医疗科技公司，以及专家的论证意见。并公告：供应商对该项目拟采用单一来源采购方式及其理由和相关需求有异议的，可以在公示期内，以书面形式向海南省卫生健康委员会和海南省政府采购中心提出意见。

3. 其他单位对单一来源采购提出异议。海南某医疗设备公司在公示期限内，对该单一来源采购项目提出异议。随后，采购代理机构海南省政府采购中心将补充论证结论告知了海南某医疗设备公司。

4. 监督部门批准了单一来源采购。2020 年 1 月 19 日，海南省财政厅批准该项目第 9 包转为单一来源采购。2020 年 4 月 8 日，采购代理机构海南省政府采购中心在中国政府采购网上发布了《海南省基层医疗卫生机构标准化建设医疗设

采购项目成交结果公告》，预成交单位：海南某医疗科技公司，预成交金额/元：22382000.00。并公告了该项目的评标委员会成员名单。

5. 海南某医疗设备公司提出质疑投诉等。2020年3月25日，海南某医疗设备公司向代理机构提出质疑，提出单一来源采购信息发布违规、不符合单一来源采购所规定情形等。随后提出投诉、行政复议，乃至将财政部作为被告，起诉到北京市某中级人民法院，以及上诉到北京市高级人民法院。

三、采购代理机构、海南省财政厅、财政部均认为海南某医疗设备公司无权对该单一来源采购项目提出质疑投诉

1. 采购代理机构对质疑作出不予受理质疑的通知。采购代理机构海南省政府采购中心对海南某医疗设备公司于2020年3月25日提出的质疑，向海南某医疗设备公司发出不予受理质疑的通知。海南某医疗设备公司不服，向海南省财政厅提出投诉。

2. 海南省财政厅对投诉作出不予受理告知书。海南省财政厅认为：根据《政府采购质疑和投诉办法》（财政部令第94号）第十九条第二款第一项、第二十一条第二项之规定，认定海南某医疗设备公司不是该项目第9包合格投诉主体，所提起的投诉无效，不予受理。海南某医疗设备公司不服，向财政部提出行政复议申请。

3. 财政部对行政复议申请作出不予受理行政复议申请决定书。2020年5月9日，财政部作出不予受理行政复议申请决定书，决定不予受理海南某医疗设备公司提出的行政复议申请。理由主要为：根据《政府采购法》第五十二条、第五十五条和《政府采购质疑和投诉办法》（财政部令第94号）第十一条第一款、第十九条第二款第一项的规定，海南某医疗设备公司并非参与该项目第9包的供应商，海南某医疗设备公司就该项目第9包提起的投诉不符合《政府采购质疑和投诉办法》（财政部令第94号）第十九条规定的条件，海南省财政厅的告知行为不会对海南某医疗设备公司的权利义务产生实际影响。另外，根据《政府采购非招标采购方式管理办法》（财政部令第74号）第三十八条、第三十九条、第四十条规定，该项目中，采购代理机构依法在海南省政府采购网、中国政府采购网进行了单一来源公示，海南某医疗设备公司已就单一来源采购方式提出异议，采购代理机构也将补充论证结论告知了海南某医疗设备公司，依法保障了海南某

医疗设备公司的合法权益。但海南某医疗设备公司对不予受理行政复议申请决定书不服，将财政部作为被告，起诉到北京市某中级人民法院。

四、法院对海南某医疗设备公司是否有权对该单一来源采购项目提出质疑投诉的裁判

1. 一审法院北京市某中级人民法院裁判认为其不符合法定起诉条件应驳回起诉。北京市某中级人民法院经审理认为：根据《行政诉讼法》第四十九条第四项规定，公民、法人或者其他组织向法院提起行政诉讼，应当属于人民法院受案范围。《最高人民法院关于适用〈中华人民共和国行政诉讼法〉的解释》第一条第二款第十项规定，对公民、法人或者其他组织权利义务不产生实际影响的行为，不属于人民法院行政诉讼受案范围。财政部作出的不予受理决定，明显对海南某医疗设备公司的权利义务不产生实际影响。海南某医疗设备公司针对不予受理决定提起本案诉讼，不符合法定起诉条件，其起诉应予驳回。据此，北京市某中级人民法院作出行政裁定，驳回原告海南某医疗设备公司的起诉。

2. 二审法院北京市高级人民法院裁判也认为其不符合法定起诉条件应驳回起诉。2021年2月8日，北京市高级人民法院作出行政裁定，认为：公民、法人或者其他组织向人民法院提起行政诉讼，应当符合法定起诉条件。根据《最高人民法院关于适用〈中华人民共和国行政诉讼法〉的解释》第六十九条第一款第八项的规定，行政行为对公民、法人或者其他组织的合法权益明显不产生实际影响的，已经立案的，应当裁定驳回起诉。财政部作出的不予受理决定，明显对海南某医疗设备公司的权利义务不产生实际影响。故，海南某医疗设备公司针对不予受理决定提起的本案诉讼，不符合法定起诉条件，依法应予驳回。因此，北京市高级人民法院裁定驳回上诉，维持原裁定。

五、投诉的前提是已质疑，通常质疑的前提是已参与单一来源采购项目

1. 质疑是投诉的前置程序。供应商如对某政府采购项目（含单一来源采购项目）向财政部门提出投诉，前提是已依法提出质疑。对此，《政府采购法》第五十五条规定："质疑供应商对采购人、采购代理机构的答复不满意或者采购人、

采购代理机构未在规定的时间内作出答复的，可以在答复期满后十五个工作日内向同级政府采购监督管理部门投诉。"《政府采购质疑和投诉办法》（财政部令第94号）第十九条规定："投诉人应当根据本办法第七条第二款规定的信息内容，并按照其规定的方式提起投诉。投诉人提起投诉应当符合下列条件：（一）提起投诉前已依法进行质疑……"第二十条规定："供应商投诉的事项不得超出已质疑事项的范围，但基于质疑答复内容提出的投诉事项除外。"因此，如果某单位拟对某政府采购项目提出投诉，前提是必须依法提出质疑。无质疑，不投诉。

2. 参与项目的供应商或潜在供应商可依法提出质疑，通常参与单一来源的政府采购活动是提出质疑的前提条件。《政府采购质疑和投诉办法》（财政部令第94号）第十一条规定："提出质疑的供应商（以下简称质疑供应商）应当是参与所质疑项目采购活动的供应商。潜在供应商已依法获取其可质疑的采购文件的，可以对该文件提出质疑。对采购文件提出质疑的，应当在获取采购文件或者采购文件公告期限届满之日起7个工作日内提出。"因此，如果某单位拟对某政府采购项目提出质疑，前提是必须参与了该政府采购项目。不参与，无质疑。这也就意味着，单一来源采购项目，有权提出质疑投诉的单位，有且只有一家，那就是拟定的唯一成交供应商，其他任何单位均无权提出质疑投诉。财政部在北京市某中级人民法院的审理中答辩称：海南某医疗设备公司有关该项目不适用《政府采购质疑和投诉办法》（财政部令第94号）的主张不能成立。《政府采购质疑和投诉办法》（财政部令第94号）是根据《政府采购法》和《政府采购法实施条例》等制定的部门规章，其第十一条第一款对有权提出质疑的供应商作出了明确规定，即提出质疑的供应商应当是参与所质疑项目采购活动的供应商。该规定适用于采用单一来源采购方式开展的采购活动。

3. 任何人均有权对采用单一来源采购方式的公示提异议，但只有依法符合条件的供应商才可提出质疑投诉。《政府采购非招标采购方式管理办法》（财政部令第74号）第三十八条规定："属于政府采购法第三十一条第一项情形，且达到公开招标数额的货物、服务项目，拟采用单一来源采购方式的，采购人、采购代理机构在按照本办法第四条报财政部门批准之前，应当在省级以上财政部门指定媒体上公示，并将公示情况一并报财政部门。公示期不得少于5个工作日，公示内容应当包括：（一）采购人、采购项目名称和内容；（二）拟采购的货物或者服务的说明；（三）采用单一来源采购方式的原因及相关说明；（四）拟定的唯一供应商名称、地址；（五）专业人员对相关供应商因专利、专有技术等原因具有唯一性的具体论证意见,以及专业人员的姓名、工作单位和职称;(六)公示的期限;(七)采购人、采购代理机构、财政部门的联系地址、联系人和联系电话。"第三十九条规定:"任何供应商、单位或者个人对采用单一来源采购方式公示有异议的,可以在公示期内将书面意见反馈给采购人、采购代理机构,并同时抄送相关财政部门。"第四十条规定:"采购人、采购代理机构收到对采用单一来源采购方式公示的异议后,应当在公示期满后5个工作日内,组织补充论证,论证后认为异议成立的,应当依法采取其他采购方式;论证后认为异议不成立的,应当将异议意见、论证意见与公示情况一并报相关财政部门。采购人、采购代理机构应当将补充论证的结论告知提出异议的供应商、单位或者个人。"因此,在前述项目中,海南某医疗设备公司有权对采购代理机构海南省政府采购中心在中国政府采购网上发布的《海南省基层医疗卫生机构标准化建设医疗设备采购项目(第9包)单一来源公告》提出异议,且采购代理机构海南省政府采购中心必须组织补充论证,并将补充论证的结论告知提出异议的海南某医疗设备公司。但海南某医疗设备公司并无权利对该单一来源采购项目提出质疑投诉。

六、结语

单一来源采购项目,通常有且只有一个单位有权提出质疑投诉,那就是拟定的唯一成交供应商。但这并不影响或削弱政府采购的公开、公平、公正,因为单一来源采购,在采购前必须依法公示,任何人均有权在公示期内提出异议,一旦提出异议,采购人、采购代理机构必须依法组织专家补充论证,并告知异议人补充论证结论。只不过,异议人也就仅限于提出异议而已,无权再对补充论证结论再提出异议、质疑、投诉等。至于该补充论证结论,是否成立,还有待财政部门在依法审批单一来源采购时,把着这道关。即使公示期满后,如财政部门依法不予批准,采购人也不得擅自作主采用单一来源采购方式开展政府采购活动。

案例 14：可否通过公开渠道免费下载获取采购代理机构售价 300 元的采购文件，然后提出质疑投诉？

一、前言

《政府采购质疑和投诉办法》（财政部令第 94 号）第十一条第二款规定了"潜在供应商已依法获取其可质疑的采购文件的，可以对该文件提出质疑"，那么，代理机构售价 300 元的采购文件，某单位通过公开渠道免费下载后，能否对该采购文件提出质疑投诉呢？

二、采购公告规定获取采购文件的方式及价格但文件可在政府采购网免费下载

1. 采购公告规定获取采购文件的方式及价格等。2018 年 5 月 31 日，采购人成都市龙潭新经济产业功能区管理委员会、采购代理机构四川某建设咨询公司在四川政府采购网发布了《四川省成都市成华区成都市龙潭都市工业集中发展区管理委员会成都龙潭新经济产业集聚区总体规划采购项目竞争性磋商采购公告》，公告规定：获取磋商文件的开始时间为 2018 年 6 月 1 日 9：00，结束时间为 2018 年 6 月 7 日 17：00，获取磋商文件方式为：本项目磋商文件有偿获取，磋商文件售价人民币 300 元/份，获取磋商文件地点为四川某建设咨询公司，磋商文件发售及供应商报名地点为四川某建设咨询公司（以下简称某建设咨询公司）。

2. 某单位通过四川政府采购网免费下载了采购文件。采购代理机构某建设咨询公司在四川政府采购网发布采购公告后，某建筑设计公司没有通过公告规定的方式及价格去获取采购文件，而是在四川政府采购网上免费下载了采购文件。

3. 某单位对采购文件提出质疑。2018 年 6 月 6 日，某建筑设计公司向采购人成都市龙潭新经济产业功能区管理委员会提出质疑，质疑事项为："采购文件违法导致自己的合法权益受到损害。"

三、采购代理机构及财政局均认为某建筑设计公司无权对采购文件提出质疑投诉

1. 采购代理机构对质疑作出关于质疑不予受理的通知书。采购代理机构某建设咨询公司对某建筑设计公司提出的质疑，向某建筑设计公司发出关于质疑不予受理的通知书。认定某建筑设计公司于规定的报名期间未至现场报名并依法获取采购文件，故某建筑设计公司未正式参与该项目采购活动，不是该项目采购活动法定意义上的供应商，也不属于依法获取采购文件的潜在供应商，某建筑设计公司无权提出质疑，采购代理机构某建设咨询公司依法不予以受理。某建筑设计公司不服，向成都市成华区财政局提出投诉。

2. 成都市成华区财政局驳回投诉。2018 年 7 月 24 日，成都市成华区财政局作出投诉处理决定书，认为：某建筑设计公司未依法获取可质疑的磋商文件，其就磋商文件内容向采购代理机构某建设咨询公司提起质疑，不符合法律规定。采购代理机构某建设咨询公司作出不予受理的决定书并无不妥。决定驳回投诉。

3. 某建筑设计公司向法院提起诉讼。某建筑设计公司对投诉处理决定书不服，将成都市成华区财政局作为被告，起诉到人民法院。某建筑设计公司认为：招标文件要价 300 元，严重违反了《招标投标法实施条例》第十六条和《政府采购竞争性磋商采购方式管理办法》（财库〔2014〕214 号文件）之规定，采购代理机构某建设咨询公司即使提供纸质招标文件，其印刷成本在 10 元以内，外包图文打印店制作也不超过 20 元。如果仅仅提供电子文件，那么其印刷、邮寄的成本支出为零，必须免费。《政府采购质疑和投诉办法》第十一条第二款明确规定"潜在供应商已依法获取其可质疑的采购文件的，可以对该文件提出质疑"。质疑前，某建筑设计公司已在"四川政府采购网"合法获得（下载）该项目的采购文件，依法可以对该文件提出质疑。而投诉处理决定书所称前往采购代理机构某建设咨询公司处购买采购文件，仅仅是成为该项目供应商，可以参加投标采购活动的条件。被告在明知某建筑设计公司已依法获取其可质疑的采购文件的情形下，仍作出枉法裁定。遂提出诉讼请求：1. 判令撤销成都市成华区财政局作出的投诉处理决定书；2. 判令成都市成华区财政局支付某建筑设计公司为本诉讼所产生的一切相关费用包括但不限于交通食宿费等，最终凭票据结算。

四、法院对某建筑设计公司是否有权对该采购文件提出质疑投诉的裁判

1. 一审法院裁判认为其无权对采购文件提出质疑投诉。一审法院经审理认为：首先，"潜在供应商"应与"供应商"相区别。根据《政府采购质疑和投诉办法》的相关条文文意，本院认为，购买了采购文件，并进一步继续参与了采购活动后续步骤的主体为供应商，而购买了采购文件，但没有参与采购后续步骤的主体则为潜在供应商。因潜在供应商仅购买了采购文件，没有继续参与采购过程，因而其只能对采购文件提出质疑，供应商参与了采购活动，因而其可以对采购过程、中标或成交结果提出质疑。二者的质疑范围也体现出了二者的差异。其次，本案所涉采购公告中写明获取磋商文件发售方式为"本项目磋商文件有偿获取"，获取磋商文件地点为"四川某建设咨询公司所在地"，本院认为，不论是供应商还是潜在供应商，其获取磋商文件的方式均应当是采购活动中通过公告或其他方式限定的特定获取方式，对于本案，作为潜在供应商，其获取磋商文件的合法方式应当为在特定时间和地点对磋商文件进行购买。原告通过在网站上自行下载的方式获取磋商文件，并非法定的合法获取方式。原告未通过特定方式获取采购文件，不属于依法获取采购文件。综上，对某建筑设计公司要求撤销《投诉处理决定书》的诉讼请求，本院不予支持。据此，依照《行政诉讼法》第六十九条之规定，判决驳回原告某建筑设计公司的全部诉讼请求。

2. 二审法院成都市中级人民法院裁判也认为其无权对采购文件提出质疑投诉。成都市中级人民法院也认为某建筑设计公司无权对采购文件提出质疑投诉，并作出行政判决维持原判。

3. 再审法院四川省高级人民法院裁判也认为其无权对采购文件提出质疑投诉。2020年12月25日，四川省高级人民法院作出行政裁定，认为：根据《政府采购质疑和投诉办法》第十一条"提出质疑的供应商（以下简称质疑供应商）应当是参与所质疑项目采购活动的供应商。潜在供应商已依法获取其可质疑的采购文件的，可以对该文件提出质疑。对采购文件提出质疑的，应当在获取采购文件或者采购文件公告期限届满之日起7个工作日内提出"和《政府采购竞争性磋商采购方式管理暂行办法》第七条"采用公告方式邀请供应商的，采购人、采购代理机构应当在省级以上人民政府财政部门指定的政府采购信息发布媒体发布

竞争性磋商公告。竞争性磋商公告应当包括以下主要内容……（五）获取磋商文件的时间、地点、方式及磋商文件售价……"的规定，案涉采购公告中明确载明获取磋商文件发售方式为有偿获取，获取地点为某建设咨询公司。某建筑设计公司获取磋商文件的方式系通过网站自行下载，而没有按照采购公告示明的方式、地点获取磋商文件，不符合属于参与所质疑项目采购活动的供应商或者潜在供应商的条件。因此，成华区财政局认定某建筑设计公司并未依法获取其可质疑的磋商文件，对磋商文件提起的质疑不符合法律规定，作出的案涉投诉处理决定，并无不当。综上，四川省高级人民法院作出裁定，驳回某建筑设计公司的再审申请。

五、质疑采购文件的前提是已依法获取采购文件

1. 质疑供应商依法获取采购文件，参与政府采购活动，有权依法对采购文件提出质疑投诉。根据《政府采购法》第五十五条以及《政府采购质疑和投诉办法》第十一条的规定，出现了3个主体：供应商、质疑供应商、潜在供应商。那么，依法获取了采购文件，也参与了后续的政府采购活动，且对采购文件提出质疑的，则为质疑供应商。根据《政府采购质疑和投诉办法》第十一条的规定，依法获取采购文件，参与政府采购活动，有权依法对采购文件提出质疑投诉。

2. 潜在供应商依法获取采购文件，但后续没有参与政府采购活动，也有权依法对采购文件提出质疑投诉。根据《政府采购质疑和投诉办法》第十一条的规定，依法获取采购文件的潜在供应商，即使没有继续参与后续的政府采购活动，但也有权依法对采购文件提出质疑投诉。但核心是，如何理解和界定"依法获取采购文件"呢？

3. 没有实施违法行为就获取了采购文件，并不等于依法获取了采购文件。如何理解和界定"依法获取采购文件"？采取欺诈、偷盗、胁迫、围标串标等违法方式获取的采购文件，肯定不属于"依法获取采购文件"。但恰如前述案例，某建筑设计公司并未实施违法行为即获得了采购文件，是不是就可以认定为其"依法获取采购文件"了呢？从前述采购代理机构、财政局、一审法院、二审法院、再审法院的意见来看，没有实施违法行为获取了采购文件，并不等于依法获取采购文件。何谓"依法获取采购文件"？乃指根据采购公告规定的方式、途径、时间、价格等获取采购文件。当然，除非采购公告的相关规定违法。

六、结语

在某些地方，电子招标采购，已经要求采购人免费提供采购文件。根据前述分析，即使是免费提供采购文件的情形下，也只有根据采购公告依法获取采购文件的潜在供应商或质疑供应商，才有权对采购文件提出质疑投诉。对于需要付费购买采购文件的项目，则需要按照采购公告的规定付费购买采购文件后，才有权对采购文件提出质疑投诉。

案例 15：可否将生产厂家授权书作为政府采购项目的评分项？

一、前言

政府采购项目对供应商进行评审时，先进行资格评审，后进行符合性评审，如果采用综合评分法的，再进行评审打分。那么，可否将生产厂家的授权书，作为评分项进行打分呢？

二、采购文件将生产厂家授权书作为评分项被质疑投诉

1. 采购文件对生产厂家授权书评分项的规定。2018 年 7 月 17 日，采购人三亚市中医院、采购代理机构三亚市政府采购中心发布《三亚市中医院 24 小时动态血压分析系统等一批医疗设备采购项目招标公告》，发售标书的时间为 2018 年 7 月 18 日至 29 日。招标文件第三部分货物技术规范及要求的第四点商务要求载明："1. 投标供应商应是所投产品的授权代理商或取得中国总代理或生产厂家，非生产厂家针对本项目须提供生产厂家产品授权书。"招标文件第六部分评标方法和标准的第三点的商务部分载明："2. 厂家授权（1分），投标供应商应是所投产品的授权代理商或取得中国总代理或生产厂家，非生产厂家针对本项目须提供生产厂家产品授权书得 1 分，不提供不得分。"

2. 供应商对生产厂家授权书评分项提出质疑。2018 年 7 月 23 日，海南某医疗设备公司购买了招标文件，并于 2018 年 7 月 26 日向三亚市政府采购中心提出质疑。认为：采购文件第 20 页"四、商务要求"中的第 1 条"投标供应商应是所投产品的授权代理商或取得中国总代理或生产厂家，非生产厂家针对本项目须提供生产厂家产品授权书"，该要求违反了《政府采购货物和服务招标投标管理办法》第十七条的规定，不能将其作为评审因素。

三、省市二级财政部门均认为生产厂家授权书可以作为评分项

1. 三亚市财政局认为生产厂家授权书可以作为评分项。海南某医疗设备公司对三亚市政府采购中心于 2018 年 8 月 2 日作出的答复不满意，向三亚市财政局提出投诉。2018 年 9 月 17 日，三亚市财政局作出政府采购投诉处理决定认为：经审查，本项目招标文件"货物技术规范及要求"四、商务要求中的第 1 条规定："投标供应商应是所投产品的授权代理商或取得中国总代理或生产厂家，非生产厂家针对本项目须提供生产厂家产品授权书。"本局认为，《政府采购货物和服务招标投标管理办法》第十七条规定，采购人、采购代理机构不得通过将除进口货物以外的生产厂家授权、承诺、证明、背书等作为资格要求，对投标人实行差别待遇或者歧视待遇。本项目招标文件中，上述投标供应商的授权要求，是对供应商的商务要求，而非供应商的资格要求，并没有违反《政府采购货物和服务招标投标管理办法》第十七条规定，故对该项投诉不予支持。

2. 海南省财政厅也认为生产厂家授权书可以作为评分项。海南某医疗设备公司对三亚市财政局的投诉处理决定不服，向海南省财政厅提出行政复议申请。2018 年 11 月 8 日，海南省财政厅作出行政复议决定书，认为：关于招标文件中要求取得所投产品厂家授权的问题。招标文件要求"投标供应商应是所投产品的授权代理商或取得中国总代理或生产厂家，非生产厂家针对本项目须提供生产厂家产品授权书"，该项并未作为供应商投标的资格条件，而是作为评分条件、设置分值仅为 1 分，不存在违反法律法规的情形。

四、法院对生产厂家授权书是否可以作为评分项的裁判

1. 二审法院三亚市中级人民法院裁判认为生产厂家授权书可以作为评分项。海南某医疗设备公司对海南省财政厅作出的行政复议决定书不服，将海南省财政厅、三亚市财政局作为共同被告，起诉到人民法院。并对一审法院的裁判不服，上诉到三亚市中级人民法院，三亚市中级人民法院作出行政判决，认为：要求提供生产厂家授权书不违反法律法规。据此，结合其他，三亚市中级人民法院判决：驳回上诉，维持原判。

2. 海南某医疗设备公司申请再审。海南某医疗设备公司申请再审称：一、二审判决认为要求提供生产厂家授权书不存在违反法律法规的情形是错误的。生产厂家授权书的要求与合同履行无关，生产厂家授权书的要求属于以不合理的条件对供应商实行差别待遇或者歧视待遇。

3. 再审法院海南省高级人民法院裁判也认为生产厂家授权书可以作为评分项。2020年8月14日，海南省高级人民法院作出行政裁定，认为：关于招标文件第三部分货物技术规范及要求的商务要求载明："1. 投标供应商应是所投产品的授权代理商或取得中国总代理或生产厂家，非生产厂家针对本项目须提供生产厂家产品授权书。"本案中是在商务要求中将生产厂家授权作为商务方面的加分项，影响的是评审因素，并未将生产厂家授权作为资格条件。且《政府采购货物和服务招标投标管理办法》第十七条规定的是不得将生产厂家授权作为资格要求，并未规定生产厂家授权不得作为评审因素。故，上述商务要求不存在《政府采购法实施条例》第二十条规定的"以不合理的条件对供应商实行差别待遇或者歧视待遇"的情形。结合其他，海南省高级人民法院作出裁定，驳回海南某医疗设备公司的再审申请。

五、生产厂家授权书不得作为资格条件但可以作为评分项

1. 生产厂家授权书不得作为资格条件。《政府采购货物和服务招标投标管理办法》第十七条规定："采购人、采购代理机构不得将投标人的注册资本、资产总额、营业收入、从业人员、利润、纳税额等规模条件作为资格要求或者评审因素，也不得通过将除进口货物以外的生产厂家授权、承诺、证明、背书等作为资格要求，对投标人实行差别待遇或者歧视待遇。"因此，生产厂家授权书不得作为资格条件。当然，如果是采购进口货物的，生产厂家授权书也可以作为资格条件。

2. 生产厂家授权书可以作为评分项。《政府采购货物和服务招标投标管理办法》第三十一条第二款规定："使用综合评分法的采购项目，提供相同品牌产品且通过资格审查、符合性审查的不同投标人参加同一合同项下投标的，按一家投标人计算，评审后得分最高的同品牌投标人获得中标人推荐资格；评审得分相同的，由采购人或者采购人委托评标委员会按照招标文件规定的方式确定一个投标人获得中标人推荐资格，招标文件未规定的采取随机抽取方式确定，其他同品牌

投标人不作为中标候选人。"因此，使用综合评分法的采购项目，招标文件将设置资格审查条件、符合性审查条件和评分条件。结合前述《政府采购货物和服务招标投标管理办法》第十七条的规定，只是禁止将生产厂家授权作为资格条件，但并未禁止作为符合性审查条件和评分条件。

六、结语

政府采购项目中，采购文件不允许设置"只能生产厂家参与投标，代理商、经销商等不得参与投标"。在代理商、经销商参与投标的情形下，《政府采购货物和服务招标投标管理办法》是允许将生产厂家授权作为评分条件的，只是不得作为资格条件。我们不能将资格条件、符合性审查条件、评分条件混淆。

案例 16：供应商有权对采购文件提出质疑的起算时间如何确定？

一、前言

《政府采购法实施条例》第五十三条规定："政府采购法第五十二条规定的供应商应知其权益受到损害之日，是指：（一）对可以质疑的采购文件提出质疑的，为收到采购文件之日或者采购文件公告期限届满之日……"如何理解并适用该条法规，在实践中产生了三种做法：一是以收到采购文件之日为有权提出质疑的起算之日；二是以采购文件公告期限届满之日为有权提出质疑的起算之日；三是以收到采购文件最后一次澄清更正通知之日为有权提出质疑的起算之日。何为正解？

二、采购文件规定的提出质疑时间和供应商提出质疑的时间

1. 采购文件对提出质疑时间的规定。2019 年 5 月 15 日，采购人广安市前锋区农业农村局（以下简称前锋区农业农村局）在四川政府采购网上发布《四川省广安市前锋区农业农村局前锋区现代农业园区总体规划设计采购项目竞争性磋商采购公告》，公告了项目名称、采购方式、采购人、采购代理机构、采购代理机构地址、联系方式、供应商应当具备的资格条件等，还公告了获取磋商文件的开始时间是 5 月 16 日 9 时、结束时间是 5 月 22 日 17 时，响应文件递交开始时间是 5 月 30 日 12 时 30 分、结束时间是当日 13 时，磋商文件售价为 400 元。同时，磋商文件第二章（一）供应商须知前附表 10. 供应商质疑部分"根据委托代理协议约定，对于采购文件的质疑由采购人负责答复……供应商对采购文件质疑的须在报名截止日前，逾期不予以受理"以及第 2.3.3 条规定，按照规定获取了磋商文件，属于实质性参加政府采购活动的供应商。

2. 供应商获取磋商文件之日。2019 年 5 月 17 日，上海某建筑设计公司作为供应商参与该采购项目报名并获取了竞争性磋商文件。

3. 采购文件最后一次澄清更正通知之日。2019 年 5 月 30 日 10 时 45 分，采

购代理机构重庆某经济技术公司在四川政府采购网发布《四川省广安市前锋区农业农村局前锋区现代农业园区总体规划设计采购项目竞争性磋商采购公告更正公告》，将开标时间由原来的"2019年5月30日13：00"更改为"2019年6月14日13：00"。

4. 供应商对磋商文件提出质疑之日。2019年6月2日，上海某建筑设计公司向重庆某经济技术公司邮寄质疑书，按照公告的地址邮寄给采购代理机构重庆某经济技术公司（并未标注全称重庆某建设工程经济技术有限公司）。上海某建筑设计公司在未得到质疑答复后，于2019年7月1日向前锋区财政局邮寄投诉书，前锋区财政局于7月2日收到该投诉书。

三、区市二级财政局均认为上海某建筑设计公司提出质疑的时间已经超过了法定期限

1. 前锋区财政局认为上海某建筑设计公司提出质疑的时间已经超过了法定期限。前锋区财政局收到上海某建筑设计公司提交的投诉书后，认为：上海某建筑设计公司提出质疑应在知道或者应知其权益受到损害之日起七个工作日内，以书面形式向采购人提出质疑，上海某建筑设计公司提出质疑的时间已经超过了法定期限。遂作出广安市前锋区财政局政府采购供应商投诉审查告知书，不予受理上海某建筑设计公司的投诉。上海某建筑设计公司不服，向广安市财政局提出行政复议申请。

2. 广安市财政局也认为上海某建筑设计公司提出质疑的时间已经超过了法定期限。广安市财政局认为：上海某建筑设计公司于2019年5月17日购买磋商文件，此时即应知道其权益是否受损，6月2日交邮质疑书，已经超过了七个工作日内提出质疑的规定，前锋区财政局不予受理，符合法规规定。遂作出驳回行政复议申请决定书，驳回上海某建筑设计公司的行政复议申请。上海某建筑设计公司对驳回行政复议申请决定书不服，将前锋区财政局、广安市财政局共同作为被告，起诉到人民法院。

四、法院对供应商有权对采购文件提出质疑的起算时间如何确定的裁判

1. 一审法院广安市前锋区人民法院裁判认为从其收到采购文件之日起算。

广安市前锋区人民法院经审理认为：2019年6月2日，上海某建筑设计公司向第三人重庆某经济技术公司邮寄质疑书，虽然公司名称予以简化，但是地址、联系人、联系电话等主要信息与该公司在公告上所留信息一致，应当认定其邮寄有效，重庆某经济技术公司所称未签收的理由不能成立。因此，上海某建筑设计公司提出质疑的时间为2019年6月2日。根据《政府采购法》第五十二条、《政府采购法实施条例》第五十三条，对采购文件提出质疑的时间计算问题，上海某建筑设计公司于2019年5月17日收到，采购人又于2019年5月17日进行了更正公告，上海某建筑设计公司对案涉采购文件知道或者应当知道其权益受到损害之日应为2019年5月17日。5月25日重庆某经济技术公司提供给上海某建筑设计公司的基础资料，并不是采购公告中注明应由重庆某经济技术公司提供的材料，也未采取更正或者补正公告的形式向外公告，同时结合竞争性磋商文件的规定，提供图纸非采购人的义务，因此，上海某建筑设计公司认为其权益受损之日应从5月25日时起算的理由不能成立。故，上海某建筑设计公司对采购文件提出质疑，应当在2019年5月28日之前提出，上海某建筑设计公司虽然在质疑书中称其提出必须延期开标等，但其未依法以书面形式向采购人提出质疑，其在2019年6月2日向重庆某经济技术公司邮寄的书面质疑书也不符合竞争性磋商文件中约定的时间。因此，上海某建筑设计公司对采购文件提出质疑已经超过了提出质疑的期间。结合其他，广安市前锋区法院经审理作出行政判决：驳回原告上海某建筑设计公司的诉讼请求。

2. 二审法院广安市中级人民法院裁判认为从其收到采购文件之日起算。广安市中级人民法院于2020年6月3日作出行政判决，认为：上海某建筑设计公司在2019年5月17日购买投标文件后，认为投标文件侵害自己权益，应按照《政府采购法》第五十二条"供应商认为采购文件、采购过程和中标、成交结果使自己的权益受到损害的，可以在知道或者应知其权益受到损害之日起七个工作日内，以书面形式向采购人提出质疑"的规定，在知道或应当知道之日起7个工作日内提出质疑。即上海某建筑设计公司应在2019年5月28日前提出质疑，上海某建筑设计公司2019年6月2日投寄质疑书，已超过法定质疑期限。据此，结合其他，广安市中级人民法院判决：驳回上诉，维持原判。

3. 再审法院四川省高级人民法院裁判认为从其收到采购文件之日起算。2020年10月30日，四川省高级人民法院作出行政裁定，认为：上海某建筑设计公司在2019年5月17日购买投标文件之后，认为投标文件侵害其权益，则应按照《政府采购法》第五十二条"供应商认为采购文件、采购过程和中标、成交结果使自己的权益受到损害的,可以在知道或者应知其权益受到损害之日起七个工作日内,以书面形式向采购人提出质疑"的规定,在知道或应当知道之日起七个工作日内提出质疑,即上海某建筑设计公司应在 2019 年 5 月 28 日之前提出质疑。本案上海某建筑设计公司于 2019 年 6 月 2 日投寄质疑书,已超过法定质疑期限。结合其他,四川省高级人民法院作出裁定,驳回上海某建筑设计公司的再审申请。

五、对采购文件提出质疑的起算时间是从收到采购文件之日起算

之所以有本文前述的实践中的三种起算时间点的理解与操作(当然,不排除还有其他理解),是因为《政府采购法实施条例》第五十三条规定的"收到采购文件之日或者采购文件公告期限届满之日"。一个"或"字,采购人、采购代理机构、行政监督部门、供应商等,身份、角色、地位不同,理解也就有可能不同。但从本案中,可以得出正解:从供应商收到采购文件之日起算。除非,任何一方当事人均无法提供供应商具体是哪一天收到采购文件的确凿证据,则可以从"采购文件公告期限届满之日"起算供应商有权对采购文件提出质疑的时间。

六、结语

前述案例,对采购人、采购代理机构的启示有二:一是采购文件对供应商提出质疑的时间的规定须依法、合法,不得擅自规定,即使擅自在采购文件中规定,也无效;二是采购人、采购代理机构在处理质疑时,需核实供应商是否在法定质疑期限内提出质疑。对供应商而言,第一次收到采购文件之日为对采购文件提出质疑起算之日。

案例 17：采购人不签订合同时中标人可否直接提出投诉？

一、前言

《政府采购法》第四十三条第一款规定："政府采购合同适用合同法。采购人和供应商之间的权利和义务，应当按照平等、自愿的原则以合同方式约定。"那么，采购人发出作为承诺性质的中标通知书后，是否意味着采购过程结束？如果采购人迟迟不与中标人签订合同，中标人是否不得提出投诉，只能按照《合同法》[①] 进行权利救济？

二、采购人迟迟不签订合同，中标人直接将其投诉到财政局

1. 采购人迟迟不签订合同。2017 年 10 月 19 日，甲市某物流公司收到甲市 A 区城市管理局（以下简称 A 区城管局）火烧岗生活垃圾填埋场渗滤液应急外运处理服务项目（重招）的中标通知书，通知其被确定为该项目的中标供应商，并在该通知发出之日起 30 天内与采购人签订政府采购合同。甲市某物流公司于 2017 年 11 月 17 日起，先后三次就签订合同事宜向 A 区城管局去函，要求根据招投标文件签订政府采购协议。但是，甲市某物流公司于 2017 年 12 月 13 日收到了 A 区城管局的解除合同通知书，并于 2017 年 12 月 22 日向 A 区城管局作出关于解除合同通知书的回复，要求继续签订政府采购协议，但最终未能签订政府采购合同。

2. 中标人直接将采购人投诉到财政局。2017 年 12 月 28 日，甲市某物流公司向 A 区财政局提交投诉书，要求 A 区财政局依法督促 A 区城管局与其签订政府采购合同。

---

① 相关内容现已规定在《中华人民共和国民法典》（以下简称《民法典》）合同编，后文同。

三、财政局以信访事件处理但在被申请行政复议后又改为不受理投诉

1. 刚开始财政局以信访事件处理并对采购人作出行政处罚。A 区财政局收到甲市某物流公司提交的投诉书后,没有按照《政府采购法》规定的投诉程序处理,而是按照信访事件处理,A 区财政局于 2018 年 4 月 8 日作出信访事项处理意见书,认定 A 区城管局未在政府采购规定时限内与甲市某物流公司签订合同,并告知甲市某物流公司将依法处理。2018 年 6 月 6 日,A 区财政局作出行政处罚决定,认为 A 区城管局在中标通知发出后,未在法定期限内与甲市某物流公司签订采购合同,责令 A 区城管局限期改正,并给予警告。

2. 区政府经行政复议责令财政局对投诉作出处理。甲市某物流公司不服信访事项处理意见书,向甲市 A 区人民政府申请行政复议。甲市 A 区人民政府于 2018 年 7 月 15 日作出行政复议决定,责令 A 区财政局在收到复议决定书之日起 5 个工作日内对甲市某物流公司的投诉作出处理。

3. 最后财政局对投诉作出不予受理通知书。A 区财政局于 2018 年 7 月 26 日作出政府采购投诉不予受理通知书,认为甲市某物流公司投诉事项未经质疑,不符合《政府采购供应商投诉处理办法》(财政部第 20 号令,已失效,现在施行的是财政部令第 94 号)第十条规定。甲市某物流公司投诉事项不属于依法可质疑的"采购文件、采购过程和中标、成交结果使自己的权益受到损害"的范围,不符合《政府采购法》第五十二条规定,决定对甲市某物流公司的投诉不予受理。

四、法院关于中标人是否有权对采购人不签订合同事宜提出投诉的裁判

1. 一审法院甲市铁路运输法院裁判认为中标人无权投诉。甲市某物流公司对 A 区财政局作出的《政府采购投诉不予受理通知书》不服,将 A 区财政局作为被告,向甲市铁路运输法院起诉,请求撤销涉案不予受理通知。甲市铁路运输法院经审理作出行政判决:驳回甲市某物流公司的诉讼请求。

2. 二审法院甲市铁路运输中级法院裁判认为中标人有权投诉。甲市铁路运

输中级法院于 2019 年 8 月 26 日作出行政判决，认为：根据《政府采购法》第五十二条、第五十三条、第五十五条的规定，本案中，甲市某物流公司在中标后协议签订期限即将届满前，多次去函 A 区城管局，要求签订政府采购协议，在 A 区城管局未在协议签订期限内签署政府采购协议的情况下，上述去函应当视为供应商提出的质疑行为，A 区城管局的解除合同通知书应视为采购人对供应商质疑意见的回复。甲市某物流公司对 A 区城管局的回复不满意的，可以向 A 区财政局提出投诉。鉴于 A 区财政局在收到甲市某物流公司投诉后，已经对 A 区城管局作出行政处罚决定，即已经实质就甲市某物流公司的投诉履行了相应的处理职责，由于签订采购协议的主体并非 A 区财政局，签订协议属于处罚决定的具体执行问题，因此再行责令其对甲市某物流公司的投诉请求作出处理，已无必要，一审法院判决驳回甲市某物流公司的诉讼请求处理不当，依法应予以纠正。据此，结合其他，甲市铁路运输中级法院判决：撤销一审判决，确认涉案不予受理通知违法。

3. **财政局申请再审认为二审法院判决错误**。A 区财政局向广东省高级人民法院申请再审称：本案涉及的政府采购活动，采购人在中标通知发出后的活动，应受《合同法》规范，不再属于《政府采购法》中所规定的可质疑的事项，也不可能存在提起投诉的可能，故中标人对采购人不与其签订合同的投诉实为举报。二审判决扩大理解《政府采购法》对采购过程的定义，并以此为审查的依据，适用法律法规错误，且违反法定程序等，请求撤销二审判决，维持一审判决。

4. **再审法院广东省高级人民法院裁判认为中标人有权投诉**。2020 年 12 月 3 日，广东省高级人民法院作出行政裁定，认为：申请人（A 区财政局）申请再审，主张采购人在中标通知发出后的活动，不再属于《政府采购法》中所规定的可质疑的事项，也不存在提起投诉的可能，故中标人对采购人不与其签订合同的投诉实为举报，二审判决适用法律法规错误等，请求撤销二审判决，维持一审判决，因理由及依据不足，本院不予采纳。综上，广东省高级人民法院作出裁定，驳回 A 区财政局的再审申请。

五、质疑是投诉的前提但并不必然纠结于"质疑"的形式

1. **签订合同阶段也有权提出质疑**。A 区财政局认为：采购人在中标通知发出后的活动，应受《合同法》规范，不再属于《政府采购法》中所规定的可质疑

的事项，也不可能存在提起投诉的可能。但是，该理由并未获得甲市铁路运输中级法院、广东省高级人民法院的认可。相反，法院审理认为，根据《政府采购法》第五十二条的规定："供应商认为采购文件、采购过程和中标、成交结果使自己的权益受到损害的，可以在知道或者应知其权益受到损害之日起七个工作日内，以书面形式向采购人提出质疑。"以及第五十三条、第五十五条的规定，在签订合同阶段，中标人也是有权依法提出质疑投诉的。

2. 签订合同阶段提出投诉须先提出质疑。根据《政府采购质疑和投诉办法》第十一条的规定："提出质疑的供应商（以下简称质疑供应商）应当是参与所质疑项目采购活动的供应商。潜在供应商已依法获取其可质疑的采购文件的，可以对该文件提出质疑。对采购文件提出质疑的，应当在获取采购文件或者采购文件公告期限届满之日起 7 个工作日内提出。"以及第十八条的规定："投诉人投诉时，应当提交投诉书和必要的证明材料，并按照被投诉采购人、采购代理机构（以下简称被投诉人）和与投诉事项有关的供应商数量提供投诉书的副本。投诉书应当包括下列内容：（一）投诉人和被投诉人的姓名或者名称、通讯地址、邮编、联系人及联系电话；（二）质疑和质疑答复情况说明及相关证明材料……"中标人如对采购人在签订合同阶段的行为提出投诉的，也必须先行依法提出质疑，而不得直接提出投诉。这也就是 A 区财政局不予受理甲市某物流公司的投诉的主要原因。当然，在该案例中，法院最终并未支持 A 区财政局的理由。

3. 并非必须写明或具备"质疑"两字才是质疑。在前述案例中，甲市铁路运输中级法院对此作出了详细的说理，即：本案中，甲市某物流公司在中标后协议签订期限即将届满前，多次去函 A 区城管局，要求签订政府采购协议，在 A 区城管局未在协议签订期限内签署政府采购协议的情况下，上述去函应当视为供应商提出的质疑行为，A 区城管局的解除合同通知书应视为采购人对供应商质疑意见的回复。甲市某物流公司对 A 区城管局的回复不满意的，可以向 A 区财政局提出投诉。该说理也获得广东省高级人民法院的认可。因此，可以理解为这是实质重于形式原则的司法运用，法院并不要求质疑必须具备"质疑"两字的形式，而更关注中标人是否向采购人提出维护自己合法权利的实际行为。

六、结语

在政府采购类案件中，本案是少有的财政部门败诉的案子，也是少有的一审法院判决被二审法院改判的案子。凸显出在政府采购法律法规的适用和执行过程中，大家的理解并不必然一致的问题，这也是我国法院设置一审、二审、再审程序的原因之一。当然，不论是采购人还是中标人，均须依法而为。

案例18：如何理解供应商"具有良好的商业信誉"？

一、前言

根据《政府采购法》第二十二条的规定："供应商参加政府采购活动应当具备下列条件……（二）具有良好的商业信誉……"意即如果一家单位的商业信誉不好，则不具备参加政府采购活动的条件。即使参加了，资格审查也不会通过，也不可能中标。那么，何谓"良好的商业信誉"呢？对此该如何理解与适用呢？

二、采购项目设置的资格条件之一为供应商须具备良好的商业信誉

1. 采购文件对供应商须具备良好的商业信誉的资格设定。2017年10月26日，采购人河南省A区公安局交通警察大队、采购代理机构河南某工程咨询公司发布了《政府购买社会考场服务招标公告》，要求参加谈判的供应商应当满足《政府采购法》第二十二条的规定和无行贿犯罪记录等条件。

2. 供应商提出质疑认为应当取消具有行贿行为的中标人的中标资格。2017年11月3日，河南某工程咨询公司组织进行了评标，确定第一中标候选人为A区某驾驶员培训公司。2017年11月8日，河南省A区公安局交通警察大队（以下简称A区交警大队）确认A区某驾驶员培训公司中标，河南某工程咨询公司作出了中标通知书。2017年11月14日，质疑供应商某通驾校向A区交警大队和河南某工程咨询公司提出质疑，认为A区某驾驶员培训公司在参加政府采购活动前因行贿行为等已被河南交警总队取消了社会考场资格，应当取消A区某驾驶员培训公司的中标资格。

3. 中标人的行贿行为情况。2016年5月19日，河南省甲市中级人民法院作出刑事判决书，认定A区某驾驶员培训公司为使增建的考场通过审批，于2014年8月向河南交警总队车驾管支队支队长行贿面值均为5000元的购物卡两张。2016年7月12日，河南交警总队作出××号取消社会考场资格通知，认为A区某

驾驶员培训公司等驾校在社会考场验收等事项中存在行贿行为，决定取消 A 区某驾驶员培训公司等驾校社会考场资格，停止受理其报考申请三个月。2016 年 7 月 20 日，乙市交警支队驾管所依据该通知向所辖各驾校进行了通报。

三、财政局处理第一次投诉认为其中标无效但经行政复议后第二次处理投诉却认为其中标有效

1. A 区财政局第一次处理投诉认为其中标无效。2017 年 11 月 29 日，因 A 区交警大队和河南某工程咨询公司未对某通驾校的质疑作出书面回复，某通驾校向 A 区财政局提交了投诉书。A 区财政局于 2018 年 1 月 15 日作出政府采购投诉处理决定书（以下简称 1 号处理决定），认为某通驾校投诉理由成立，决定取消 A 区某驾驶员培训公司中标资格，重新招标。

2. 中标人不服提出行政复议，A 区人民政府责令 A 区财政局重新处理。中标人 A 区某驾驶员培训公司不服 1 号处理决定，向 A 区人民政府提出行政复议。A 区人民政府于 2018 年 4 月 28 日作出行政复议决定书，撤销 1 号处理决定，责令 A 区财政局在法定期限内重新作出处理决定。

3. A 区财政局第二次处理投诉却认为其中标有效。2018 年 6 月 8 日，A 区财政局作出政府采购投诉处理决定书，认为其中标有效。质疑供应商某通驾校不服，向 A 区人民政府提出行政复议。2018 年 8 月 8 日，A 区人民政府作出行政复议决定，维持了 A 区财政局作出的政府采购投诉处理决定书，认为其中标有效。

四、法院对具有行贿行为是否属于不具备"良好的商业信誉"的裁判

1. 一审法院乙市铁路运输法院裁判认为行贿行为属于信誉不佳不应中标。质疑供应商某通驾校对政府采购投诉处理决定书和行政复议决定不服，将 A 区人民政府、A 区财政局作为共同被告，起诉到人民法院。乙市铁路运输法院作出行政判决书，认为：《政府采购法》第二十二条第一款第二项规定，供应商参加政府采购活动应当具有良好的商业信誉。良好的商业信誉源自供应商在经营活动中一贯遵纪守法、诚实守信。A 区某驾驶员培训公司曾经为了社会考场事宜而行贿，违反了诚实信用原则，商业信誉不佳。《机动车驾驶人考试工作规范》（公

交管〔2016〕137号,已于2022年4月1日因公交管〔2022〕73号施行而失效。)第六十七条对以贿赂等不正当手段申请设立考场的,作出了取消考场资格或解除购买服务合同,社会考场所属的法人、企业等单位及其法定代表人、企业负责人等不得再次参与考场政府购买服务的规定。《河南省机动车驾驶人考场管理规定(试行)》(豫公通〔2017〕57号,已于2021年12月14日因豫公通〔2021〕108号施行而失效。)第三十一条也作出了相同规定。A区某驾驶员培训公司的违法行为属于以贿赂手段申请设立考场的情形,参照上述规定,该公司及其相关人员不得再次参加政府采购活动。另外,依据日常生活经验法则,已被取消考场资格的驾校,也不具备参加政府购买社会考场项目活动的条件。因此,将A区某驾驶员培训公司作为成交供应商既不符合法律和规章,也不符合常理。A区财政局、A区人民政府所辩和A区某驾驶员培训公司所述均不成立,不予采纳;某通驾校所诉成立,予以支持。据此,结合其他,乙市铁路运输法院判决:……二、撤销A区财政局于2018年6月8日作出政府采购投诉处理决定书的行政行为;三、撤销A区人民政府于2018年8月8日作出行政复议决定书的行政行为;四、责令A区财政局在判决生效后三十个工作日内对A区某通驾校的投诉事项重新作出处理决定。

2. A区财政局和中标人A区某驾驶员培训公司不服提起上诉。A区财政局和中标人A区某驾驶员培训公司对乙市铁路运输法院作出的行政判决书不服,向丙市铁路运输中级法院提起上诉,A区财政局和中标人A区某驾驶员培训公司上诉称:A区某驾驶员培训公司在参加政府采购社会考场活动的前三年内,既未受到刑事处罚,也未受到行政处罚,不存在重大违法记录。

3. 二审法院丙市铁路运输中级法院裁判也认为行贿行为属于信誉不佳不应中标。2019年12月11日,丙市铁路运输中级法院作出行政判决,认为:《政府采购法》第二十二条第一款规定,供应商参加政府采购活动,应当具有良好的商业信誉和在参加政府采购活动前三年内,在经营活动中没有重大违法记录。《政府采购法》是为规范政府采购行为,维护国家利益和社会公共利益,保护政府采购当事人的合法权益,促进廉政建设而制定的。前述《机动车驾驶人考试工作规范》第六十七条和《河南省机动车驾驶人考场管理规定(试行)》第三十一条规定,以贿赂等不正当手段申请设立考场的,取消考场资格、解除购买服务合同,社会考场所属的法人、企业等单位及其法定代表人、企业负责人等不得再次参与考场政府购买服务,是在《政府采购法》规定的基础上提出的特殊要求,与《政府采购法》的规定并不冲突。A 区某驾驶员培训公司曾经为了社会考场事宜而行贿，商业信誉不佳，不符合《政府采购法》促进廉政建设的宗旨。综上，一审判决认定事实清楚，适用法律正确，处理适当，应予维持。A 区财政局、A 区某驾驶员培训公司的上诉理由不能成立，本院不予支持。依照《行政诉讼法》第八十九条第一款第一项之规定，判决如下：驳回上诉，维持原判。

4. 再审法院河南省高级人民法院裁判也认为行贿行为属于信誉不佳不应中标。2020 年 7 月 22 日，河南省高级人民法院作出行政裁定，认为：《机动车驾驶人考试工作规范》和《政府采购法》关于参与考场政府购买服务的资格规定并不冲突。《机动车驾驶人考试工作规范》第六十七条关于以贿赂等不正当手段申请设立考场的，取消考场资格的相关规定，是对《政府采购法》第二十二条第一款关于供应商参加政府采购活动，应当具有良好的商业信誉等相关规定的进一步具体规定，二者并不冲突。结合其他，河南省高级人民法院裁定：驳回 A 区某驾驶员培训公司的再审申请。

五、供应商应珍惜自己"良好的商业信誉"

1. 法律规定不"具有良好的商业信誉"则不得参加政府采购活动。《政府采购法》第二十二条规定："供应商参加政府采购活动应当具备下列条件……（二）具有良好的商业信誉……"因此，如果供应商的商业信誉不良，则不得参加政府采购活动。参加政府采购活动的，资格审查不通过。中标的，中标无效。

2. 何谓"具有良好的商业信誉"，法无具体规定。《政府采购法》第二十二条规定"具有良好的商业信誉"，但何谓"具有良好的商业信誉"？《政府采购法》未作具体规定，《政府采购法实施条例》、《政府采购货物和服务招标投标管理办法》（财政部令第 87 号）及《政府采购非招标采购方式管理办法》（财政部令第 74 号）等也均未作具体明确的规定。

3. 供应商行贿行为属于众多不满足"具有良好的商业信誉"的情形之一。在前述案例中，供应商 A 区某驾驶员培训公司于 2014 年 8 月向河南交警总队车驾管支队支队长行贿面值均为 5000 元的购物卡两张的行为，未被追究刑事责任，也未被行政处罚，但是，根据《政府采购法》第三条的规定："政府采购应当遵循公开透明原则、公平竞争原则、公正原则和诚实信用原则。"行贿的行为，属于违法行为，也属于违反诚实信用原则的行为。对此种行为，法律给予否定性和禁止性评价,实施此种行为的供应商,法律也给予了限制,即根据《政府采购法》第二十二条的规定,不满足"具有良好的商业信誉"的要求,不得参加政府采购活动。当然,不满足"具有良好的商业信誉"的情形,除供应商的行贿行为外,应该还有其他众多的行为导致供应商不"具有良好的商业信誉"。

4. 供应商不"具有良好的商业信誉"并无年限限制。根据《政府采购法》第二十二条的规定,除要求供应商须"具有良好的商业信誉"外,还要求供应商"参加政府采购活动前三年内,在经营活动中没有重大违法记录"。但是对于供应商不"具有良好的商业信誉",并无年限限制。这相当于比"重大违法记录"更严格。换言之,2022年开展的政府采购活动,如果某供应商在2016年有重大违法记录,则并不因此影响供应商参与该政府采购活动。但是如果供应商在2016年有行贿等商业信誉不佳的行为,则该供应商仍不得参与该政府采购活动,哪怕实施的行贿行为距开展政府采购活动已满三年。

六、结语

供应商构建"良好的商业信誉"非常难。但要毁掉"良好的商业信誉"却很容易。如果供应商不具有"良好的商业信誉",则不得参加政府采购活动。供应商应依法而为,珍惜自己的商业信誉。

案例 19：又论如何理解供应商"具有良好的商业信誉"？

一、前言

在前一篇案例中，我们分析了如何理解供应商"具有良好的商业信誉"，并根据法院的判例，了解了供应商具有行贿行为的，属于不"具有良好的商业信誉"。那么，除了供应商的行贿行为之外，还有哪些行为，也将使供应商被认定为属于不"具有良好的商业信誉"？

二、采购项目设置的资格条件之一为"供应商须具有良好的商业信誉"

1. 采购文件对供应商须具有良好的商业信誉的资格设定。2017年8月17日，采购人温州市瓯海区瞿溪街道办事处（以下简称瞿溪街道办事处）发布政府采购公告，就所需瞿溪街道村级道路保洁服务以公开方式进行政府分散采购。公告载明了供应商资格条件，其中之一是符合《政府采购法》第二十二条的规定。《政府采购法》第二十二条规定的条件之一，即供应商须"具有良好的商业信誉"。

2. 供应商提出质疑认为应当取消不"具有良好的商业信誉"的中标人的中标资格。2017年9月12日，瞿溪街道办事处发布公告，确定某清洁公司为中标供应商。2017年9月18日，提出质疑的供应商某环卫工程公司（参与本次政府采购活动的供应商）以中标人某清洁公司涉及多个执行案件，且至今未履行执行款，不具有良好的商业信誉为由向瞿溪街道办事处提出质疑。

3. 采购人瞿溪街道办事处驳回质疑。2017年9月25日，瞿溪街道办事处复函驳回质疑供应商某环卫工程公司质疑。提出质疑的供应商某环卫工程公司不满意，于2017年10月19日向温州市瓯海区财政局投诉。

三、投诉处理机关财政局和行政复议机关区政府均认为中标人具有多起民事纠纷及巨额不良负债不具备良好的商业信誉取消中标结果

1. 温州市瓯海区财政局处理投诉并取消中标结果。2018 年 1 月 15 日，瓯海区财政局作出温州市瓯海区财政局政府采购供应商投诉处理决定书，主要内容：本机关于 2017 年 10 月 23 日受理投诉人某环卫工程公司关于瞿溪街道村级道路保洁服务政府采购项目中标结果的投诉。经调查查明，2014 年至 2017 年，某清洁公司涉及约 20 起民事案件，案件涉及个人、企业和银行的民事纠纷。中国人民银行征信中心出具的该公司信用报告显示，2016 年 9 月有不良负债余额 1700 万元，2016 年 12 月至 2017 年 9 月有不良负债余额 1157.36 万元。因此，本机关认为某清洁公司不具备良好的商业信誉该项资格条件，并认定投诉人的投诉成立，决定取消某清洁公司中标、成交结果。

2. 中标人不服提出行政复议，瓯海区政府维持瓯海区财政局处理决定。中标人某清洁公司不服瓯海区财政局的该投诉处理决定，于 2018 年 3 月 14 日向瓯海区政府申请复议。瓯海区政府于 2018 年 6 月 11 日作出行政复议决定书，决定维持瓯海区财政局作出的上述投诉处理决定。

四、法院对具有多起民事纠纷及巨额不良负债是否属于不具备"良好的商业信誉"的裁判

1. 一审法院浙江省泰顺县人民法院裁判认为具有多起民事纠纷及巨额不良负债属于不具备"良好的商业信誉"。中标人某清洁公司对政府采购供应商投诉处理决定书和行政复议决定书不服，将瓯海区政府、瓯海区财政局作为共同被告，起诉到浙江省泰顺县人民法院。浙江省泰顺县人民法院作出行政判决书，认为：商业信誉应该是指供应商在参加政府采购活动以前，在生产、经营活动中始终做到遵纪守法、诚实守信，有良好的履约业绩。本案中，原告某清洁公司（中标人）有多个案件被起诉至法院，甚至有案件已进入执行程序，且在其企业信用报告中有载明不良和违约负债余额 1157.36 万元。案涉项目的政府采购文件虽未限定有执行案件的当事人不得参加采购活动，但是，尊重司法权威，按照生效的

司法裁判文书自动履行义务，是诚信守法之人应有的态度，有被申请法院强制执行的案件，意味着不按照生效法律文书自动履行义务，属于典型的不诚信、不守法行为。被告瓯海区财政局基于上述事实认定原告某清洁公司（中标人）不具有良好的商业信誉，本院不持异议。据此，结合其他，浙江省泰顺县人民法院判决：驳回某清洁公司（中标人）的诉讼请求。

2. 中标人某清洁公司以法无具体界定何谓"良好的商业信誉"等为由不服提起上诉。中标人某清洁公司对浙江省泰顺县人民法院作出行政判决书不服，向浙江省温州市中级人民法院提起上诉，中标人某清洁公司上诉称：原判决认定上诉人（某清洁公司）不具有良好商业信誉没有法律依据。①出具企业信用报告的中国人民银行征信中心及企业信用报告本身并不能保证报告的真实性和准确性。事实上，报告涉及的1157.36万元债权已经转让两次，而该报告却未及时更新，因此载明上诉人有不良和违约负债1157.36万元的"企业信用报告"没有证明力。②原判决仅凭上诉人的相关涉诉案件和一个执行案件就认定上诉人不诚信，没有法律依据。首先，商业信誉在法律上并没有一个准确定义，对商业信誉的评判应当符合比例原则。其次，企业进行民间融资从而存在负债系正常现象，上诉人有1700余万元借款及相关案件并不能表明上诉人不具有良好商业信誉。最后，被上诉人提出的上诉人相关涉诉案件仅有一个案件进入执行程序，且该执行案件达成和解，履行完毕。③根据《财政部关于在政府采购活动中查询及使用信用记录有关问题的通知》（财库〔2016〕125号）、采购文件规定的"合格供应商条件和投标文件编制"、《政府采购法实施条例》第十七条等相关规定，被诉投诉处理决定超出信用记录查询渠道范围、相关规定条件等量化标准，认定上诉人不具有良好商业信誉没有法律依据。④上诉人公司注册资本5000万元，从2000年成立至今，一直保持行业领先水平，受到各界好评，获得多项荣誉，可以证明上诉人具有极高的社会美誉度和高度社会责任感。

3. 二审法院浙江省温州市中级人民法院裁判也认为具有多起民事纠纷及巨额不良负债属于不具备"良好的商业信誉"。2019年2月14日，浙江省温州市中级人民法院作出行政判决，认为：本案中，各方当事人的主要争议在于对《政府采购法》第二十二条第一款第二项规定的"良好的商业信誉"如何评判，以及上诉人（某清洁公司）是否不具有"良好的商业信誉"。首先，法律、法规并未明确规定"商业信誉"的概念和"良好商业信誉"的评判标准。一般理解，商业信誉主要是指市场活动中，商业主体是否诚实信用、是否守法守约的表现。

而被列入前述相关失信名单的，通常是严重违法失信的供应商或人员，显然不符合涉案政府采购项目合格供应商的资格要求。但上诉人未被列入前述相关失信名单，也并非意味着其必然具有《政府采购法》规定的良好商业信誉的水平。是否具有良好的商业信誉，仍需通过考察供应商的日常经营活动、守法履约情况进行综合评判。其次，综合上诉人的企业信用报告及在 2014 年到 2017 年的涉诉、涉执行案件情况可以表明，上诉人在日常经营活动中存在一系列不按时履约、不履行生效裁判等不诚信行为，两被上诉人（瓯海区政府、瓯海区财政局）据此认定上诉人不具有良好的商业信誉、不符合涉案政府采购合格供应商资格要求并无不当。上诉人某清洁公司主张有案件已达成和解，不良违约债务业已被转让处理，其不存在履约不良的情形，本院认为，上述情况系发生在上诉人违约，不履行偿付义务和生效裁判之后，所涉相关案件和债务是否得到处理，并不能否定上诉人曾失约、不诚信的事实，也不影响两被上诉人对其不具有良好商业信誉的认定结果。结合其他，浙江省温州市中级人民法院判决如下：驳回上诉，维持原判。

4. 再审法院浙江省高级人民法院裁判也认为具有多起民事纠纷及巨额不良负债属于不具备"良好的商业信誉"。2020 年 6 月 18 日，浙江省高级人民法院作出行政裁定，认为：就再审申请人（某清洁公司）是否具有良好的商业信誉问题。《政府采购法》第二十二条第一款第二项规定，供应商参加政府采购活动应当具有良好的商业信誉。何谓"商业信誉"？何谓"良好的商业信誉"？现有法律法规并无明确规定。尽管如此，但一般认为，"商业信誉"应该系指社会公众对某一经营者的经济能力、信用状况等给予的社会评价，体现经营者在经济活动中的信用、声望地位。而"良好的商业信誉"则主要体现在经营者与商业伙伴之间的及时结清货款、提供优质产品或能够获得相应的付款、折扣优惠等行为中。若体现在经营者与消费者之间，则表现为经营者对其产品的言而有信、货真价实、童叟无欺。使经营者在商业伙伴间能获得良好的信誉，在公众面前能获得普遍的信赖。由于再审申请人案发前存在数起民事败诉及执行案件，说明其在经营活动中存在不能按时履约并兑现合同义务之情形，亦体现其不能积极履行生效裁判确定之义务；故瓯海区财政局根据再审申请人的上述情况，认定其不具备良好的商业信誉，否认其合格供应商身份，并据此取消其中标、成交成果，并无不当。结合其他，浙江省高级人民法院裁定：驳回再审申请人某清洁公司的再审申请。

五、具有多起民事纠纷及巨额不良负债属于不具备"良好的商业信誉"

1. 何谓"具有良好的商业信誉"法无具体规定，但公道自在人心。何谓"具有良好的商业信誉"？《政府采购法》、《政府采购法实施条例》、《政府采购货物和服务招标投标管理办法》（财政部令第 87 号）及《政府采购非招标采购方式管理办法》（财政部令第 74 号）等政府采购法律法规均未作具体明确的规定，但公道自在人心。从前述案例中，不管是质疑供应商，还是投诉处理机关瓯海区财政局、行政复议机关瓯海区政府、一审法院浙江省泰顺县人民法院、二审法院浙江省温州市中级人民法院、再审法院浙江省高级人民法院，均对中标人某清洁公司具有多起民事纠纷及巨额不良负债是否属于不具备"良好的商业信誉"有相同的判断。

2. 供应商是否"具有良好的商业信誉"可根据其与商业伙伴的关系进行判断。任何一家公司在经营活动中，必然会涉及上下游供应链中的商业伙伴，供应商与其商业伙伴的关系，可以作为判断该供应商是否具有良好的商业信誉的依据之一。如果一家公司与上下游供应链中的商业伙伴，纠纷四起，输了官司不履行，导致商业伙伴申请法院强制执行多项，如果说该公司仍具备"良好的商业信誉"，让其存在纠纷的商业伙伴作何感想？至于前述案例中某清洁公司诉称"获得多项荣誉"，这可从 2019 年 3 月 10 日第十三届全国人大二次会议新闻中心举行记者会，时任国家市场监督管理总局局长的发言进行判断，发言指出："我们还取消了对'重合同、守信用'企业的评比。"由此企业是不是"重合同、守信用"，政府不再认定，而是交由企业的商业伙伴进行评判。

3. 供应商是否"具有良好的商业信誉"可从其与消费者的关系和消费者的口碑中进行判断。任何一家公司，必然生产产品；不管是有形的产品，还是无形的产品。有产品，才有消费者；有消费者，才有销售收入，才有利润。如果消费者对该公司的评价差、投诉多，或该公司纠纷多、输了官司不履行等，无论该公司自弹自唱、自卖自夸商业信誉如何良好，公道自在人心。也恰如前述时任国家市场监督管理总局局长所称："在政府的榜单上只有'黑榜'没有'红榜'，'红榜'是消费者的口碑，是企业应该做到的，'黑榜'就是你违法经营要受到惩处。政府不再为企业的行为背书。"供应商是否"具有良好的商业信誉"，交由消费者评判。

六、结语

上述案例,为我们理解何谓供应商"具有良好的商业信誉"提供了另一个角度。但不变的是,供应商唯有珍惜、珍视、珍重自己"良好的商业信誉",才能屹立于商海中经久不倒。

案例 20："优良中差"是否属于政府采购项目的量化评分？

一、前言

根据《政府采购法实施条例》第三十四条第四款之规定："采用综合评分法的，评审标准中的分值设置应当与评审因素的量化指标相对应。"那么，可否在评分项里设置"优良中差"四个等级由评标专家酌情对应打分呢？"优良中差"的此种设置，是否违反"量化"的法律规定？

二、采购文件设置"优良中差"四个等级对应赋分被质疑投诉

1. 采购文件对"优良中差"四个等级对应赋分的规定。2018 年 7 月 17 日，采购人三亚市中医院、采购代理机构三亚市政府采购中心发布《三亚市中医院 24 小时动态血压分析系统等一批医疗设备采购项目招标公告》，发售标书的时间为 2018 年 7 月 18 日至 29 日。招标文件第 33 页商务部分的评标标准和方法中规定："5. 售后服务：投标人响应招标文件中售后服务要求，并在售后服务方案中对服务内容承诺、响应方式、响应时间、人员分配方案等进行详细说明，优的得 5 分，良的得 4—3 分，一般的得 2—1 分，差的得 0 分，由专家酌情给分。6. 操作培训：投标人应针对本项目制定全面、详细、可操作性强的技术培训方案，评审专家比较各投标人的培训方案优劣后，优的得 3 分，良的得 2 分，一般的得 1 分，差的得 0 分，由专家酌情给分。"

2. 供应商对"优良中差"四个等级对应赋分提出质疑。2018 年 7 月 23 日，海南某医疗设备公司购买了招标文件，并于 2018 年 7 月 26 日向三亚市政府采购中心提出质疑。认为：售后服务和操作培训的评标标准设置有"优的得 5 分，良的得 4—3 分，一般的得 2—1 分，差的得 0 分，由专家酌情给分"等，存在没有明确判断标准、容易引起歧义的表述，且分值设置未与评审因素的量化指标相对应的问题，违反了《政府采购法实施条例》第三十四条第四款之规定。

三、省市二级财政部门均认为"优良中差"四个等级对应赋分属于"量化"评分且不违法

1. 三亚市财政局认为"优良中差"四个等级对应赋分属于"量化"评分且不违法。海南某医疗设备公司对三亚市政府采购中心于2018年8月2日作出的答复不满意,向三亚市财政局提出投诉。2018年9月17日,三亚市财政局作出政府采购投诉处理决定书,三亚市财政局认为:售后服务和操作培训的评标标准设置,由评审专家以优、良、一般、差的等级进行赋分,属主观评分,优、良、一般、差四个等级即为量化的指标,并有相对应的分值设置,并没有违反《政府采购法实施条例》第三十四条第四款之规定,故对该项投诉也不予支持。

2. 海南省财政厅也认为"优良中差"四个等级对应赋分属于"量化"评分且不违法。海南某医疗设备公司对三亚市财政局的投诉处理决定不服,向海南省财政厅提出行政复议申请。2018年11月8日,海南省财政厅作出行政复议决定书,认为:关于招标文件中售后服务评分标准问题。该项要求投标人根据招标文件的要求提供售后服务方案并对服务内容承诺、响应方式、响应时间、人员分配方案等进行详细说明,由专家评审时在0—5分内酌情给分。该项所涉分值不高,且已明确该项以优5分、良4—3分、一般2—1分、差0分的等级进行评分,已经设定了量化指标,不存在违反法律法规的情形。

四、法院对采购文件设置"优良中差"四个等级对应赋分是否属于量化评分的裁判

1. 二审法院三亚市中级人民法院裁判认为"优良中差"四个等级对应赋分属于"量化"评分且不违法。海南某医疗设备公司对海南省财政厅作出的行政复议决定书不服,将海南省财政厅、三亚市财政局作为共同被告,起诉到人民法院。并对一审法院的裁判不服,上诉到三亚市中级人民法院,三亚市中级人民法院作出行政判决,认为:采购文件售后服务和操作培训的评标标准设置中,"优、良、一般、差"即是量化指标,没有违反《政府采购法实施条例》第三十四条第四款的规定。据此,结合其他,三亚市中级人民法院判决:驳回上诉,维持原判。

2. 海南某医疗设备公司以财政部《政府采购指导性案例 9 号》（以下简称指导案例 9 号）否认"优良中差"为"量化"评分等为由申请再审。海南某医疗设备公司申请再审称：1. 与本项目采购文件售后服务和操作培训的评标标准相同类似的设置已被财政部判定为违反《政府采购法实施条例》第三十四条第四款规定。2. 售后服务和操作培训的评标标准设置没有细化和量化，分值设置未与评审因素的量化指标相对应。没有细化和量化，则不能作为评审因素。否则就违反《政府采购法实施条例》第三十四条第四款规定和《政府采购货物和服务招标投标管理办法》第五十五条规定，会造成评委在评标中的自由裁量权过大，很难保证公平、公正。3. "优、良、一般、差"是判断用语，并不是"量化指标"。4. 本项目商务部分的售后服务及操作培训两项评分标准内容与财政部发布的指导案例 9 号相比，都存在上述评审因素没有细化和量化、分值设置未与评审因素的量化指标相对应、使用了没有明确判断标准及容易引起歧义的表述等问题，都违反了政府采购法律法规和财政部规范性文件的相关规定。

3. 再审法院海南省高级人民法院裁判也认为"优良中差"四个等级对应赋分属于"量化"评分且不违法。2020 年 8 月 14 日，海南省高级人民法院作出行政裁定，认为：招标文件第六部分评标方法和标准……3. 评标标准和方法的商务部分中划定了"优、良、一般、差"四个等级，相应地也设定了量化指标即优得 5 分、良得 4—3 分、一般得 2—1 分、差得 0 分。在评审中，评审专家根据评审因素量化指标设置的分值范围酌情给出具体的分值。故，不违反《政府采购法实施条例》第三十四条第四款的规定。综上所述，海南某医疗设备公司主张应参照财政部的指导案例 9 号对二审进行纠正，缺乏事实和法律依据，其以此为由申请再审，本院不予支持。结合其他，海南省高级人民法院作出裁定，驳回海南某医疗设备公司的再审申请。

五、何谓"量化"是个难题

1. 财政部指导案例 9 号认为"优良中差"非量化。财政部于 2017 年公布指导案例 9 号，在该指导性案例中，招标文件技术评审表 "3. 投标人室内仓库情况"的评分细则要求："根据投标人室内仓库（仓库配套有室内仓储场地不少于 7000 平方米、高台仓、有监控摄像、存放货物在 1 楼）横向比较：优得 35—45 分，中得 20—34 分，一般得 0—19 分（以仓库产权证明或租赁合同为准）"，单项分数/权重为45分。招标文件商务评审表"6. 投标人室外仓库情况"的评分细则要求:"根据投标人室外仓库场地(仓库配套有室外仓储场地不少于3000平方米、有围墙进行物理隔离、有监控摄像、有保安巡逻)的情况横向比较:优得35—40分,中得20—34分,一般得0—19分(以仓库产权证明或租赁合同为准)",单项分数/权重为40分。财政部认为:本项目招标文件评审标准设置有"优得35—45分,中得20—34分,一般得0—19分"等,存在分值设置未与评审因素的量化指标相对应的问题,违反了《政府采购法实施条例》第三十四条第四款的规定。并根据《政府采购法》第七十一条和《政府采购法实施条例》第六十八条的规定,责令该指导性案例中的采购人B和代理机构A限期改正,并对代理机构A作出警告的行政处罚。同时,财政部在案例要点中指出:在政府采购评审中采取综合评分法的,评审标准中的分值设置应当与评审因素的量化指标相对应。一方面,评审因素的指标应当是可以量化的,不能量化的指标不能作为评审因素。评审因素在细化和量化时,一般不宜使用"优""良""中""一般"等没有明确判断标准、容易引起歧义的表述。另一方面,评审标准的分值也应当量化,评审因素的指标量化为区间的,评审标准的分值也必须量化到区间。评审标准中的分值设置与评审因素的量化指标不对应的,应当根据《政府采购法》第三十六条、《政府采购供应商投诉处理办法》(财政部第20号令,已失效,现在施行的是财政部令第94号)第十九条的规定予以处理。

2. 海南省市二级财政部门认为"优良中差"即量化。财政部于2017年公布指导案例9号,2018年7月17日,采购人三亚市中医院、采购代理机构三亚市政府采购中心发布《三亚市中医院24小时动态血压分析系统等一批医疗设备采购项目招标公告》。2018年9月17日,三亚市财政局作出政府采购投诉处理决定书。2018年11月8日,海南省财政厅作出行政复议决定书。在财政部发布指导案例9号后,海南省财政厅、三亚市财政局仍认为"优良中差"即量化且不违法。

3. 海南省市区三级法院也均认为"优良中差"即量化。三亚市城郊人民法院一审,三亚市中级人民法院二审,海南省高级人民法院再审,也均认为"优良中差"即量化。即使在海南省高级人民法院再审期间,海南某医疗设备公司向海南省高级人民法院提交了财政部于2017年公布的指导案例9号,但海南省高级人民法院审理认为:海南某医疗设备公司主张应参照财政部的指导案例9号对二审进行纠正,缺乏事实和法律依据,其以此为由申请再审,本院不予支持。

4. 财政部的指导性案例仅为"指导性",不是法院判案的依据,也对下级财政厅局无法律约束力。从前述三亚市中医院 24 小时动态血压分析系统等一批医疗设备采购项目中三亚市财政局、海南省财政厅的处理意见,以及三亚市中级人民法院、海南省高级人民法院的裁判理由可知,财政部的指导性案例仅为"指导性",不是法院判案的依据,也对下级财政厅局无法律约束力。此外,很多财政部作为被告的案例中,财政部的意见,并不必然是法院判案的依据。

5. 悬在采购人和采购代理机构头上的量化"达摩克利斯剑"。虽然财政部的指导性案例仅为"指导性"不是法院判案的依据也对下级财政厅局无法律约束力。但是,其毕竟为财政部的指导性案例,每个人对《政府采购法实施条例》第三十四条第四款之规定"采用综合评分法的,评审标准中的分值设置应当与评审因素的量化指标相对应"的理解与适用,可能并不完全与三亚市财政局、海南省财政厅以及三亚市中级人民法院、海南省高级人民法院等的意见保持一致,而是与财政部的意见保持一致,甚至不排除还有第三种、第四种的理解与适用。但是,对于采购人和采购代理机构而言,最担忧的就是这种不确定性,以及其可能引起的质疑、投诉、行政复议、行政诉讼,甚至行政处罚。而"量化",恰如悬在采购人和采购代理机构头上的量化"达摩克利斯剑"。

六、结语

"量化"评分在实践中引起了很多的争议、争论,甚至如前述案例中的诉讼,以及财政部指导性案例中的行政处罚等。但对于政府采购当事人而言,则不希望存在此种不确定性。每个人都不希望自己头上老是悬着"达摩克利斯剑"。希望之后法律法规的进一步明确细化,变不确定性为确定性,减少或降低社会交易成本,提升政府采购效率。

案例21：第一中标候选人可否起诉作出废标处理决定的财政部门？

一、前言

中标是投标人的"初心"，但如果并非投标人自身原因导致本项目被财政部门作废标处理，作为第一中标候选人的投标人，可否起诉财政部门的废标处理决定呢？

二、非第一中标候选人原因导致项目被财政部作废标处理

1. 采购项目开展情况。2018年10月29日，采购人山东大学齐鲁医院、采购代理机构山东省某招标公司在中国国际招标网发布"山东大学齐鲁医院手术室数字化管理系统（腔镜及显示传输系统）采购项目"第一次招标公告，2018年11月6日，山东省某招标公司发布第二次招标公告。本次招标采购的货物包含两个包，其中包1采购的是手术室数字化显示传输系统及高清腹腔镜系统；包2采购的是高清腹腔镜系统及超高清腹腔镜系统。2018年11月30日，本项目开标、评标，并于2018年12月3日发布评标结果公示公告。济南某科技公司为包1的第一中标候选人。

2. 采购项目未按照《政府采购法》及相关规定开展被财政部作废标处理。2018年11月22日，山东某科贸公司向财政部进行检举，检举事项为：涉案采购项目采用机电产品国际招标投标违反《政府采购法》及其实施条例，适用法律错误。2019年1月25日，财政部作出监督检查处理决定书，主要内容为：涉案采购项目采购医疗设备，属于货物采购，且供应商均为本国企业。根据《政府采购法》第二条的规定，采购方式和采购程序均应按照《政府采购法》及相关法律法规执行，涉案采购项目未按照上述规定执行，违反了《政府采购法》第二条和第六十四条第一款的规定。根据《政府采购法》第三十六条第一款第二项的规定，责令采购人山东大学齐鲁医院废标等。

3. 第一中标候选人对财政部的废标处理决定不服。涉案采购项目被财政部

作废标处理决定后，已经公示为包1第一中标候选人的济南某科技公司不服，将财政部作为被告，起诉到北京市某中级人民法院，请求判决撤销财政部作出的监督检查处理决定书。

三、法院对第一中标候选人可否起诉作出废标处理决定的财政部门的裁判

1. 一审法院北京市某中级人民法院裁判认为第一中标候选人不具备提起行政诉讼的原告主体资格。北京市某中级人民法院经审理后作出行政裁定，认为：根据《行政诉讼法》第四十九条第一项之规定，提起行政诉讼的原告应是符合本法第二十五条规定的公民、法人或者其他组织。该法第二十五条第一款规定，行政行为的相对人以及其他与行政行为有利害关系的公民、法人或者其他组织，有权提起诉讼。参照《机电产品国际招标投标实施办法（试行）》第六十七条第一款、第七十条、第七十一条、第七十二条第一款的规定，中标结果公告是确定中标供应商的依据，而评标结果公示公告系确定中标结果程序当中的一个公示环节，而非最终的中标结果。本案中，某招标公司于2018年12月3日发布了评标结果公示公告，但并未发布中标结果公告，因此，涉案采购项目的中标结果并未实际确定。故，不能认定济南某科技公司系涉案采购项目最终的中标供应商。由此，济南某科技公司不是涉案采购项目的中标供应商，其不具备针对被诉决定书提起诉讼的原告主体资格。济南某科技公司提起的本案诉讼，不符合法定起诉条件，依法应予驳回。综上，依照《行政诉讼法》第四十九条第一项、《最高人民法院关于适用〈中华人民共和国行政诉讼法〉的解释》第六十九条第一款第一项之规定，裁定驳回济南某科技公司的起诉。

2. 二审法院北京市高级人民法院裁判也认为第一中标候选人不具备提起行政诉讼的原告主体资格。2020年5月13日，北京市高级人民法院作出行政裁定，认为：公民、法人或者其他组织向人民法院提起行政诉讼，应当符合法律规定的起诉条件。《行政诉讼法》第四十九条第一项规定，提起诉讼应当符合下列条件：原告是符合本法第二十五条规定的公民、法人或者其他组织；第二十五条第一款规定，行政行为的相对人以及其他与行政行为有利害关系的公民、法人或者其他组织，有权提起诉讼。《最高人民法院关于适用〈中华人民共和国行政诉讼法〉的解释》第六十九条第一款第一项规定，不符合行政诉讼法第四十九条规

定的,已经立案的,应当裁定驳回起诉。本案中,涉案采购项目的中标结果并未实际确定,不能认定济南某科技公司系涉案采购项目最终的中标供应商,亦不能据此认定济南某科技公司与被诉决定书存在利害关系。济南某科技公司的起诉不符合法定条件,一审法院裁定驳回其起诉并无不当,本院予以维持。济南某科技公司的上诉请求和理由缺乏事实和法律依据,本院不予支持。依照《行政诉讼法》第八十九条第一款第一项的规定,裁定如下:驳回上诉,维持一审裁定。

四、第一中标候选人不等于中标人,只有中标人可对财政部门的废标处理决定提起行政诉讼

1. 第一中标候选人只是候选人。《政府采购法实施条例》第三十四条第二款规定:"最低评标价法,是指投标文件满足招标文件全部实质性要求且投标报价最低的供应商为中标候选人的评标方法。综合评分法,是指投标文件满足招标文件全部实质性要求且按照评审因素的量化指标评审得分最高的供应商为中标候选人的评标方法。"第四十三条第一款规定:"采购代理机构应当自评审结束之日起2个工作日内将评审报告送交采购人。采购人应当自收到评审报告之日起5个工作日内在评审报告推荐的中标或者成交候选人中按顺序确定中标或者成交供应商。"因此,在采购人未确定中标人之前,第一中标候选人也只是候选人,而不是中标人。第一中标候选人不等于中标人。

2. 第一中标候选人与废标处理决定之间无利害关系所以不具备提起行政诉讼的原告主体资格。第一中标候选人,不是中标人,也不必然是中标人。因此,在前述案例中,北京市某中级人民法院、北京市高级人民法院均根据《行政诉讼法》《最高人民法院关于适用〈中华人民共和国行政诉讼法〉的解释》的相关规定,裁定作为包1第一中标候选人的济南某科技公司并不是中标人,其与财政部作出的监督检查处理决定书对案涉项目作废标处理之间并无利害关系。根据《行政诉讼法》《最高人民法院关于适用〈中华人民共和国行政诉讼法〉的解释》的相关规定,第一中标候选人不具备对行政监督部门作出的废标处理决定提起行政诉讼的原告主体资格,哪怕并不是因为第一中标候选人的原因导致该项目被作废标处理。

3. 中标人可对财政部门作出的废标处理决定提出行政诉讼。经采购人确定为中标人后,根据前述北京市某中级人民法院、北京市高级人民法院的审判说

理,也根据《政府采购法》第四十三条第一款的规定:"政府采购合同适用合同法。采购人和供应商之间的权利和义务,应当按照平等、自愿的原则以合同方式约定。"(注:现在适用的是《民法典》),投标文件作为要约,中标通知书作为承诺,承诺一经送达投标人,合同即成立。意即中标人与采购人之间,已经形成了合同关系。如果财政部门将该采购项目作废标处理,无论是否为中标人的原因导致作废标处理,中标人均与该废标处理决定之间具有利害关系。因此,中标人可对财政部门作出的废标处理决定提出行政诉讼。

五、结语

第一中标候选人只是候选人,不是中标人,也不等于中标人。中标人和中标候选人之间,身份、角色、定位、权利、义务等均不一致。因此,即使并非第一中标候选人的原因导致财政部门对该项目作废标处理,第一中标候选人也不具备对该废标处理决定提起行政诉讼的原告主体资格。

案例 22：投标人对招标文件售价过高的投诉归谁管？

一、前言

招标文件的售价，由招标人、招标代理机构在招标公告中予以载明。如果投标人认为招标文件售价过高，拟对此进行投诉时，应该由哪一个行政监督部门对此进行监督管理？

二、招标文件每套售价 1200 元被投标人提出质疑

1. 招标项目情况。2017 年 1 月 16 日，采购人砚山县教育局、采购代理机构云南某项目咨询公司在中国政府采购网发布砚山县 2016 年农村义务教育学校食堂设施设备采购项目（二次招标）公开招标，招标公告规定：项目（采购）预算：844.26 万元，招标文件每套售价 1200 元，售后不退。本项目不接受邮购招标文件。

2. 投标人质疑招标文件售价过高。2017 年 1 月 18 日，中山市某电子科技公司购买了砚山县 2016 年农村义务教育学校食堂设施设备采购项目（二次招标）招标文件，并于 2017 年 1 月 27 日就该招标文件向采购人砚山县教育局与采购代理机构云南某项目咨询公司提出十一项质疑，其中一项质疑即是招标文件售价过高。认为：招标文件每套售价 1200 元，售后不退，该售价远超印制成本费用，属于获取不正当利益，违反《政府采购法》第七十二条和《政府采购货物和服务招标投标管理办法》（财政部令第 18 号①）第二十三条的规定，应按相关法律法规进行处理。

3. 采购代理机构质疑答复认为招标文件售价合法合规。采购代理机构云南某项目咨询公司认为：就招标文件售价问题，我公司收费符合《招标投标法实施条例》第十六条第二款、国家发改委《关于进一步放开建设项目专业服务价格的通知》（发改价格〔2015〕299 号）、国家发改委办公厅《关于招标代理服务

---

① 《政府采购货物和服务招标投标管理办法》（财政部令第 18 号）已失效，相关内容现已规定在《政府采购货物和服务招标投标管理办法》（2017 年修订，财政部令第 87 号），后文同。

收费有关问题的通知》之规定，不存在违反《政府采购货物和服务招标投标管理办法》（财政部令第 18 号）第二十三条、《政府采购法》第七十二条的情况。

4. 投标人对质疑答复不服向财政局提出投诉。质疑供应商中山某电子科技公司对采购代理机构云南某项目咨询公司的质疑答复不服，向砚山县财政局投诉，砚山县财政局于 2017 年 2 月 20 日收到中山某电子科技公司的投诉。

三、州县二级财政局对招标文件每套售价 1200 元的处理

1. 投诉处理机关砚山县财政局驳回投诉。2017 年 3 月 9 日，投诉处理机关砚山县财政局作出关于对砚山县 2016 年农村义务教育学校食堂设施设备采购项目招标文件投诉事项的审查处理决定，认为：中山某电子科技公司的投诉缺乏事实依据，依法驳回其的投诉。

2. 行政复议机关文山壮族苗族自治州财政局认为招标文件售价不属于行政复议范围。中山某电子科技公司对投诉处理机关砚山县财政局作出的投诉处理决定不服，向文山壮族苗族自治州财政局申请行政复议，文山壮族苗族自治州财政局认为，中山某电子科技公司所述招标文件价格过高的问题，依法应向价格主管部门投诉，不在文山壮族苗族自治州财政局的复议审查范围。

四、法院对谁有权监督管理招标文件售价问题的裁判

1. 一审法院砚山县人民法院裁判驳回投标人的诉讼请求。中山某电子科技公司对投诉处理机关砚山县财政局作出的投诉处理决定、行政复议机关文山壮族苗族自治州财政局作出的行政复议决定不服，以文山壮族苗族自治州财政局、砚山县财政局作为共同被告，起诉到砚山县人民法院。砚山县人民法院经审理后，作出行政判决，认为：中山某电子科技公司诉讼请求撤销投诉处理决定的证据不足，不予支持。砚山县财政局作出的行政处理决定和文山壮族苗族自治州财政局作出的诉请，由于文山壮族苗族自治州财政局行政复议决定书主体适格、事实清楚，程序合法，依法予以支持。并判决：驳回中山某电子科技公司的诉讼请求。

2. 二审法院文山壮族苗族自治州中级人民法院裁判认为招标文件售价问题应向价格主管部门提请处理。2018 年 2 月 9 日，文山壮族苗族自治州中级人民法院作出行政判决，认为：对上诉人（投标人中山某电子科技公司）提出本案招

标文件售价远超印制成本费用,属于获取不正当利益的主张,本院认为,根据《政府采购法》第七十条"任何单位和个人对政府采购活动中的违法行为,有权控告和检举,有关部门、机关应当依照各自职责及时处理"和《价格法》第三十三条"县级以上各级人民政府价格主管部门,依法对价格活动进行监督检查,并依照本法的规定对价格违法行为实施行政处罚"的规定,该项主张属物价行政管理法律关系,上诉人可向价格主管部门提请处理,本院不予评判。

3. 再审法院云南省高级人民法院裁判驳回投标人的再审申请。2020年3月30日,云南省高级人民法院作出行政裁定,认为:砚山县财政局作出关于对砚山县2016年农村义务教育学校食堂设施设备采购项目(二次招标)招标文件投诉事项的审查处理决定,该处理决定认定事实清楚,适用法律正确,程序合法,应予维持。文山壮族苗族自治州财政局作出的行政复议决定书认定事实清楚,适用法律正确,程序合法,也应依法予以维持。据此,云南省高级人民法院裁定:驳回中山某电子科技公司的再审申请。

五、招标文件售价是否合法合规属于价格主管部门法定处理职责,不属于财政等部门处理职责

1. 招标文件售价须合法合规。根据《招标投标法实施条例》第十六条第二款的规定:"招标人发售资格预审文件、招标文件收取的费用应当限于补偿印刷、邮寄的成本支出,不得以营利为目的。"以及《政府采购货物和服务招标投标管理办法》(财政部令第87号)第二十四条的规定:"招标文件售价应当按照弥补制作、邮寄成本的原则确定,不得以营利为目的,不得以招标采购金额作为确定招标文件售价的依据。"因此,对于招标文件具体售价金额多少,由招标人按照前述法规、规章的规定予以确定。

2. 售价是否违法违规属于价格行政主管部门的法定监督职责。《价格法》第三十三条规定:"县级以上各级人民政府价格主管部门,依法对价格活动进行监督检查,并依照本法的规定对价格违法行为实施行政处罚。"《价格违法行为行政处罚规定》(国务院令第585号)第二条规定:"县级以上各级人民政府价格主管部门依法对价格活动进行监督检查,并决定对价格违法行为的行政处罚。"第三条规定:"价格违法行为的行政处罚由价格违法行为发生地的地方人民政府价格主管部门决定;国务院价格主管部门规定由其上级价格主管部门决定的,从

其规定。"因此，对于招标文件的售价是否违法违规，以及相应的行政处罚等，属于价格主管部门的法定职责，其他部门并无该等法定职责。因此，前述文山壮族苗族自治州财政局、文山壮族苗族自治州中级人民法院认为砚山县 2016 年农村义务教育学校食堂设施设备采购项目（二次招标）公开招标，招标文件每套售价 1200 元事宜，应当由价格主管部门予以处理。

3. 财政部门等招标采购监督部门并非对所有的招投标活动均具有监督管理权。《政府采购法》第十三条规定："各级人民政府财政部门是负责政府采购监督管理的部门，依法履行对政府采购活动的监督管理职责。各级人民政府其他有关部门依法履行与政府采购活动有关的监督管理职责。"《招标投标法》第七条规定："招标投标活动及其当事人应当接受依法实施的监督。有关行政监督部门依法对招标投标活动实施监督，依法查处招标投标活动中的违法行为。对招标投标活动的行政监督及有关部门的具体职权划分，由国务院规定。"《招标投标法实施条例》第四条规定："国务院发展改革部门指导和协调全国招标投标工作，对国家重大建设项目的工程招标投标活动实施监督检查。国务院工业和信息化、住房城乡建设、交通运输、铁道、水利、商务等部门，按照规定的职责分工对有关招标投标活动实施监督。县级以上地方人民政府发展改革部门指导和协调本行政区域的招标投标工作。县级以上地方人民政府有关部门按照规定的职责分工，对招标投标活动实施监督，依法查处招标投标活动中的违法行为。县级以上地方人民政府对其所属部门有关招标投标活动的监督职责分工另有规定的，从其规定。财政部门依法对实行招标投标的政府采购工程建设项目的政府采购政策执行情况实施监督。监察机关依法对与招标投标活动有关的监察对象实施监察。"因此，并非所有的招标投标活动，均由财政部门等招标采购监督部门进行监督管理，如前述招标文件的售价问题。

六、结语

招标采购文件的售价，须合法、合规予以确定。投标人、供应商对招标采购文件售价的投诉、举报，应当依法向价格主管部门进行。财政部门、住建部门、水利部门、交通运输部门等并无查处招标文件售价是否违法、违规的法定职责。监督管理部门也须依法监督，不缺位，也不越位。

案例23：C公司和D公司两投标人授权代表均为E公司的员工是否构成串标？

一、前言

C公司和D公司，均参与了某一个政府采购项目的投标。C公司的授权代表是操某，D公司的授权代表是袁某婷，操某和袁某婷均是E公司的员工。那么，C公司与D公司之间是否构成串标呢？

二、因两投标人的授权代表均为另外一家公司的员工被提出质疑投诉

1. 招标项目情况。2017年9月20日，采购人安徽金寨职业学校、采购代理机构金寨县政府采购中心实施的"安徽金寨职业学校物流服务与管理实训中心专用设备购置安装项目"公开招标开标，参加的投标人只有4家，分别为：深圳市A科技股份有限公司（以下简称A公司）、北京B科技发展股份有限公司（以下简称B公司）、北京C科技有限公司（以下简称C公司）、深圳市D数字科技有限公司（以下简称D公司）。

2. A公司认为C公司与D公司涉嫌串标提出质疑。2017年9月25日，A公司认为C公司与D公司涉嫌串标，向采购人安徽金寨职业学校、采购代理机构金寨县政府采购中心提出质疑，认为根据C公司投标代表操某、D公司投标代表袁某婷两个人的社保信息，两人在投标时均在南京E教育科技有限公司（以下简称E公司）工作，属于法律规定不同投标人委托同一单位或者个人办理投标事宜，应视为串通投标行为。

3. 采购代理机构质疑答复认为不构成串标。采购代理机构金寨县政府采购中心认为：A公司质疑认为存在串通投标的行为，依据不足。当事人之间是否存在串标，首先要看相关法律对串标是如何规定的，其次要看质疑的事实是否符合该规定。《政府采购法实施条例》第七十四条规定了七种串标情形，但与A公司质疑的情况均不符合，因此不能认定有串标行为。

4. A公司对质疑答复不服向财政局提出投诉但财政局驳回投诉。质疑供应商A公司对采购代理机构金寨县政府采购中心的质疑答复不服，于2017年11月20日向金寨县财政局投诉，金寨县财政局于2017年12月22日作出投诉处理决定书，认为：无证据证明C、D公司在此次投标活动中有《招标投标法实施条例》第三十九条、第四十条规定的串通投标行为，根据《政府采购供应商投诉处理办法》（财政部第20号令，已失效，现在施行的是财政部令第94号）第十七条第二项规定，决定驳回投诉人的投诉请求。

三、法院对两投标人的授权代表均为另外一家公司的员工是否构成串标的裁判

1. 一审法院安徽省金寨县人民法院裁判认为其不构成串标。A公司对投诉处理机关金寨县财政局作出的投诉处理决定不服，将金寨县财政局起诉到安徽省金寨县人民法院。金寨县人民法院经审理后，作出行政判决，认为：《政府采购法实施条例》第七十四条第四项规定，属于同一集团、协会、商会等组织成员的供应商按照该组织要求协同参加政府采购活动，属于恶意串通。《招标投标法实施条例》第四十条第二项、第六项规定，不同投标人委托同一单位或个人办理投标事宜；不同投标人的投标保证金从同一单位或者个人的账户转出，视为投标人相互串通投标。本案中，E公司虽然为B公司控股子公司，但并未参与本项目招投标活动；B公司、C公司、D公司分别委托不同的个人为投标代表，因此不能认定三公司违反了上述法律规定、属于同一集团或委托同一单位构成串通投标。据此，结合其他，安徽省金寨县人民法院判决：驳回原告A公司的诉讼请求。

2. 二审法院安徽省六安市中级人民法院裁判认为其不构成串标。2018年8月30日，安徽省六安市中级人民法院作出行政判决，认为：《招标投标法实施条例》第三十九条、第四十条对于投标人是否构成相互串通投标列举了十一项判定依据。上诉人（A公司）认为B公司、C公司、D公司存在该条例第四十条第二项"不同投标人委托同一单位或者个人办理投标事宜"的情形，应视为投标人相互串通投标，并提交了投标代表人的社保缴费证明、工商登记材料等证据。尽管这些证据能够显示C公司的投标代表人操某、D公司的投标代表人袁某婷在投标期间的社保参保单位是E公司，但从C公司和D公司在投标过程中提交的投标文件可以看出，两公司分别委托操某、袁某婷个人而非E公司为投标代表人，

上诉人仅因两人的参保单位为同一单位而推定上述两公司委托的是同一个单位，与事实不符。据此，结合其他，安徽省六安市中级人民法院判决：驳回上诉，维持原判。

3. 再审法院安徽省高级人民法院裁判认为其不构成串标。2020年2月20日，安徽省高级人民法院作出行政裁定，认为：再审申请人（A公司）在原审提交的证据虽显示C公司的投标代表人操某、D公司的投标代表人袁某婷在投标期间的社保参保单位是E公司，但从C公司和D公司在投标过程中提交的投标文件可以看出，两公司分别委托操某、袁某婷个人而非E公司为投标代表人，再审申请人仅因两人的参保单位为同一单位而推定上述两公司委托的是同一个单位，与事实不符。据此，结合其他，安徽省高级人民法院裁定：驳回A公司的再审申请。

四、投标人授权代表并非必须是本公司员工且个人不等同于公司

1. 投标人授权代表并非必须是本公司员工。无论是《政府采购法》，还是《政府采购法实施条例》，抑或是《政府采购货物和服务招标投标管理办法》（财政部令第87号）等，均未规定投标人授权代表必须是投标人本公司的员工。因此，投标人可以委托其他单位的员工作为其授权代表参加投标，这并不违法。由此，前述"安徽金寨职业学校物流服务与管理实训中心专用设备购置安装项目"中，金寨县财政局、金寨县人民法院、六安市中级人民法院、安徽省高级人民法院均未否认C公司与D公司委托其他公司的员工作为授权代表参与投标的有效性。

2. 个人不等于公司，个人行为不等于公司行为，个人不能与公司相混同。根据《民法典》第二条的规定："民法调整平等主体的自然人、法人和非法人组织之间的人身关系和财产关系。"前述C公司投标代表操某、D公司投标代表袁某婷两个人，属于相互之间独立的"自然人"，前述E公司，属于与自然人并列、相互之间独立的"法人"，自然人不是法人，自然人也不等于法人，自然人的个人行为，并不等于法人的行为。因此，前述"安徽金寨职业学校物流服务与管理实训中心专用设备购置安装项目"中，金寨县财政局、金寨县人民法院、六安市中级人民法院、安徽省高级人民法院均认为，本案不构成不同投标人委托同

一个人或同一单位办理投标事宜的行为。因为C公司、D公司并未委托E公司作为投标代表，而是委托的两个不同自然人作为各自的投标代表。

3. 《政府采购法实施条例》与《招标投标法实施条例》对串标具体表现行为的规定并不完全一致。《政府采购法实施条例》第七十四条规定："有下列情形之一的，属于恶意串通，对供应商依照政府采购法第七十七条第一款的规定追究法律责任，对采购人、采购代理机构及其工作人员依照政府采购法第七十二条的规定追究法律责任：（一）供应商直接或者间接从采购人或者采购代理机构处获得其他供应商的相关情况并修改其投标文件或者响应文件；（二）供应商按照采购人或者采购代理机构的授意撤换、修改投标文件或者响应文件；（三）供应商之间协商报价、技术方案等投标文件或者响应文件的实质性内容；（四）属于同一集团、协会、商会等组织成员的供应商按照该组织要求协同参加政府采购活动；（五）供应商之间事先约定由某一特定供应商中标、成交；（六）供应商之间商定部分供应商放弃参加政府采购活动或者放弃中标、成交；（七）供应商与采购人或者采购代理机构之间、供应商相互之间，为谋求特定供应商中标、成交或者排斥其他供应商的其他串通行为。"《招标投标法实施条例》第三十九条规定："禁止投标人相互串通投标。有下列情形之一的，属于投标人相互串通投标：（一）投标人之间协商投标报价等投标文件的实质性内容；（二）投标人之间约定中标人；（三）投标人之间约定部分投标人放弃投标或者中标；（四）属于同一集团、协会、商会等组织成员的投标人按照该组织要求协同投标；（五）投标人之间为谋取中标或者排斥特定投标人而采取的其他联合行动。"第四十条规定："有下列情形之一的，视为投标人相互串通投标：（一）不同投标人的投标文件由同一单位或者个人编制；（二）不同投标人委托同一单位或者个人办理投标事宜；（三）不同投标人的投标文件载明的项目管理成员为同一人；（四）不同投标人的投标文件异常一致或者投标报价呈规律性差异；（五）不同投标人的投标文件相互混装；（六）不同投标人的投标保证金从同一单位或者个人的账户转出。"第四十一条规定："禁止招标人与投标人串通投标。有下列情形之一的，属于招标人与投标人串通投标：（一）招标人在开标前开启投标文件并将有关信息泄露给其他投标人；（二）招标人直接或者间接向投标人泄露标底、评标委员会成员等信息；（三）招标人明示或者暗示投标人压低或者抬高投标报价；（四）招标人授意投标人撤换、修改投标文件；（五）招标人明示或者暗示投标人为特定投标人中标提供方便；（六）招标人与投标人为谋求特定投标人中标而采取的其他串通行为。"由上述规定可以看出,《招标投标法实施条例》对串标的表现行为的规定更为详细、全面。对于其中不一致的问题,期待两法一致。

五、结语

投标人的授权代表,可以不是投标人本公司的员工,也可以是其他公司的员工。不同投标人同时委托同一家公司的不同员工作为授权代表参加同一个政府采购项目的投标,并不会因此被认定为串标。

案例 24：只有部分原评标委员会专家参加协助答复质疑是否合法？

一、前言

在政府采购质疑答复阶段，如果采购人或采购代理机构邀请原评标委员会评审专家协助答疑，可否只邀请部分专家协助答疑，这是否符合法律法规的相关规定？

二、协助答疑阶段只有 4 名原评标委员会评标专家参加 1 名未参加

1. 采购项目情况。2018 年 8 月 14 日，采购人海口市中医医院、采购代理机构海口市政府采购中心在中国海南政府采购网和海口市公共资源交易网上发布采购公告，采购项目医疗设备一批 A 包，进行公开招标采购。海南某医疗设备公司参与投标，经由 5 名评标专家组成的评标委员会评审和后续采购人确定，海南某医疗设备公司为中标人。

2. 中标人被第二中标候选人提出质疑。2018 年 9 月 20 日，海口市政府采购中心收到质疑供应商同时也是本项目第二中标候选人的海南某医疗器械公司对本项目采购结果的质疑函，质疑内容主要为海南某医疗设备公司投标设备的技术参数存在虚假应标的情形。随后采购中心去函海南某医疗设备公司要求对相关质疑内容进行说明。2018 年 9 月 25 日，海南某医疗设备公司回函提出异议，并提交由生产厂家北京某医疗系统公司出具的证明，用于证明海南某医疗器械公司提供的证据材料为虚假。

3. 只有部分原评标委员会评审专家参与协助答复质疑活动。为了保障各方交易主体的合法权益，2018 年 9 月 27 日，海口市政府采购中心组织原评标委员会（原评标委员会 5 人，实际到场 4 人，另一委员出差在外无法参加）对质疑内容进行逐一核实。

4. 中标人对协助答复质疑不满提出质疑投诉和行政复议。中标人海南某医

疗设备公司对采购代理机构海口市政府采购中心组织的原评标委员会评标专家协助答复质疑事宜不服，向海口市政府采购中心提出质疑及举报，海口市政府采购中心对海南某医疗设备公司提出的质疑和举报内容，于2018年10月31日向海南某医疗设备公司作出政府采购质疑答复书。海南某医疗设备公司仍不服，向海口市财政局提出投诉，海口市财政局根据《政府采购质疑和投诉办法》（财政部令第94号）第二十九条第二项的规定，于2018年12月24日作出政府采购投诉处理决定书，决定驳回海南某医疗设备公司的投诉。海南某医疗设备公司仍不服，向海南省财政厅提起行政复议申请，海南省财政厅于2019年1月29日作出行政复议决定书，决定维持海口市财政局作出的处理决定书。

三、法院对只有部分原评标委员会专家参加协助答复质疑是否合法的裁判

1. 一审法院海口市秀英区人民法院判决认为其合法。海南某医疗设备公司对海南省财政厅作出的行政复议决定书不服，将海口市财政局、海南省财政厅作为共同被告，起诉到海口市秀英区人民法院。海口市秀英区人民法院经审理后，作出行政判决，认为：根据《政府采购法实施条例》第五十二条第三款规定，政府采购评审专家应当配合采购人或者采购代理机构答复供应商的询问和质疑。也就是说，原评标委员会负有协助、配合采购人、采购代理机构答复询问和质疑的职责。本案中，没有法律法规规定原评标委员会在缺少一名委员的情况下就不能进行协助核实答疑工作。因此，海南某医疗设备公司的此项理由于法无据，本院不予支持。结合其他，海口市秀英区人民法院判决：驳回海南某医疗设备公司的诉讼请求。

2. 二审法院海口市中级人民法院裁判认为其合法。2019年8月22日，海口市中级人民法院作出行政判决，认为：关于上诉人（海南某医疗设备公司）认为，2018年9月27日协助答复海南某医疗器械公司质疑的评标委员会人数组成不合法，所出具的质疑答复意见无效的问题。《政府采购法实施条例》第五十二条第三款规定："政府采购评审专家应当配合采购人或者采购代理机构答复供应商的询问和质疑。"本案中，对于海南某医疗器械公司的质疑，海口市政府采购中心依据《政府采购法实施条例》第五十二条于2018年9月27组织原评标委员协助处理质疑事项。《政府采购法实施条例》第五十二条第三款规定的是政府采

购评审专家，应当配合采购人或者采购代理机构答复供应商的询问和质疑，而并非原评标委员会全体成员，故上诉人认为评标委员会在缺少一名委员的情况下，协助核实答疑工作属违法情形的理由，因无法律依据，本院不予以支持。据此，结合其他，海口市中级人民法院判决：驳回上诉，维持原判。

3. 再审法院海南省高级人民法院裁判认为其合法。2019年12月19日，海南省高级人民法院作出行政裁定，认为：海南某医疗设备公司主张，评标委员会在协助处理质疑事项时组成人员不合法，出具的质疑答复意见无效。但是，本案中协助处理质疑事项不同于评标程序，且由5人组成的评标委员会中的4人参与了协助处理，其出具的质疑答复意见符合大多数原则，质疑答复意见合法有效。海南某医疗设备公司的该项主张不能成立。据此，结合其他，海南省高级人民法院裁定：驳回海南某医疗设备公司的再审申请。

四、协助答复质疑并不需要原评标委员会所有成员全部到场

1. 协助答复质疑是评标委员会评审专家的权利，也是义务。《政府采购法实施条例》第五十二条第三款规定："政府采购评审专家应当配合采购人或者采购代理机构答复供应商的询问和质疑。"《政府采购质疑和投诉办法》第十四条规定："供应商对评审过程、中标或者成交结果提出质疑的，采购人、采购代理机构可以组织原评标委员会、竞争性谈判小组、询价小组或者竞争性磋商小组协助答复质疑。"《财政部关于进一步规范政府采购评审工作有关问题的通知》（财库〔2012〕69号）规定："参与政府采购活动的供应商对评审过程或者结果提出质疑的，采购人或采购代理机构可以组织原评审委员会协助处理质疑事项，并依据评审委员会出具的意见进行答复。"

2. 法律法规并未规定必须要求原评标委员会所有评审专家参与协助答复质疑。前述《政府采购法实施条例》第五十二条第三款、《政府采购质疑和投诉办法》第十四条和《财政部关于进一步规范政府采购评审工作有关问题的通知》（财库〔2012〕69号）等，并未规定必须要求原评标委员会所有评审专家参与协助答复质疑。因此，即使只邀请了部分原评标委员会评审专家参与协助答复质疑，也不违法。

3. 从多数决的角度，建议邀请原评标委员会二分之一以上的评审专家参与

协助答复质疑。在前述案例中，再审法院海南省高级人民法院指出："由五人组成的评标委员会中的四人参与了协助处理，其出具的质疑答复意见符合大多数原则，质疑答复意见合法有效。"其中有个核心点是大多数原则，评标报告、评标结论的出具，也是大多数原则。比如，《政府采购法实施条例》第三十五条规定："谈判文件不能完整、明确列明采购需求，需要由供应商提供最终设计方案或者解决方案的，在谈判结束后，谈判小组应当按照少数服从多数的原则投票推荐3家以上供应商的设计方案或者解决方案，并要求其在规定时间内提交最后报价。"以及《政府采购货物和服务招标投标管理办法》（财政部令第87号）第六十一条规定："评标委员会成员对需要共同认定的事项存在争议的，应当按照少数服从多数的原则作出结论。持不同意见的评标委员会成员应当在评标报告上签署不同意见及理由，否则视为同意评标报告。"因此，从审慎稳妥的角度，建议邀请原评标委员会二分之一以上的评审专家参与协助答复质疑，以满足大多数原则。

五、结语

综上所述，只有部分原评标委员会专家参加协助答复质疑合法，并无法律法规规定必须原评标委员会所有评审专家参加协助答复质疑。但从审慎稳妥的角度，建议邀请原评标委员会二分之一以上的评审专家参与协助答复质疑，以满足大多数原则。

案例 25：采购文件评分条件的设置是否也不得"与合同履行无关"？

一、前言

在采取综合评分法的政府采购项目中，如果设定的评分条件被供应商质疑投诉"与合同履行无关"。那么，该如何判断和认定"与合同履行无关或有关"呢？

二、评分条件中要求"原厂配套试剂等"被供应商质疑

1. 采购项目情况。2018 年 7 月 5 日，采购人甲市 A 区卫生和计生局、采购代理机构甲市政府采购中心在中国海南政府采购网发布了《全自动血液生化分析仪项目的招标公告》。采购文件第三部分第一项"货物技术规范及要求"下规格和配置技术参数第 2.9.4 条系统配套性要求，"具有原厂配套试剂、校准品和质控品原厂试剂配套项目≥52 项，并提供项目注册证明（同一试剂不同方法学按一个试剂项目计算）"，分值为 4 分。

2. 供应商对"原厂配套试剂等"的评分条件提出质疑。2018 年 7 月 12 日，海南某医疗设备公司向甲市政府采购中心提出质疑，认为招标文件第 2.9.4 条要求将试剂的注册数量规定为招标货物生化分析仪的技术参数，以参考品牌厂家的试剂注册数量（≥52 项）来排斥其他厂家的生化分析仪参与竞争，符合《政府采购法实施条例》第二十条第三项和第八项情形，属于以不合理的条件对供应商实行差别待遇或者歧视待遇。

3. 供应商对质疑答复不满提出投诉和行政复议。质疑供应商海南某医疗设备公司对采购代理机构甲市政府采购中心的质疑答复不服，向甲市 A 区财政局提出投诉；对甲市 A 区财政局的投诉处理决定不服，向甲市财政局提出行政复议申请。

三、市区二级财政局均认为评分条件中要求"原厂配套试剂等"合法

1. 甲市 A 区财政局认为其合法并驳回投诉。甲市 A 区财政局认为：无论是选择单一试剂（包括原厂配套试剂）还是开放性试剂及其配套项目数量，取决于仪器的机型。而机型的选择应考虑机型的适用性；性价比、试剂开放性；地区差异；售后技术支持；等等。本项目采购货物用于乡镇医疗院所，应参考乡镇院所医疗规模小、人员配备少，针对普通、常见病患者诊治的特点考虑选用机型、试剂及其配套项目数量。投诉人未举证本项目全自动血液生化分析仪的机型适用开放性试剂，不适用第 2.9.4 条规定的原厂配套试剂数量的证据，不能证明第 2.9.4 条属于《政府采购法实施条例》第二十条规定的以不合理的条件对供应商实行差别待遇或者歧视待遇，该项投诉不成立，本局不予支持。据此，甲市 A 区财政局于 2018 年 8 月 23 日作出投诉处理决定书，驳回投诉。

2. 甲市财政局经行政复议认为其合法并维持甲市 A 区财政局的投诉处理决定。甲市财政局认为：甲市 A 区财政局投诉处理决定书对招标文件第 2.9.4 条系统配套性要求的认定问题。该系统配套性要求具有原厂配套试剂、校准品和质控品原厂试剂配套项目≥52 项。该要求系根据采购货物即全自动血液生化分析仪的机型及其具体特点和采购人的实际需要设置，且有多家产品满足，并没有以不合理的条件对其他供应商实行差别待遇或歧视待遇。据此，甲市财政局于 2018 年 11 月 28 日作出行政复议决定书，维持甲市 A 区财政局 2018 年 8 月 23 日作出的投诉处理决定书。

四、法院对评分条件设置的"原厂配套试剂等"是否合法的裁判

1. 一审法院甲市 A 区人民法院判决认为其合法，市区二级财政局一审胜诉。海南某医疗设备公司对甲市财政局作出的行政复议决定书不服，将甲市财政局、甲市 A 区财政局作为共同被告，起诉到甲市 A 区人民法院。甲市 A 区人民法院经审理后，作出行政判决，认为：招标文件中第 2.9.4 条系统配套性要求：具有原厂配套试剂、校准品和质控品原厂试剂配套项目≥52 项，并提供项目注册证

明，海南某医疗设备公司未举证此项目全自动血液生化分析仪的机型适用开放性试剂，不适用第 2.9.4 条规定的原厂配套试剂数量，也无证据证明该项目标准有指向特定的供应商，且不能说明乡镇医疗院所使用的全自动血液生化分析仪检测的项目都不会超过 30 项。因此，不属于《政府采购法实施条例》第二十条规定的以不合理的条件对供应商实行差别待遇或者歧视待遇。结合其他，甲市 A 区人民法院判决：驳回海南某医疗设备公司的诉讼请求。

2. 二审法院甲市中级人民法院裁判认为其违法，市区二级财政局二审败诉。2019 年 10 月 8 日，甲市中级人民法院作出行政判决，认为：关于规格和配置技术参数第 2.9.4 条系统配套性要求的问题。《政府采购法实施条例》第二十条规定："采购人或者采购代理机构有下列情形之一的，属于以不合理的条件对供应商实行差别待遇或者歧视待遇……（二）设定的资格、技术、商务条件与采购项目的具体特点和实际需要不相适应或者与合同履行无关……"案涉项目招标文件系统配套性要求将"具有原厂配套试剂、校准品和质控品原厂试剂配套项目≥52 项，并提供项目注册证明"作为评审标准，分值设置为 4 分。因该技术参数为要求原厂配套试剂所具备的技术参数而并非要求案涉采购项目全自动血液生化分析仪所具备的技术参数，与合同履行无关。且正如甲市 A 区财政局在处理决定书第 5 页第三自然段所述"试剂开放后，需方可自主选择试剂供应商……"而采购文件将"具有原厂配套试剂、校准品和质控品原厂试剂配套项目≥52 项，并提供项目注册证明"作为评审标准，规定在全自动血液生化分析仪规格和配置技术参数内。那么需方根据该试剂技术参数所选择的机型，必然要求使用符合原厂配套试剂、校准品和质控品原厂试剂配套项目≥52 项的试剂，才能保证测定结果的正确精密，这恰恰与"需方可自主选择试剂供应商……"的表述相矛盾，反而必然得出"根据该机型，为保证测定结果的正确精密，需方不可自主选择试剂供应商"的悖论。故，采购文件将"具有原厂配套试剂、校准品和质控品原厂试剂配套项目≥52 项，并提供项目注册证明"作为评审标准，规定在全自动血液生化分析仪规格和配置技术参数内，势必会将仅生产或代理全自动血液生化分析仪而不生产或代理原厂配套试剂、校准品和质控品，或虽生产或代理原厂配套试剂、校准品和质控品，但原厂试剂配套项目<52 项的供应商排斥在外，属于以不合理的条件对供应商实行差别待遇或歧视待遇的情形。上诉人对采购文件该项投诉理由成立，被上诉人 A 区财政局驳回其对该项投诉的行政行为，适用法律、行政法规错误，应予撤销。被上诉人甲市财政局维持该处理决定的复议决

定，同样错误适用法律法规，依法亦应予撤销。据此，结合其他，甲市中级人民法院判决：一、撤销甲市 A 区人民法院 2019 年 5 月 7 日作出的行政判决；二、撤销被上诉人甲市 A 区财政局 2018 年 8 月 23 日作出的投诉处理决定及被上诉人甲市财政局于 2018 年 11 月 28 日作出的行政复议决定；三、被上诉人甲市 A 区财政局应在 30 个工作日内，对上诉人海南某医疗设备公司的投诉重新作出处理决定……

3. 再审法院海南省高级人民法院裁判认为其违法，市区二级财政局申请再审败诉。2019 年 12 月 18 日，海南省高级人民法院作出行政裁定，认为：本案的争议焦点为：招标文件第 2.9.4 条系统配套性要求是否以不合理的条件对供应商实行差别待遇或者歧视待遇。《政府采购法实施条例》第二十条第二项规定，采购人或者采购代理机构设定的资格、技术、商务条件与采购项目的具体特点和实际需要不相适应或者与合同履行无关，属于以不合理的条件对供应商实行差别待遇或者歧视待遇。本案中，采购文件的系统配套性要求将"具有原厂配套试剂、校准品和质控品原厂试剂配套项目≥52 项，并提供项目注册证明"作为评审标准。但是，该技术参数为要求原厂配套试剂所具备的技术参数，而并非要求采购项目全自动血液生化分析仪所具备的技术参数，故该技术参数与合同履行无关。招标文件将"具有原厂配套试剂、校准品和质控品原厂试剂配套项目≥52 项，并提供项目注册证明"作为评审标准，规定在全自动血液生化分析仪规格和配置技术参数内，势必会将仅生产或代理全自动血液生化分析仪而不生产或代理原厂配套试剂、校准品和质控品，或虽生产或代理原厂配套试剂、校准品和质控品，但原厂试剂配套项目<52 项的供应商排斥在外，属于以不合理的条件对供应商实行差别待遇或歧视待遇的情形。二审认定招标文件第 2.9.4 条系统配套性要求属于以不合理的条件对供应商实行差别待遇或歧视待遇，并无不当。而且，经二审审理查明，案涉全自动血液生化分析仪项目采购活动已经完成并签订了购销合同，该合同履行的标的物为全自动血液生化分析仪，但不包括原厂配套试剂，与招标文件内容亦不一致。因此，A 区财政局主张二审认定事实和适用法律错误，理由不能成立，本院不予支持。据此，海南省高级人民法院裁定：驳回 A 区财政局的再审申请。

五、除资格条件、商务条件、技术条件外，评分条件的设置也须与合同履行有关

1. 资格条件的设置须与合同履行有关。根据《政府采购法》第二十二条的规定："供应商参加政府采购活动应当具备下列条件：（一）具有独立承担民事责任的能力；（二）具有良好的商业信誉和健全的财务会计制度；（三）具有履行合同所必需的设备和专业技术能力；（四）有依法缴纳税收和社会保障资金的良好记录；（五）参加政府采购活动前三年内，在经营活动中没有重大违法记录；（六）法律、行政法规规定的其他条件。采购人可以根据采购项目的特殊要求，规定供应商的特定条件，但不得以不合理的条件对供应商实行差别待遇或者歧视待遇。"因此，采购人"根据采购项目的特殊要求，规定供应商的特定条件"，但也不得"以不合理的条件对供应商实行差别待遇或者歧视待遇"。对此，《政府采购法实施条例》第二十条规定："采购人或者采购代理机构有下列情形之一的，属于以不合理的条件对供应商实行差别待遇或者歧视待遇……设定的资格……条件与采购项目的具体特点和实际需要不相适应或者与合同履行无关……"因此，资格条件的设置也不得与合同履行无关。

2. 商务条件的设置须与合同履行有关。根据《政府采购法实施条例》第三十二条第二款的规定："招标文件应当包括采购项目的商务条件、采购需求、投标人的资格条件、投标报价要求、评标方法、评标标准以及拟签订的合同文本等。"同时，《政府采购法实施条例》第二十条规定："采购人或者采购代理机构有下列情形之一的，属于以不合理的条件对供应商实行差别待遇或者歧视待遇……（二）设定的……商务条件与采购项目的具体特点和实际需要不相适应或者与合同履行无关……"因此，商务条件的设置也不得与合同履行无关。

3. 技术条件的设置须与合同履行有关。《政府采购法》第六十三条第一款规定："政府采购项目的采购标准应当公开。"《政府采购法实施条例》第五十九条规定："政府采购法第六十三条所称政府采购项目的采购标准，是指项目采购所依据的经费预算标准、资产配置标准和技术、服务标准等。"《政府采购货物和服务招标投标管理办法》（财政部令第87号）第二十条规定："采购人或者采购代理机构应当根据采购项目的特点和采购需求编制招标文件。招标文件应当包括以下主要内容……（七）采购项目的技术规格、数量、服务标准、验收等要求，

包括附件、图纸等……"但是,《政府采购法实施条例》第二十条规定:"采购人或者采购代理机构有下列情形之一的,属于以不合理的条件对供应商实行差别待遇或者歧视待遇……(二)设定的……技术……条件与采购项目的具体特点和实际需要不相适应或者与合同履行无关……"因此,采购文件里的技术条件的设置也不得与合同履行无关。

4. 评分条件的设置也须与合同履行有关。虽然《政府采购法实施条例》第二十条只规定"采购人或者采购代理机构有下列情形之一的,属于以不合理的条件对供应商实行差别待遇或者歧视待遇……(二)设定的资格、技术、商务条件与采购项目的具体特点和实际需要不相适应或者与合同履行无关……"并未明文规定评分条件不得"与合同履行无关"。但是,《政府采购法实施条例》第三十四条第四款规定:"采用综合评分法的,评审标准中的分值设置应当与评审因素的量化指标相对应。"《政府采购货物和服务招标投标管理办法》(财政部令第87号)第五十五条规定:"综合评分法,是指投标文件满足招标文件全部实质性要求,且按照评审因素的量化指标评审得分最高的投标人为中标候选人的评标方法。评审因素的设定应当与投标人所提供货物服务的质量相关,包括投标报价、技术或者服务水平、履约能力、售后服务等。资格条件不得作为评审因素。评审因素应当在招标文件中规定。评审因素应当细化和量化,且与相应的商务条件和采购需求对应。商务条件和采购需求指标有区间规定的,评审因素应当量化到相应区间,并设置各区间对应的不同分值……"评分条件的设置,须与"技术或者服务水平""商务条件和采购需求"等相对应。也因此,采购文件里的评分条件的设置也不得与合同履行无关。

六、结语

如何理解"与合同履行无关"的不合理条件,恰如前述案例,质疑供应商与采购人、市区二级财政局的理解不一致,市区二级财政局与二审、再审法院的理解不一致,一审法院与二审、再审法院的理解不一致,所以,市区二级财政局败诉,一审法院判决被撤销,突显对"与合同履行无关"的不合理条件的理解、适用的难度。但在贯彻"三公"原则、诚信原则的阳光采购下,大家多探讨、多交流,难也不再难。

案例 26：可否另行抽取评标专家对质疑投诉的事项再行审查？

一、前言

在处理质疑投诉过程中，如果原评标委员会的评审结论等被质疑投诉，处理质疑投诉的相关单位，可否另行抽取评标专家，对质疑投诉的事项再行审查？

二、中标人的中标产品被其他供应商提出质疑

1. 采购项目情况。2016 年 4 月 12 日，采购人徐州市铜山区机关后勤保障中心、采购代理机构徐州市铜山区政府采购中心在徐州政府采购网公开发布"铜山区科技创业大厦窗帘项目"公开招标公告。2016 年 5 月 6 日 10 时，该项目准时在指定地点开标。在财政部门及其他部门相关工作人员的监督下，采购经办人员在江苏政府采购专家库中随机抽取评审专家 4 人，与××代表 1 人组成了 5 人评委小组。经过评委小组对参与投标的供应商综合评审，广东某遮阳科技公司为中标候选人。

2. 质疑供应商对中标人的中标产品等提出质疑。2016 年 5 月 17 日，质疑供应商徐州市某商贸公司向徐州市铜山区政府采购中心提出质疑，认为：中标人的拉珠为白色、没有限位扣、制头转动系统尾部无省力助力弹簧系统，偏离招标文件的技术要约，且中标人没有面料生产厂家的授权书等。

3. 质疑供应商对质疑答复不满提出投诉。采购代理机构徐州市铜山区政府采购中心对质疑的答复为：本项目评标过程中，评标专家严格按照招标文件评分细则对各投标人样品进行评审，并根据各投标人样品响应度进行打分；经核查，中标人广东某遮阳科技公司在该公司投标中提供了生产面料厂家授权书；如果对本质疑答复不满意，可以在本答复之日起十五个工作日内按照《政府采购供应商投诉处理办法》（财政部第 20 号令，已失效，现在施行的是财政部令第 94 号）的规定向同级财政部门提起投诉。质疑供应商徐州某商贸公司对采购代理机构徐州市铜山区政府采购中心的质疑答复不服，向徐州市铜山区财政局提出投诉。

三、徐州市铜山区财政局第一次组织原评标委员会复核后第二次又另行抽取评标专家再行审查

1. 徐州市铜山区财政局第一次组织原评标委员会复核。2016年6月14日，徐州市铜山区财政局组织四位评标专家（其中一位住院不能参加）进行复核，同时对专家复核的过程进行了录音录像，并要求专家对复核结果签字确认。专家复核后一致认为，中标人的样品中制头尾部有省力助力弹簧系统；中标的样品无限位扣；拉珠的颜色为白色，但在招标文件中没有明确规定拉珠的颜色。

2. 徐州市铜山区财政局第二次又另行抽取评标专家再行审查。2017年1月24日，徐州市铜山区财政局另行从江苏省政府采购专家管理系统修缮装饰工程类专家中随机抽取五名专家，再次对中标样品进行评审。上述五位专家现场评审后，出具关于徐州某商贸公司对徐州市铜山区机关后勤中心窗帘项目的投诉专家论证意见，五位专家一致认为中标人的样品中制头尾部有省力助力弹簧系统；中标的样品无限位扣；拉珠的颜色为白色，与面料颜色相配色。

3. 徐州市铜山区财政局根据第二次另行抽取的评标专家再行审查的结论等驳回投诉。2017年1月24日，徐州市铜山区财政局依据专家论证意见、质证意见等材料，作出政府采购投诉处理决定书，主要内容为：①中标样品的拉珠为白色，但是在招标文件中对拉珠的颜色没有明确的要求，"拉珠颜色与面料相配色，用手及面颊接触，无毛刺感"，并没有指定拉珠的颜色一定面料相配色。另外，中标人样品没有安装限位扣，但这项指标不是主要的技术参数，不能作为废标的理由，在对样品的评标过程中，评标专家严格按照招标文件评分细则对各投标人样品进行评审，并根据各投标人样品响应度进行打分。开标、评标的全活动在纪委的监督，律师的见证和公证处的公证下进行。徐州市铜山区公证处为整个招标活动进行了公证，并出具了公证书，整个招投标活动程序合法。②中标产品响应了标书的要求，制头尾部有省力助力弹簧系统。遂依照《政府采购供应商投诉处理办法》（财政部第20号令）第十七条第二项的规定，以投诉人投诉事项缺乏事实依据为由，驳回徐州某商贸公司的投诉。

四、法院对另行抽取评标专家对质疑投诉的事项再行审查的裁判

1. 一审法院徐州铁路运输法院判决认为其并不违法。徐州某商贸公司对徐州市铜山区财政局作出的政府采购投诉处理决定书不服，将徐州市铜山区财政局作为被告，起诉到徐州铁路运输法院。徐州铁路运输法院经审理后，作出行政判决，认为：本案中，徐州市铜山区财政局参照《政府采购货物和服务招标投标管理办法》（财政部令第87号）第四十五条、第四十六条、第四十八条第一款对评标委员会组成的相关规定，从江苏省评标专家库随机抽取五位专家对中标产品的样品进行评审，并以五位专家的一致意见作为作出处理决定的依据，并无不当。结合其他，徐州铁路运输法院判决：驳回徐州某商贸公司的诉讼请求。

2. 二审法院徐州市中级人民法院裁判认为其并不违法。2018年3月19日，徐州市中级人民法院作出行政判决，认为：由于现行法律法规未对财政部门处理投诉事项的调查取证程序作出明确规定，被上诉人徐州市铜山区财政局参照《政府采购货物和服务招标投标管理办法》（财政部令第87号）第四十五条、第四十六条、第四十八条第一款之规定，从江苏省评标专家库中随机抽取五位专家针对上诉人的有效投诉对中标样品进行了审议，经专家评议，涉案中标产品符合招标文件要求。被上诉人徐州市铜山区财政局经调查取证、专家论证及质证程序，认定上诉人的投诉理由不能成立，并无不当。据此，结合其他，徐州市中级人民法院判决：驳回上诉，维持原判。

3. 再审法院江苏省高级人民法院裁判认为其并不违法。2019年11月13日，江苏省高级人民法院作出行政裁定，认为：从江苏省采购专家库中随机抽取五位专家针对徐州某商贸公司的有效投诉对中标样品进行了审议，经专家评议，涉案中标产品符合招标文件要求。徐州市铜山区财政局综合调查取证、专家论证及当面质证调查的结果，认为徐州某商贸公司的投诉事项缺乏事实依据，依据《政府采购供应商投诉处理办法》（财政部第20号令）第十七条第二项的规定，驳回徐州某商贸公司的投诉并无明显不当。结合其他，江苏省高级人民法院裁定：驳回徐州某商贸公司的再审申请。

五、另行抽取评标专家对质疑投诉的事项再行审查不等于重新评审

1. 法律规定不得重新评审的情形。《政府采购法实施条例》第四十四条第一款规定："除国务院财政部门规定的情形外，采购人、采购代理机构不得以任何理由组织重新评审。采购人、采购代理机构按照国务院财政部门的规定组织重新评审的，应当书面报告本级人民政府财政部门。"《政府采购货物和服务招标投标管理办法》（财政部令第87号）第六十四条规定："评标结果汇总完成后，除下列情形外，任何人不得修改评标结果：（一）分值汇总计算错误的；（二）分项评分超出评分标准范围的；（三）评标委员会成员对客观评审因素评分不一致的；（四）经评标委员会认定评分畸高、畸低的。评标报告签署前，经复核发现存在以上情形之一的，评标委员会应当当场修改评标结果，并在评标报告中记载；评标报告签署后，采购人或者采购代理机构发现存在以上情形之一的，应当组织原评标委员会进行重新评审，重新评审改变评标结果的，书面报告本级财政部门。投标人对本条第一款情形提出质疑的，采购人或者采购代理机构可以组织原评标委员会进行重新评审，重新评审改变评标结果的，应当书面报告本级财政部门。"因此，只有在法定的情形下，可以重新评审。即，原则上，不得对评标委员会的评审结论重新评审。

2. 再行审查结论实质上为专家论证意见。根据前述"铜山区科技创业大厦窗帘项目"质疑投诉处理过程中，徐州市铜山区财政局另行从江苏省政府采购专家管理系统修缮装饰工程类专家中随机抽取五名专家，再次对中标样品进行评审。上述五位专家现场评审后，出具的是关于徐州某商贸公司对徐州市铜山区机关后勤中心窗帘项目的投诉专家论证意见，而不是评标（评审）报告。并非在重新评审的情形下，出具的评标（评审）报告。因此，另行抽取评标专家对质疑投诉的事项再行审查，实质上是专家论证，而非也不等同于重新评审。

3. 法律法规对另行抽取专家对质疑投诉的事项再行审查论证并无相关具体规定。正因为如此，前述"铜山区科技创业大厦窗帘项目"质疑投诉处理过程中，徐州市铜山区财政局是"参照"《政府采购货物和服务招标投标管理办法》（财政部令第87号）第四十五条、第四十六条、第四十八条第一款对评标委员会组成的相关规定，从江苏省评标专家库随机抽取五位专家，对徐州市铜山区机关

后勤中心窗帘项目的投诉，进行审查论证并出具专家论证意见。"参照"《政府采购货物和服务招标投标管理办法》（财政部令第 87 号）的相关规定抽取专家，经一审法院、二审法院、再审法院的审理，均不认为其违法。

六、结语

财政部门在处理政府采购投诉过程中，对于专业的事项，可以寻求外部专家的论证意见。至于外部专家可否参照《政府采购货物和服务招标投标管理办法》（财政部令第 87 号）的相关规定随机从评标专家库中予以抽取，法无具体规定，前述案例中的法院审理则认为其并无不当或并不违法。

案例 27：非故意提交虚假投标资料的是否应受行政处罚？

一、前言

政府采购项目中，如果投标人提交的投标文件存在虚假资料，将会承担相应的法律责任，如被财政部门予以行政处罚。但如果投标人述称并非故意提交虚假投标资料的，是否也将遭受财政部门的行政处罚呢？

二、中标人的投标文件所含检验报告被其他供应商质疑为虚假

1. 采购项目情况。采购人广州市荔湾区文化广电新闻出版局（以下简称荔湾区文广新局）委托采购代理机构广州市公共资源交易中心就"粤剧艺术博物馆库房文物保护设备采购项目"以公开招标方式进行采购，2016 年 10 月 27 日，该项目发布中标公告，湖南某瑞文博集团股份有限公司（以下简称某瑞文博公司）为中标供应商。

2. 中标供应商的投标文件中有七份检验报告。在该项目投标过程中，某瑞文博公司提交了七份国家办公用品设备质量监督检验中心出具的检验报告，分别为：NO：(2015) GJ-WT-T0103，产品名称钱币玉器柜；NO：(2015) GJ-WT-T0103-1，产品名称档案（标本）柜；NO：(2015) GJ-WT-T0103-2，产品名称挂件文物柜；NO：(2015) GJ-WT-T0104，产品名称书画（抽屉）柜；NO：(2015) GJ-WT-T0104-2，产品名称重型文物柜；NO：(2015) GJ-WT-T0105，产品名称多功能文物柜；NO：(2015) GJ-WT-T0105-2，产品名称密集型文物柜。

3. 中标供应商提交的七份检验报告被质疑为虚假材料。2016 年 11 月 2 日，采购代理机构广州公共资源交易中心及采购人荔湾区文广新局收到另一供应商洛阳某宝文保设施科技有限公司（以下简称洛阳某宝公司）的质疑函，称某瑞文博公司提交的检验报告为虚假材料。

三、采购人和财政部门经调查后确认中标供应商提供的检验报告为虚假资料并对其进行行政处罚

1. 采购人经调查认为存在虚假情况后将相关情况报告财政部门。2016年11月2日,荔湾区文广新局向国家办公用品设备质量监督检验中心发函询问相应检验报告真伪,2016年11月4日,常州市产品质量监督检验所、国家办公用品设备质量监督检验中心向荔湾区文广新局回复称:经核查,复印件报告编号(2015)GJ-WT-T0103、(2015)GJ-WT-T0104、(2015)GJ-WT-T0105的检验报告与该中心存档报告原件内容不符,不是该中心出具的检验报告复制件;复印件报告编号(2015)GJ-WT-T0103-1、(2015)GJ-WT-T0103-2、(2015)GJ-WT-T0104-2、(2015)GJ-WT-T0105-2的检验报告,该中心存档报告中没有该报告,是伪造该中心检验报告的复制件。广州市公共资源交易中心认为质疑人反映的有关情况基本属实,遂于2016年11月11日将该情况报荔湾区财政局处理。

2. 荔湾区财政局再次调查核实为虚假。2017年2月27日,荔湾区财政局向常州市产品质量监督检验所、国家办公用品设备质量监督检验中心发出关于对CZ2016-0544政府采购项目有关问题核实的函,同时,荔湾区财政局经查询,编号为(2015)GJ-WT-T0103-1、(2015)GJ-WT-T0103-2、(2015)GJ-WT-T0104-2、(2015)GJ-WT-T0105-2的检验报告在国家办公用品设备质量监督检验中心报告查询系统中查询结果为"没有找到数据",编号为(2015)GJ-WT-LT0103、(2015)GJ-WT-T0104、(2015)GJ-WT-T0105的检验报告内容与某瑞文博公司在投标文件中提供的编号相同的三份报告内容不一致。

3. 荔湾区财政局对中标供应商作出行政处罚。2017年6月2日,荔湾区财政局经调查作出政府采购行政处罚决定书,认定某瑞文博公司在参加广州市荔湾区文广新局粤剧艺术博物馆库房文物保护设备采购项目投标过程中,在投标文件中提供的七份检验报告为虚假材料,违反了《政府采购法》第七十七条第一款第一项、《政府采购货物和服务招标投标管理办法》第七十四条第一项的规定,根据前述规定,决定对某瑞文博公司作出如下处罚:按中标金额人民币2499996元的千分之五处以人民币12499.98元罚款,列入不良行为记录名单,在一年内禁止参加政府采购活动;某瑞文博公司本次中标无效。

四、法院对投标人述称并非故意提交虚假检验报告的裁判

1. 一审法院广州铁路运输第一法院判决认为投标人须对自己投标文件的真实性负责。某瑞文博公司对荔湾区财政局作出的政府采购行政处罚决定书不服，将荔湾区财政局作为被告，起诉到广州铁路运输第一法院。广州铁路运输第一法院经审理后，作出行政判决，认为：某瑞文博公司称其对检验报告为虚假材料不知情且不存在以此谋取中标的主观故意，但作为政府采购项目投标方，应对其提交的相应投标文件履行审查义务并对其真实性负责。结合其他，广州铁路运输第一法院判决：驳回某瑞文博公司的诉讼请求。

2. 二审法院广州铁路运输中级法院裁判认为投标人须提供客观真实的投标文件。2018年8月24日，广州铁路运输中级法院作出行政判决，认为：关于某瑞文博公司上诉提出其没有行政违法的主观过错，不应对其进行处罚的问题。根据《政府采购法》相关规定，供应商应向采购部门提供客观真实有效的材料，提供虚假材料谋取中标、成交的，应承担相应的法律责任。本案中，某瑞文博公司作为涉案政府采购项目的供应商，其有义务遵守政府采购的各项法律、法规和规章制度，提供客观真实的投标文件，其主张对提供的虚假材料没有主观故意不应处罚，缺乏事实和法律依据，本院不予采纳。据此，结合其他，广州铁路运输中级法院判决：驳回上诉，维持原判。

3. 再审法院广东省高级人民法院裁判认为投标人具有在投标文件中提交虚假检验报告的违法事实。2019年10月28日，广东省高级人民法院作出行政裁定，认为：本案中，荔湾区财政局作为政府采购监督管理部门，经依照法定程序调查后综合检验报告、关于协助核验检验报告的函、报告查询回复函等证据认定，某瑞文博公司参加涉案采购项目投标过程中，具有在投标文件中提交虚假检验报告的违法事实，作出被诉政府采购行政处罚决定书，认定事实清楚，适用法律正确。结合其他，广东省高级人民法院裁定：驳回某瑞文博公司的再审申请。

五、投标人须提供客观真实的投标文件否则将承担相应的法律责任

1. 法律法规规定弄虚作假的法律责任。根据《政府采购法》第七十七条规

定：" 供应商有下列情形之一的，处以采购金额千分之五以上千分之十以下的罚款，列入不良行为记录名单，在一至三年内禁止参加政府采购活动，有违法所得的，并处没收违法所得，情节严重的，由工商行政管理机关吊销营业执照；构成犯罪的，依法追究刑事责任：(一) 提供虚假材料谋取中标、成交的……"以及《政府采购非招标采购方式管理办法》（财政部令第 74 号）第二十条规定："采购人或者采购代理机构应当在采购活动结束后及时退还供应商的保证金，但因供应商自身原因导致无法及时退还的除外。未成交供应商的保证金应当在成交通知书发出后 5 个工作日内退还，成交供应商的保证金应当在采购合同签订后 5 个工作日内退还。有下列情形之一的，保证金不予退还：(一) 供应商在提交响应文件截止时间后撤回响应文件的；(二) 供应商在响应文件中提供虚假材料的……"

2. 只看有无提交虚假材料的事实而不论是否有提交虚假材料的故意。根据前述"粤剧艺术博物馆库房文物保护设备采购项目"中，一审法院、二审法院、再审法院的说理可知：首先，提交真实材料的投标文件，是投标人的义务；其次，审查投标文件是否有虚假材料，也是投标人的义务；再次，投标人应对自己提交的投标文件的真实性负责；最后，无论投标人是否有过失、故意、疏忽大意等导致投标文件中存在虚假材料，只根据投标文件是否存在虚假材料这一客观事实论断，而不论投标人是否存在主观故意等。

六、结语

诚实信用原则是政府采购的法定原则之一。投标人提交的投标文件，必须是真实的，不得存在虚假，否则就违背了诚实信用原则。投标人须对自己提交的投标文件的真实性负责，投标人述称自己非主观故意提交的虚假材料，并不能获得相应的支持。

案例 28：政府采购项目可否规定只有政府采购项目业绩才得分?

一、前言

政府采购项目采用综合评分法时业绩评分，可否规定只有政府采购项目业绩，才能得分?

二、采购文件规定政府采购业绩才得分被质疑投诉

1. 采购项目情况。2015 年 9 月 30 日，采购代理机构昆山某杰项目管理有限公司（以下简称某杰公司）对开发区职业技术学校暖通项目进行公开招标，并于 2015 年 11 月 6 日、11 月 9 日两次发布补充公告。在该项目招标文件中，工程业绩项目评分限定以 2012 年以来竣工验收报告为准的政府采购项目业绩。该项目开标时间为：2015 年 12 月 10 日 13：30（北京时间），开标地点为：昆山市黄河南路某号（昆山市政府采购中心一楼）。该项目后经评审，中标供应商为：昆山某机电工程公司，项目中标金额为：人民币陆佰伍拾捌万元整（￥6580000 元）。

2. 供应商对招标文件不服提出质疑。2015 年 11 月 10 日，江苏某家用设备公司向某杰公司提出质疑。2015 年 11 月 19 日，某杰公司作出质疑回复。

三、法院对采购文件规定政府采购业绩才得分的裁判

1. 一审法院苏州市姑苏区人民法院判决认为其不合法。该项目经质疑、投诉、行政复议，中标供应商昆山某机电工程公司对苏州市财政局于 2016 年 4 月 28 日作出的行政复议决定书不服，将苏州市财政局作为被告，起诉到苏州市姑苏区人民法院。苏州市姑苏区人民法院经审理后，作出行政判决，认为：关于招标文件中工程业绩项目评分限定以 2012 年以来竣工验收报告为准的政府采购项目业绩进行评分的合法性问题，政府采购市场仅是整个竞争市场的一部分，其业

绩不能充分体现潜在供应商的竞争实力，本评分项有利于已有政府采购项目业绩的供应商，而不利于未有政府采购项目业绩的供应商，限制了充分竞争，具有固化供应商范围的不利影响，属于《政府采购法》第二十二条第二款所指"以不合理的条件对供应商实行差别待遇或者歧视待遇"，应予纠正。结合其他，苏州市姑苏区人民法院判决：驳回昆山某机电工程公司的诉讼请求。

2. 二审法院苏州市中级人民法院裁判认为其不合法。苏州市中级人民法院作出行政判决，认为：关于"工程业绩限定政府采购业绩"评分项目的合法性问题，《政府采购法》第二十二条第二款规定，采购人或者代理机构不得以不合理的条件对供应商实行差别待遇或者歧视待遇。本院认为，政府采购业绩并非供应商竞争实力的核心标准及外在表现形式，该评分项有利于已有政府采购项目业绩的供应商，不利于未有政府采购项目业绩的供应商，实质限制了市场竞争，属于以不合理的条件对供应商实行差别待遇或者歧视待遇，因此本案行政复议决定及原审判决认定该评分项设置违法，并无不当。据此，结合其他，苏州市中级人民法院判决：驳回上诉，维持原判。

3. 再审法院江苏省高级人民法院裁判认为其不合法。2019年9月9日，江苏省高级人民法院作出行政裁定，认为：苏州市财政局作出的行政复议决定书关于"工程业绩限定政府采购业绩进行评分"的合法性问题。《政府采购法》第二十二条第二款规定，采购人或者代理机构不得以不合理的条件对供应商实行差别待遇或者歧视待遇。该行政复议决定书认为政府采购市场只是市场竞争的一部分，政府采购业绩并不能有效评估潜在供应商的实力，据此认定该评分项违法符合上述法律规定。结合其他，江苏省高级人民法院裁定：驳回昆山某机电工程公司的再审申请。

四、政府采购活动的初心是公平竞争而非限制竞争

1. 公平竞争是政府采购的法定原则之一。根据《政府采购法》第三条规定："政府采购应当遵循公开透明原则、公平竞争原则、公正原则和诚实信用原则。"公平竞争是政府采购的四项法定原则之一。同时，《优化营商环境条例》（国务院令第722号）第十三条也规定："招标投标和政府采购应当公开透明、公平公正，依法平等对待各类所有制和不同地区的市场主体，不得以不合理条件或者产品产地来源等进行限制或者排斥。政府有关部门应当加强招标投标和政府采购监

管，依法纠正和查处违法违规行为。"

2. 政府采购项目只是整个市场中的一部分。在我国，整个市场中，有政府采购项目、企业采购项目、工程建设项目的采购、个人采购项目，等等。政府采购项目只是整个市场中的一部分。《财政部关于促进政府采购公平竞争优化营商环境的通知》（财库〔2019〕38号）也规定："为贯彻落实中央深改委审议通过的《深化政府采购制度改革方案》和《国务院办公厅关于聚焦企业关切进一步推动优化营商环境政策落实的通知》（国办发〔2018〕104号）有关要求，构建统一开放、竞争有序的政府采购市场体系，……各地区、各部门制定涉及市场主体的政府采购制度办法，要严格执行公平竞争审查制度，充分听取市场主体和相关行业协会商会意见，评估对市场竞争的影响，防止出现排除、限制市场竞争问题。"

3. 如果仅以政府采购项目业绩予以赋分，则限制了竞争。根据《政府采购法》第二十二条第二款规定："采购人可以根据采购项目的特殊要求，规定供应商的特定条件，但不得以不合理的条件对供应商实行差别待遇或者歧视待遇。"以及《政府采购法实施条例》第二十条规定："采购人或者采购代理机构有下列情形之一的，属于以不合理的条件对供应商实行差别待遇或者歧视待遇：（一）就同一采购项目向供应商提供有差别的项目信息；（二）设定的资格、技术、商务条件与采购项目的具体特点和实际需要不相适应或者与合同履行无关；（三）采购需求中的技术、服务等要求指向特定供应商、特定产品；（四）以特定行政区域或者特定行业的业绩、奖项作为加分条件或者中标、成交条件；（五）对供应商采取不同的资格审查或者评审标准；（六）限定或者指定特定的专利、商标、品牌或者供应商；（七）非法限定供应商的所有制形式、组织形式或者所在地；（八）以其他不合理条件限制或者排斥潜在供应商。"如果仅依据政府采购业绩赋分，则限制了竞争。

五、结语

公平竞争作为政府采购的法定原则之一，这一原则不仅体现在参与的主体方面，对参与主体的业绩赋分，也须体现公平竞争。即使是政府采购项目，也不得仅对政府采购项目业绩赋分。否则就限制了竞争，而非公平竞争。

案例29：采购文件可否规定投标产品核心部件为进口的得分高于国产的？

一、前言

若政府采购货物项目采用综合评分法，以货物的核心部件作为综合评分项时，可否规定进口的核心部件得分高于国产核心部件得分？

二、采购文件规定进口核心部件得分高于国产核心部件被质疑投诉

1. 采购项目情况。2015年9月30日，采购代理机构昆山某杰项目管理有限公司（以下简称某杰公司）对开发区职业技术学校暖通项目进行公开招标，并于2015年11月6日、11月9日两次发布补充公告。在该项目招标文件中规定："投标产品核心部件为进口的有1个得1分，国产的1个得0.5分"该项目开标时间为：2015年12月10日13：30（北京时间），开标地点为：昆山市黄河南路某号（昆山市政府采购中心一楼）。该项目后经评审，中标供应商为：昆山某机电工程公司，项目中标金额为：人民币陆佰伍拾捌万元整（￥6580000元）。

2. 供应商对招标文件不服提出质疑。2015年11月10日，江苏某家用设备公司向某杰公司提出质疑。2015年11月19日，某杰公司作出质疑回复。

三、法院对采购文件规定进口核心部件得分高于国产核心部件的裁判

1. 一审法院苏州市姑苏区人民法院判决认为其不合法。该项目经质疑、投诉、行政复议，中标供应商昆山某机电工程公司对苏州市财政局于2016年4月28日作出的行政复议决定书不服，将苏州市财政局作为被告，起诉到苏州市姑苏区人民法院。苏州市姑苏区人民法院经审理后，作出行政判决，认为：关于"投标产品核心部件为进口的有1个得1分，国产的1个得0.5分"评分项的合

法性问题,《政府采购法实施条例》第二十条第二项规定,设定的资格、技术、商务条件与采购项目的具体特点和实际需要不相适应或者与合同履行无关的,属于以不合理的条件对供应商实行差别待遇或者歧视待遇。本评审项对进口核心部件与国产核心部件设置不同的分值,但招标方未能说明进口核心部件更契合采购项目的实际需要,不能证明所有进口核心部件质量等方面均优于所有国产核心部件,故本评分项设置违法。结合其他,苏州市姑苏区人民法院判决:驳回昆山某机电工程公司的诉讼请求。

2. 二审法院苏州市中级人民法院裁判认为其不合法。苏州市中级人民法院作出行政判决,认为:关于"投标产品核心部件进口评分高于国产评分"评分项目合法性问题,《政府采购法实施条例》第二十条第二项规定,设定的资格、技术、商务条件与采购项目的具体特点和实际需要不相适应或者与合同履行无关的,属于以不合理的条件对供应商实行差别待遇或者歧视待遇。本院认为,经审查,本评审项对进口核心部件、国产核心部件予以不同分值,区别对待,但招标方及相关专家意见未能说明进口核心部件和采购需求紧密相关,不能证明进口核心部件和国产核心部件相比,更加符合采购需求,因此本案行政复议决定及原审判决认定该评分项设置违法,并无不当。据此,结合其他,苏州市中级人民法院判决:驳回上诉,维持原判。

3. 再审法院江苏省高级人民法院裁判认为其不合法。2019年9月9日,江苏省高级人民法院作出行政裁定,认为:关于评分项目"投标产品核心部件为进口的有1个得1分,国产的1个得0.5分"的合法性问题。依据《政府采购法实施条例》第二十条第二项规定,设定的资格、技术、商务条件与采购项目的具体特点和实际需要不相适应或者与合同履行无关的,属于以不合理的条件对供应商实行差别待遇或者歧视待遇。本案中,采购人及相关专家论证意见均未说明进口核心部件和采购需求紧密相关,不能证明进口核心部件比国产核心部件更加符合采购需求,因此苏州市财政局作出的行政复议决定书认定该评分项设置违法并无不当。结合其他,江苏省高级人民法院裁定:驳回昆山某机电工程公司的再审申请。

四、政府采购货物核心部件评分项的设置必须与采购需求相关

1. 科学合理、依法合规是制定采购需求的法定要求。根据《政府采购法实

施条例》第十一条第一款的规定："采购人在政府采购活动中应当维护国家利益和社会公共利益，公正廉洁，诚实守信，执行政府采购政策，建立政府采购内部管理制度，厉行节约，科学合理确定采购需求。"以及《政府采购需求管理办法》（财库〔2021〕22号）第七条的规定："采购需求应当符合法律法规、政府采购政策和国家有关规定，符合国家强制性标准，遵循预算、资产和财务等相关管理制度规定，符合采购项目特点和实际需要。采购需求应当依据部门预算（工程项目概预算）确定。"政府采购货物项目对于核心部件的评分设置，须科学合理、依法合规地制定该项目的采购需求。

2. 评分项的设置须与依法制定的采购需求相关。《政府采购需求管理办法》（财库〔2021〕22号）第二十一条规定："采用综合性评审方法的，评审因素应当按照采购需求和与实现项目目标相关的其他因素确定。采购需求客观、明确的采购项目，采购需求中客观但不可量化的指标应当作为实质性要求，不得作为评分项；参与评分的指标应当是采购需求中的量化指标，评分项应当按照量化指标的等次，设置对应的不同分值。不能完全确定客观指标，需由供应商提供设计方案、解决方案或者组织方案的采购项目，可以结合需求调查的情况，尽可能明确不同技术路线、组织形式及相关指标的重要性和优先级，设定客观、量化的评审因素、分值和权重。价格因素应当按照相关规定确定分值和权重。采购项目涉及后续采购的，如大型装备等，要考虑兼容性要求。可以要求供应商报出后续供应的价格，以及后续采购的可替代性、相关产品和估价，作为评审时考虑的因素。需由供应商提供设计方案、解决方案或者组织方案，且供应商经验和能力对履约有直接影响的，如订购、设计等采购项目，可以在评审因素中适当考虑供应商的履约能力要求，并合理设置分值和权重。需由供应商提供设计方案、解决方案或者组织方案，采购人认为有必要考虑全生命周期成本的，可以明确使用年限，要求供应商报出安装调试费用、使用期间能源管理、废弃处置等全生命周期成本，作为评审时考虑的因素。"因此，政府采购项目评分项的设置须与该项目的采购需求相关。

3. 并非"一刀切"地否定进口核心部件得分高于国产核心部件。如果在政府采购项目中，需要设置进口核心部件得分高于国产核心部件的，根据《政府采购法》第二十二条第二款规定："采购人可以根据采购项目的特殊要求，规定供应商的特定条件，但不得以不合理的条件对供应商实行差别待遇或者歧视待遇。"以及《政府采购法实施条例》第二十条规定："采购人或者采购代理机构有下列情形之一的，属于以不合理的条件对供应商实行差别待遇或者歧视待遇……（二）设定的资格、技术、商务条件与采购项目的具体特点和实际需要不相适应或者与合同履行无关……"以及前述一审法院、二审法院、再审法院的说理，需要由采购人或其聘请的论证专家，证明：1. 进口的核心部件产品与该项目的采购需求紧密相关；2. 进口核心部件比国产核心部件更加符合该项目的采购需求；3. 所有进口核心部件质量等方面均优于所有国产核心部件。如果经过论证及具有相应的证据证明前述3项事宜，进口核心部件得分高于国产核心部件，也未尝不可。但如果无法证明前述3项事宜，则属于以不合理的条件对供应商实行差别待遇或者歧视待遇，是违法行为。

五、结语

政府采购项目采用综合评分法时，评分项的设置需与采购需求紧密相关，采购需求的制定须科学合理、依法合规等。如果无法证明进口核心部件与采购需求紧密相关、与国产核心部件相比更加符合采购需求、质量等方面均优于所有国产核心部件的，则设置进口核心部件的得分高于国产核心部件不符合公平竞争原则，政府采购不得限制竞争。

案例 30：投标人先后多次提出质疑情形下哪一次质疑为有效质疑？

一、前言

政府采购项目中，有可能没有供应商提出质疑，但也有可能同一个供应商，针对同一个政府采购项目，先后多次提出质疑。在此种先后多次提出质疑的情形下，哪一次的质疑为有效质疑呢？或哪一次质疑是无效质疑呢？

二、某质疑供应商先后两次对采购文件提出质疑及随后的投诉等

1. 采购项目情况。2015 年 9 月 30 日，采购代理机构昆山某杰项目管理有限公司（以下简称某杰公司）对开发区职业技术学校暖通项目进行公开招标，并于 2015 年 11 月 6 日、11 月 9 日两次发布补充公告。

2. 质疑供应商提出第一次质疑，代理机构予以回复。2015 年 11 月 10 日，江苏某家用设备公司针对 2015 年 11 月 6 日的补充公告，向某杰公司提出质疑。2015 年 11 月 19 日，某杰公司作出质疑回复。

3. 质疑供应商提出第二次质疑，代理机构未回复。2015 年 11 月 23 日，某杰公司再次发布涉及投标人资质变动的补充公告，江苏某家用设备公司于当日（2015 年 11 月 23 日）再行提出质疑，质疑内容与第一次质疑基本相同。某杰公司未对其第二次质疑进行答复。

4. 项目开标质疑供应商未中标。该项目开标时间为：2015 年 12 月 10 日 13：30（北京时间），开标地点为：昆山市黄河南路某号（昆山市政府采购中心一楼）。该项目后经评审，中标供应商为：昆山某机电工程公司，项目中标金额为：人民币陆佰伍拾捌万元整（￥6580000 元）。质疑供应商江苏某家用设备公司未中标。

5. 质疑供应商向昆山市财政局提出投诉。质疑供应商江苏某家用设备公司因未收到某杰公司对其第二次质疑的回复，于 2015 年 12 月 8 日向昆山市财政局

提出投诉。昆山市财政局受理后于 2016 年 1 月 19 日作出政府采购供应商投诉处理决定书。

6. 质疑供应商向苏州市财政局提出行政复议。质疑供应商江苏某家用设备公司不服昆山市财政局作出的政府采购供应商投诉处理决定书，于 2016 年 2 月 3 日向苏州市财政局申请行政复议，苏州市财政局受理后，于 2016 年 4 月 26 日，作出第三人参加行政复议通知书并于次日送达中标供应商昆山某机电工程公司，通知该公司作为第三人参加行政复议。2016 年 4 月 28 日，苏州市财政局作出行政复议决定。

三、法院对质疑供应商先后两次对采购文件提出质疑哪一次质疑为有效的裁判

1. 一审法院苏州市姑苏区人民法院判决认为其两次质疑均有效。昆山某机电工程公司认为江苏某家用设备公司在 2015 年 11 月 23 日所提出的质疑系针对 2015 年 11 月 6 日补充公告的相关内容，已经超过法律规定的七个工作日的质疑期。昆山市财政局不应受理投诉，昆山某机电工程公司对苏州市财政局于 2016 年 4 月 28 日作出的行政复议决定书不服，遂将苏州市财政局作为被告，起诉到苏州市姑苏区人民法院。苏州市姑苏区人民法院经审理后，作出行政判决，认为：关于江苏某家用设备公司涉案质疑事项是否属于超期提出，昆山市财政局、苏州市财政局能否受理涉案投诉事项的问题，《政府采购法》第五十二条规定："供应商认为采购文件、采购过程和中标、成交结果使自己的权益受到损害的，可以在知道或者应知其权益受到损害之日起七个工作日内，以书面形式向采购人提出质疑。"江苏某家用设备公司先后于 2015 年 11 月 10 日、11 月 23 日两次向某杰公司提出质疑，两次质疑内容基本相同，对此，某杰公司也予以认可。虽然江苏某家用设备公司在第二次质疑的七个工作日之前已知被质疑的相应招标文件内容，但考虑到其第二次质疑的提出是由于某杰公司于 2015 年 11 月 23 日发布了涉及投标人资质变动的补充公告而昆山市财政局亦认为需重新提出质疑，且前后质疑内容基本相同，前次质疑又未得到过行政、司法救济，故从保障当事人投诉救济权利及对政府采购招投标活动的有效监管出发，昆山市财政局、苏州市财政局对江苏某家用设备公司 2015 年 11 月 23 日所提质疑事项受理投诉及行政复议，未违反法律规定，本院予以认可。结合其他，苏州市姑苏区人民法院判决：

驳回昆山某机电工程公司的诉讼请求。

2. 二审法院苏州市中级人民法院裁判认为其两次质疑均有效。苏州市中级人民法院作出行政判决，认为：关于江苏某家用设备公司 2015 年 11 月 23 日质疑事项是否属于超期提出，投诉处理及行政复议是否应该受理该事项的问题，《政府采购法》第五十二条规定，供应商认为采购文件、采购过程和中标、成交结果使自己的权益受到损害的，可以在知道或者应知其权益受到损害之日起七个工作日内，以书面形式向采购人提出质疑。《政府采购法实施条例》第五十三条第一项规定，政府采购法第五十二条规定的供应商应知其权益受到损害之日，是指对可以质疑的采购文件提出质疑的，为收到采购文件之日或者采购文件公告期限届满之日。本案中某杰公司于 2015 年 11 月 23 日发布了涉及投标人资质变动的补充公告，按照上述法规规定，江苏某家用设备公司作为投标人有权对此提出质疑，但是江苏某家用设备公司在 2015 年 11 月 23 日所提出的质疑，并非针对补充公告所涉投标人资质变动事项，而是与 2015 年 11 月 10 日提出质疑内容基本相同，主要针对的是 2015 年 11 月 6 日的补充公告的相关内容。对此是否构成超期质疑，本院主要考虑如下因素：江苏某家用设备公司质疑权利的再次获得，源于某杰公司 2015 年 11 月 23 日发布的补充公告，江苏某家用设备公司在此过程中并无过错，不宜作出对其不利的解释；某杰公司 2015 年 9 月 30 日招标公告和 11 月 6 日、11 月 9 日、11 月 23 日补充公告构成本案招投标文件的统一、有序整体，不宜分割、孤立对待此过程中某一公告的效力，某杰公司 2015 年 11 月 23 日的补充公告是涉案投标文件最后的招标文件，江苏某家用设备公司提出的质疑事项应允许其涉及投标文件整体所涉数个公告；本案政府采购行为实质涉及公权力的行使及公共利益的保护，应当倡导给予严格的审查和保护，故经综合考虑本案所涉因素，本院认定江苏某家用设备公司 2015 年 11 月 23 日质疑事项并未超期，昆山市财政局、市财政局对江苏某家用设备公司所提质疑事项受理投诉及行政复议，未违反法律规定。据此，结合其他，苏州市中级人民法院判决：驳回上诉，维持原判。

3. 再审法院江苏省高级人民法院裁判认为其两次质疑均有效。2019 年 9 月 9 日，江苏省高级人民法院作出行政裁定，认为：关于江苏某家用设备公司在投诉前是否依法进行了质疑问题。《政府采购法》第五十二条规定，供应商认为采购文件、采购过程和中标、成交结果使自己的权益受到损害的，可以在知道或者应知其权益受到损害之日起七个工作日内，以书面形式向采购人提出质疑。《政府采购法实施条例》第五十三条第一项规定："政府采购法第五十二条规定的供应商应知其权益受到损害之日，是指：对可以质疑的采购文件提出质疑的，为收到采购文件之日或者采购文件公告期限届满之日。"《政府采购供应商投诉处理办法》（财政部第20号令，已失效，现在施行的是财政部令第94号）第十条第二项规定，投诉人提起投诉前已依法进行质疑是投诉人提起投诉应当符合的条件之一。本案中，就案涉政府采购项目，某杰公司于2015年9月30日发布招标公告，后于同年11月6日、11月9日、11月23日发布补充公告。2015年11月10日，江苏某家用设备公司向某杰公司提出质疑，质疑事项针对2015年11月6日公告内容。同年11月19日，某杰公司作出质疑回复。2015年11月23日，江苏某家用设备公司再行提出质疑，质疑内容与前次质疑基本相同，某杰公司未予回复。对此，申请人（昆山某机电工程公司）认为江苏某家用设备公司在2015年11月23日所提出的质疑系针对2015年11月6日补充公告的相关内容，已经超过法律规定的七个工作日的质疑期。本院认为，江苏某家用设备公司2015年11月23日所提质疑与其2015年11月10日所提质疑内容基本相同，2015年11月23日的质疑系对前次质疑的进一步阐释。故，江苏某家用设备公司的质疑并未超过法律规定的质疑期，昆山市财政局对江苏某家用设备公司的投诉予以受理并无不当。结合其他，江苏省高级人民法院裁定：驳回昆山某机电工程公司的再审申请。

四、应具体项目具体分析重复提出质疑情形下哪些质疑为有效或无效质疑

1. 在采购文件无修订公告的情形下，采购文件如规定一次性提出针对同一采购程序环节质疑的，后续重复质疑无效，而不论其质疑内容是否相同。《政府采购质疑和投诉办法》（财政部令第94号）第十条规定："供应商认为采购文件、采购过程、中标或者成交结果使自己的权益受到损害的，可以在知道或者应知其权益受到损害之日起7个工作日内，以书面形式向采购人、采购代理机构提出质疑。采购文件可以要求供应商在法定质疑期内一次性提出针对同一采购程序环节的质疑。"因此，如果采购文件规定，对采购文件的质疑，供应商必须在知道或者应知其权益受到损害之日起7个工作日内，以书面形式向采购人、采购代理机构一次性提出质疑的，则后续针对采购文件重复提出的质疑无效，哪怕是内

容不同的质疑。但是，如果供应商后续提出的质疑，不是针对采购文件的质疑，而是针对采购过程，或者中标结果的质疑，则不能以重复提出质疑为由否认其后续所提出质疑的有效性。

2. 在采购文件无修订公告的情形下，即使采购文件未规定须一次性提出针对同一采购程序环节的质疑，在法定质疑期外提出的重复质疑均无效，而不论其质疑内容是否相同。《政府采购法》第五十二条规定："供应商认为采购文件、采购过程和中标、成交结果使自己的权益受到损害的，可以在知道或者应知其权益受到损害之日起七个工作日内，以书面形式向采购人提出质疑。"因此，供应商在知道或者应知其权益受到损害之日起七个工作日后向采购人提出的质疑，为无效质疑，而不论其质疑内容是否相同。

3. 如采购文件多次修订发布公告的情形下，质疑供应商在收到最后一次修订文件之日或者最后一次修订公告期限届满之日起七个工作日之内对采购文件的多次重复质疑均为有效质疑，而不论其质疑内容是否相同。《政府采购法实施条例》第五十三条规定："政府采购法第五十二条规定的供应商应知其权益受到损害之日，是指：（一）对可以质疑的采购文件提出质疑的，为收到采购文件之日或者采购文件公告期限届满之日；（二）对采购过程提出质疑的，为各采购程序环节结束之日；（三）对中标或者成交结果提出质疑的，为中标或者成交结果公告期限届满之日。"在采购文件多次修订的情形下，哪怕采购文件规定一次性提出针对同一采购程序环节（如采购文件）的质疑的，质疑供应商在收到最后一次修订文件之日或者最后一次修订公告期限届满之日起 7 个工作日之内对采购文件的多次重复质疑均为有效质疑，而不论其质疑内容是否相同。采购文件可以多次修订，供应商也就可以多次提出质疑。

4. 如采购文件多次修订发布公告的情形下，质疑供应商在收到最后一次修订文件之日或者最后一次修订公告期限届满之日起七个工作日后对采购文件提出多次重复质疑的，均为无效质疑，而不论其质疑内容是否相同。法律依据为前述《政府采购法》第五十二条、《政府采购法实施条例》第五十三条、《政府采购质疑和投诉办法》（财政部令第 94 号）第十条等的规定，不再赘述。

5. 采购文件修订公告也属于采购文件的一部分，不应分割计算对某一个修订公告提出质疑的法定期限。《政府采购法实施条例》第三十一条规定："招标文件的提供期限自招标文件开始发出之日起不得少于 5 个工作日。采购人或者采购代理机构可以对已发出的招标文件进行必要的澄清或者修改。澄清或者修改的内容可能影响投标文件编制的，采购人或者采购代理机构应当在投标截止时间至少15日前，以书面形式通知所有获取招标文件的潜在投标人；不足15日的，采购人或者采购代理机构应当顺延提交投标文件的截止时间。"《政府采购货物和服务招标投标管理办法》（财政部令第87号）第二十七条第一款规定："采购人或者采购代理机构可以对已发出的招标文件、资格预审文件、投标邀请书进行必要的澄清或者修改，但不得改变采购标的和资格条件。澄清或者修改应当在原公告发布媒体上发布澄清公告。澄清或者修改的内容为招标文件、资格预审文件、投标邀请书的组成部分。"《政府采购非招标采购方式管理办法》（财政部令第74号）第二十九条规定："从谈判文件发出之日起至供应商提交首次响应文件截止之日止不得少于3个工作日。提交首次响应文件截止之日前，采购人、采购代理机构或者谈判小组可以对已发出的谈判文件进行必要的澄清或者修改，澄清或者修改的内容作为谈判文件的组成部分……"因此，采购文件的修改内容，是采购文件的组成部分。也因此，在前述案例中，苏州市中级人民法院认为"某杰公司2015年9月30日招标公告，11月6日、11月9日、11月23日补充公告构成本案招投标文件的统一、有序整体，不宜分割、孤立对待此过程中某一公告的效力，某杰公司2015年11月23日的补充公告是涉案投标文件最后的招标文件，江苏某家用设备公司提出的质疑事项应允许其涉及投标文件整体所涉数个公告"。

五、结语

采购文件，有时难免会经多次修改。供应商也可能会多次提出质疑。对于先后多次提出的质疑，应具体项目具体情况具体分析，不宜一概而论。关键点是法定质疑期，此外，采购文件的修改部分也属于采购文件的组成部分，不宜分割、孤立对待。

案例 31：A 公司持有 B 公司 37.13% 的股权，该两公司是否不得同时投标？

一、前言

公司可以设立子公司，即公司可以持有其他公司的股权。那么，如果 A 公司持有 B 公司 37.13% 的股权，A 公司和 B 公司是否不得同时投标呢？

二、A 公司持有 B 公司 37.13% 的股权并同时投标某政府采购项目被质疑投诉

1. 采购项目情况。2016 年 11 月 7 日，采购人马鞍山市雨山区城市管理行政执法局（以下简称雨山区城管局）委托采购代理机构安徽某招标咨询有限责任公司（以下简称某招标公司）发布《马鞍山市雨山区（2016—2018 年度）道路清扫保洁服务采购项目》招标公告，该招标公告确定投标人资格条件为：①具备《政府采购法》第二十二条规定的条件……上述招标公告所涉采购项目于 2016 年 12 月 6 日开标。马鞍山市某南环境卫生实业发展有限公司（以下简称某南环境公司）、马鞍山市某华物业发展有限公司（以下简称某华公司）、马鞍山市某民保洁有限公司（以下简称某民公司）等均参与了投标。

2. 质疑供应商对其他两名供应商提出质疑。前述项目开标后，某南环境公司先于 2016 年 12 月 15 日、16 日、19 日、26 日向某招标公司提出质疑，质疑某招标公司违背了《政府采购法实施条例》第十七条、第十八条之规定，对供应商的资格文件未审核，允许母公司、子公司及其控股公司同时参加投标。某华公司和某民公司是法人变更后的母公司与控股公司（见某华公司章程修正案），按照该项目招标文件第九章第二条规定，不能同时参加同一项目投标。某招标公司却违规操作，允许某华公司、某民公司同时参加投标并中标。根据《政府采购法》第三十六条第一款第二项规定，在招标采购中，出现影响采购公正的违法、违规行为的应予废标。但某南环境公司的质疑均未获得某招标公司的支持。

3. 质疑供应商向财政局提出投诉。质疑供应商某南环境公司对某招标公司

的质疑答复不服，于 2017 年 1 月 4 日向马鞍山市雨山区财政局（以下简称雨山区财政局）提出投诉。投诉请求为：①某招标公司和雨山区城管局在 2016—2018 年度道路清扫保洁服务项目招标中严重违规违法，破坏了公平竞争的市场秩序，请求进行调查处理；②请求取消某招标公司在本市代理清扫保洁服务项目招投标业务；③请求根据《政府采购法》第三十六条第一款第二项规定，对雨山区 2016—2018 年度辖区道路清扫保洁服务项目招投标错误结果彻底纠正，应予废标，重新进行招标投标。

三、雨山区财政局第一次驳回投诉但自行撤销投诉处理决定后第二次又支持部分投诉被提起行政复议

1. 雨山区财政局第一次驳回投诉。2017 年 2 月 17 日，雨山区财政局对某南环境公司于 2017 年 1 月 4 日提出的投诉，作出了相关投诉处理决定：驳回某南环境公司的投诉请求。

2. 雨山区财政局自行撤销第一次投诉处理决定。某南环境公司对雨山区财政局于 2017 年 2 月 17 日作出的投诉处理决定不服，于 2017 年 3 月 24 日向马鞍山市财政局申请行政复议。行政复议审理期间，雨山区财政局于 2017 年 7 月 24 日自行撤销了前述投诉处理决定。

3. 雨山区财政局第二次支持部分投诉。2017 年 8 月 31 日，雨山区财政局重新作出案涉投诉处理决定，认为：经查，开标前（12 月 6 日前），某华公司总出资额为 808 万元，共三个股东，分别为宋某玉（出资额 208 万元，占股 25.74%）、王某贵（出资额 300 万元，占股 37.13%）和某民公司（出资额 300 万元，占股 37.13%）。《公司法》① 第二百一十六条第二项规定，控股股东，是指其出资额占有限责任公司资本总额百分之五十以上或者其持有的股份占股份有限公司股本总额百分之五十以上的股东；出资额或者持有股份的比例虽然不足百分之五十，但依其出资额或者持有的股份所享有的表决权已足以对股东会、股东大会的决议产生重大影响的股东。某华公司《公司章程》表明，某华公司股东会普通决议事项需经代表过半数表决权的股东通过，特别决议事项需经代表三分之二以上表决权的股东通过。结合上述第二百一十六条、某华公司章程，可以发

---

① 2023 年修订的《公司法》自 2024 年 7 月 1 日起施行，相关条文序号发生变动，具体参见现行规定，下文同。

现当某华公司进行特别事项决议时，某民公司作为拥有37.13%出资额的股东具有一票否决权，完全具备对股东会、股东大会的决议产生重大影响的条件，构成实质上的控股关系。综上所述，雨山区财政局认为：马鞍山市雨山区（2016—2018年度）道路清扫保洁服务采购项目中，某华公司与某民公司作为具有控股关系的公司，参与同一标段的投标活动不符合招标书第九章第二条规定。依据《政府采购供应商投诉处理办法》（财政部第20号令，已失效，现在施行的是财政部令第94号）第十九条规定："财政部门经审查，认定采购文件、采购过程影响或者可能影响中标、成交结果的，或者中标、成交结果的产生过程存在违法行为的，按下列情况分别处理：（一）政府采购合同尚未签订的，分别根据不同情况决定全部或者部分采购行为违法，责令重新开展采购活动……"《政府采购质疑和投诉处理办法》（财政部令第94号）第三十二条规定："投诉人对采购过程或者采购结果提起的投诉事项，财政部门经查证属实的，应当认定投诉事项成立。经认定成立的投诉事项不影响采购结果的，继续开展采购活动；影响或者可能影响采购结果的，财政部门按照下列情况处理……（二）已确定中标或者成交供应商但尚未签订政府采购合同的，认定中标或者成交结果无效。合格供应商符合法定数量时，可以从合格的中标或者成交候选人中另行确定中标或者成交供应商的，应当要求采购人依法另行确定中标、成交供应商；否则责令重新开展采购活动……"

4. 马鞍山市财政局行政复议决定维持雨山区财政局第二次投诉处理决定。某南环境公司不服雨山区财政局第二次投诉处理决定，于2017年9月27日向马鞍山市财政局申请行政复议。马鞍山市财政局受理后，于2017年12月22日作出行政复议决定书，认为：综合本案现有证据可以确认，马鞍山市雨山区（2016—2018年度）道路清扫保洁服务采购项目中，投标人某华公司与某民公司存在控股关系参与同一个招标项目的投标，违反了《招标投标法》和招标文件中的要求。结合《公司法》第二百一十六条、某华公司章程，可以发现当某华公司进行特别事项决议时，某民公司作为拥有37.13%出资额的股东具有一票否决权，完全具备对股东会、股东大会的决议产生重大影响的条件。综合上述情况，被申请人（雨山区财政局）重新作出的投诉处理决定认定上述公司构成实质上的控股关系并无不当。结合其他，马鞍山市财政局决定如下：维持被申请人于2017年8月31日作出的投诉处理决定。

四、法院对 A 公司持有 B 公司 37.13%的股权并同时投标是否合法的裁判

1. 一审法院马鞍山市雨山区人民法院判决认为其违法。某南环境公司不服马鞍山市财政局作出的行政复议决定书和雨山区财政局于 2017 年 8 月 31 日作出的投诉处理决定，将马鞍山市财政局和雨山区财政局作为共同被告，起诉到马鞍山市雨山区人民法院。马鞍山市雨山区人民法院经审理后，作出行政判决，认为：雨山区财政局以案涉投诉处理决定书中投诉事项 1 调查事实载明的具体内容为根据，认定某民公司与某华公司作为具有控股关系的公司，参与了同一标段的投标活动不符合招标书的有关规定，并决定某民公司与某华公司共同参与的同一标段投标活动的采购行为违法，责令重新开展采购活动的处理决定符合《政府采购供应商投诉处理办法》（财政部第 20 号令）第十九条的相关规定，依法应予支持。结合其他，马鞍山市雨山区人民法院判决：驳回某南环境公司的诉讼请求。

2. 二审法院马鞍山中级人民法院裁判认为其违法。2018 年 10 月 29 日，马鞍山中级人民法院作出行政判决，认为：本案中，针对某南环境公司对某华公司和某民公司具有控股关系的投诉，雨山区财政局进行了相应的调查，认定某华公司与某民公司具有控股关系，并作出认定某华公司和某民公司参与的投标活动违法，责令招标人重新开展采购活动的处理决定，符合《政府采购供应商投诉处理办法》（财政部第 20 号令）相关规定。据此，结合其他，马鞍山中级人民法院判决：驳回上诉，维持原判。

3. 再审法院安徽省高级人民法院裁判认为其违法。2019 年 5 月 30 日，安徽省高级人民法院作出行政裁定，认为：对于某华公司和某民公司具有控股关系的投诉，马鞍山市雨山区财政局进行了相应的调查，认定两公司具有控股关系，两公司参与的投标活动违法，并依据《政府采购供应商投诉处理办法》（财政部第 20 号令）的规定作出责令招标人重新开展采购活动的处理决定。申请人（某南环境公司）提出法院应查明未对重新采购活动规定期限是否符合法律规定等问题，因无相关法律和政策依据，该申请理由不能成立。结合其他，安徽省高级人民法院裁定：驳回某南环境公司的再审申请。

五、存在直接控股关系的不同供应商不得参加同一合同项下的政府采购活动

前述案例中，某民公司拥有某华公司37.13%的股权并同时参与马鞍山市雨山区（2016—2018年度）道路清扫保洁服务采购项目，被质疑、投诉、审判认定为违法行为，其主要的法律依据即为前述《政府采购法实施条例》第十八条第一款的规定："单位负责人为同一人或者存在直接控股、管理关系的不同供应商，不得参加同一合同项下的政府采购活动。"但如何全面、正确理解前述《政府采购法实施条例》第十八条第一款规定的"存在直接控股、管理关系的不同供应商，不得参加同一合同项下的政府采购活动"，需考虑以下几个方面：

1. 须是存在直接控股关系的不同供应商，而不是间接控股关系。《政府采购法实施条例》第十八条第一款规定的是"直接控股"，但并未界定何谓"直接控股"，而《公司法》也未规定何谓"直接控股"。从公司的持股关系看，某民公司拥有某华公司37.13%的股权，若某公司C为某民公司的控股股东，那么，某民公司即为某华公司的直接控股股东，某公司C不为某华公司的直接控股股东。至于C是不是某华公司的间接控股股东，法未规定。但《政府采购法实施条例》第十八条第一款禁止的只是具有直接控股关系的某民公司和某华公司。

2. 持股比例超过50%肯定属于控股关系。根据《公司法》第二百一十六条的规定："本法下列用语的含义……（二）控股股东，是指其出资额占有限责任公司资本总额百分之五十以上或者其持有的股份占股份有限公司股本总额百分之五十以上的股东……"因此，如果A公司持有B公司50%以上的股权，则A公司与B公司之间，存在直接的控股关系。

3. 持股比例低于50%高于33.34%也属于控股关系。《公司法》第二百一十六条规定："本法下列用语的含义……（二）控股股东，是指其出资额占有限责任公司资本总额百分之五十以上或者其持有的股份占股份有限公司股本总额百分之五十以上的股东；出资额或者持有股份的比例虽然不足百分之五十，但依其出资额或者持有的股份所享有的表决权已足以对股东会、股东大会的决议产生重大影响的股东……"第四十三条规定："股东会的议事方式和表决程序，除本法有规定的外，由公司章程规定。股东会会议作出修改公司章程、增加或者减少注册资本的决议，以及公司合并、分立、解散或者变更公司形式的决议，必须经代表

三分之二以上表决权的股东通过。"第一百零三条规定："股东出席股东大会会议，所持每一股份有一表决权。但是，公司持有的本公司股份没有表决权。股东大会作出决议，必须经出席会议的股东所持表决权过半数通过。但是，股东大会作出修改公司章程、增加或者减少注册资本的决议，以及公司合并、分立、解散或者变更公司形式的决议，必须经出席会议的股东所持表决权的三分之二以上通过。"因此，即使A公司持有B公司的股权在50%以下，但在三分之一以上，即33.34%以上的，在公司作出修改公司章程、增加或者减少注册资本的决议，以及公司合并、分立、解散或者变更公司形式的决议时，A公司拥有前述雨山区财政局、马鞍山市财政局所述的一票否决权，完全具备对股东会、股东大会的决议产生重大影响的条件。因为缺它一票，股东会、股东大会达不到三分之二以上表决权的股东通过。这也属于《公司法》第二百一十六条规定的"享有的表决权已足以对股东会、股东大会的决议产生重大影响"。

4. 同一合同项下的政府采购活动不等于同一个政府采购活动。《政府采购法》、《政府采购法实施条例》、《政府采购货物和服务招标投标管理办法》（财政部令第87号）等政府采购法律法规并未规定标段、标包，但在实践过程中，政府采购项目，也大量采用标包的方式进行采购，甚至财政部制定的质疑函范本中也规定："质疑项目的编号：＿＿＿＿；包号：＿＿＿。"因此，同一个政府采购活动，有可能划分了不同的标包，针对不同的标包，又签订不同的政府采购合同。因此，即使某民公司拥有某华公司37.13%的股权，但在同一个政府采购活动中，如果划分了不同的标包，某民公司和某华公司可以分别参加不同标包的投标，但不得参加同一个标包的投标。当然，如果一个政府采购项目，没有划分标段或标包的，则具有直接控股关系的不同供应商，不得参加该未划分标段或标包的政府采购活动。

六、结语

不只有持股比例超过50%的才属于控股关系，持股比例低于50%但满足相关规定的，也可能存在控股关系。在政府采购活动中，同一合同项下的政府采购活动，具有直接控股关系的不同供应商，不得参加，切记切记。

案例 32：经网上查询有行贿行为的供应商是否不得投标？

一、前言

如果在网上查询到某供应商存在行贿行为的，该供应商是否不得投标呢？

二、在网上被查询到有行贿行为的供应商被质疑投诉

1. 采购项目情况。2016 年 11 月 7 日，采购人马鞍山市雨山区城市管理行政执法局（以下简称雨山区城管局）委托采购代理机构安徽某招标咨询有限责任公司（以下简称某招标公司）发布"马鞍山市雨山区（2016—2018 年度）道路清扫保洁服务采购项目"招标公告，该招标公告确定投标人资格条件为：1. 具备《政府采购法》第二十二条规定的条件……上述招标公告所涉采购项目于 2016 年 12 月 6 日开标。马鞍山市某天保洁有限公司（以下简称某天保洁公司）、马鞍山某鑫清扫保洁有限公司（以下简称某鑫保洁公司）、马鞍山市某城物业管理有限公司（以下简称某城保洁公司）、马鞍山市某季保洁有限公司（以下简称某季保洁公司）、马鞍山市某华清扫保洁有限责任公司（以下简称某华保洁公司）、马鞍山市某业物业管理有限公司（以下简称某业物业公司）等 6 家供应商均参与了投标，其中 5 家中标，马鞍山市某南环境卫生实业发展有限公司（以下简称某南环境公司）也参与了该项目的投标。

2. 质疑供应商对该六名供应商提出质疑。前述项目开标后，某南环境公司先后于 2016 年 12 月 15 日、16 日、19 日、26 日向某招标公司提出质疑，质疑招标人和代理机构违反《政府采购法》第二十二条第五项和第二十三条规定和《关于在招标投标活动中全面开展行贿犯罪档案查询的通知》（高检会〔2015〕3 号），没有对具有违法行贿不良记录的投标人进行资格审查。2016 年 7 月 29 日，马鞍山市中级人民法院对原花山区城管局局长詹某亭受贿案的判决书表明，某天保洁公司、某华保洁公司、某鑫保洁公司、某城保洁公司、某季保洁公司、某业物业公司从 2009 年上半年至 2014 年下半年，在长达 6 年时间里，向詹某亭行

贿。本次招标，招标人及代理机构既不要求投标人提供不良记录证明，又没有对投标人行贿档案进行查询，致使上述6家公司参加投标，其中5家公司中标，严重违法违规。根据《政府采购法》第三十六条第二项的规定，在招标采购中出现影响采购公正的违法、违规行为的应予废标。但某南环境公司的质疑均未获得某招标公司的支持。

3. 质疑供应商向财政局提出投诉。质疑供应商某南环境公司对某招标公司的质疑答复不服，于2017年1月4日向马鞍山市雨山区财政局（以下简称雨山区财政局）提出投诉。投诉请求为：①某招投标公司和雨山区城管局在2016—2018年度道路清扫保洁服务项目招标中严重违规违法，破坏了公平竞争的市场秩序，请求进行调查处理；②请求取消某招投标公司在本市代理清扫保洁服务项目招投标业务；③请求根据《政府采购法》第三十六条第二项规定，对雨山区2016—2018年度辖区道路清扫保洁服务项目招投标错误结果彻底纠正，应予废标，重新进行招标投标。

三、雨山区财政局第一次驳回全部投诉但自行撤销投诉处理决定后第二次又驳回第一项投诉被提起行政复议

1. 雨山区财政局第一次驳回全部投诉。2017年2月17日，雨山区财政局对某南环境公司于2017年1月4日提出的投诉，作出了相关投诉处理决定：驳回某南环境公司的投诉请求。

2. 雨山区财政局自行撤销第一次投诉处理决定。某南环境公司对雨山区财政局于2017年2月17日作出的投诉处理决定不服，于2017年3月24日向马鞍山市财政局申请行政复议。行政复议审理期间，雨山区财政局于2017年7月24日自行撤销了前述投诉处理决定。

3. 雨山区财政局第二次驳回第一项投诉。2017年8月31日，雨山区财政局重新作出案涉投诉处理决定，认为：某天保洁公司、某华保洁公司、某鑫保洁公司、某城保洁公司、某季保洁公司、某业物业公司相关负责人于2009年至2014年分别存在向原花山区城管局局长送现金、购物卡的行为。但上述6家单位未因此受到刑事处罚。综上所述，雨山区财政局认为：关于投诉人某南环境公司投诉采购人及代理机构未及时查明所有投标人不良记录和违法事实，致使有5家存在违法记录的公司中标，影响采购公正的问题。根据《政府采购法实施条例》第

十九条第一款的规定，重大违法记录是指供应商因违法经营受到刑事处罚或者责令停产停业、吊销许可证或者执照、较大数额罚款等行政处罚。投诉人所称的 5 家公司目前均在正常经营状态，未被行政管理机关责令停产停业、暂扣或吊销执照，也未因曾经的行贿行为受到刑事处罚。故，投诉人某南环境公司的第一项投诉无法律及事实依据，应予驳回。

4. 马鞍山市财政局行政复议决定维持雨山区财政局第二次投诉处理决定。某南环境公司不服雨山区财政局第二次投诉处理决定，于 2017 年 9 月 27 日向马鞍山市财政局申请行政复议。马鞍山市财政局受理后，于 2017 年 12 月 22 日作出行政复议决定书，认为：《政府采购法实施条例》第十九条第一款规定："政府采购法第二十二条第一款第五项所称重大违法记录，是指供应商因违法经营受到刑事处罚或者责令停产停业、吊销许可证或者执照、较大数额罚款等行政处罚。"根据本案现有证据，可以确认申请人（某南环境公司）投诉的某天保洁公司等 6 家单位未曾被行政管理机关处以责令停产停业、吊销许可证或者执照、较大数额罚款等行政处罚，在案涉项目开标前三年内也未发现行贿犯罪记录，申请人的投诉事项没有事实依据。结合其他，马鞍山市财政局决定如下：维持被申请人（雨山区财政局）于 2017 年 8 月 31 日作出的投诉处理决定。

四、法院对在网上查询到有行贿行为的供应商能否参加投标的裁判

1. 一审法院马鞍山市雨山区人民法院判决认为有行贿行为但没有行贿犯罪记录的可以参加投标。某南环境公司不服马鞍山市财政局作出的行政复议决定书和雨山区财政局于 2017 年 8 月 31 日作出的投诉处理决定，将马鞍山市财政局和雨山区财政局作为共同被告，起诉到马鞍山市雨山区人民法院。马鞍山市雨山区人民法院经审理后，作出行政判决，认为：根据马鞍山市中级人民法院所作刑事判决书的判决结果确认某天保洁公司、某华保洁公司、某鑫保洁公司、某城保洁公司、某季保洁公司、某业物业公司相关负责人于 2009 年至 2014 年虽分别存在向原花山区城管局局长送现金、购物卡的行为，但上述 6 家单位未因此受到刑事处罚；雨山区财政局针对投诉事项 2 调查事实载明的具体内容也明确表明未发现某天保洁公司、某华保洁公司、某鑫保洁公司、某城保洁公司、某季保洁公司、某业物业公司在案涉采购项目开标的前三年内存在犯罪记录。雨山区财政局以案

涉投诉处理决定书中投诉事项 2 调查事实载明的具体内容为根据，并结合所查明投诉人所称的 5 家公司目前均在正常经营状态、未被行政机关责令停产停业、暂扣或吊销执照等相关情形，认定某南环境公司的该项投诉无事实和法律依据，并作出应予驳回的处理决定符合《政府采购供应商投诉处理办法》（财政部第 20 号令，已失效，现在施行的是财政部令第 94 号）第十七条第二项的规定，亦依法予以支持。结合其他，马鞍山市雨山区人民法院判决：驳回某南环境公司的诉讼请求。

2. 二审法院马鞍山中级人民法院裁判驳回质疑供应商的上诉。2018 年 10 月 29 日，马鞍山中级人民法院作出行政判决，认为：针对某南环境公司对某天保洁公司、某华保洁公司、某鑫保洁公司、某城保洁公司、某季保洁公司、某业物业公司是否存在重大违法记录的投诉，虽项目招标文件未要求投标人在投标时提供无重大违法记录证明，但经雨山区财政局调查后已排除投标人有重大违法记录的情况，对案涉项目的投标及中标结果亦未造成实际影响，雨山区财政局作出案涉处理决定认定事实清楚，证据充分。据此，结合其他，马鞍山中级人民法院判决：驳回上诉，维持原判。

3. 再审法院安徽省高级人民法院裁判驳回质疑供应商的再审申请。2019 年 5 月 30 日，安徽省高级人民法院作出行政裁定，认为：《政府采购法实施条例》第十九条第一款规定："政府采购法第二十二条第一款第五项所称重大违法记录，是指供应商因违法经营受到刑事处罚或者责令停产停业、吊销许可证或者执照、较大数额罚款等行政处罚。"申请人（某南环境公司）提出雨山区财政局在办理投诉期间查明 6 家投标或中标单位开标前三年内未发现行贿犯罪记录，但未查明是否被行政机关处以责令停产停业等行政处罚。但申请人在本案中亦未提交相关证据证明涉案单位曾经受到上述实施条例中规定的行政处罚，因此，申请人的该条申诉理由，不能引起再审。结合其他，安徽省高级人民法院裁定：驳回某南环境公司的再审申请。

五、存在行贿行为并不等于存在行贿犯罪记录受到刑事处罚

1. 并非所有的行贿行为均会被法院判罪受到刑事处罚。与行贿行为相关的罪名有行贿罪、对单位行贿罪、单位行贿罪等，只有达到一定标准的行贿行为，才会被立案公诉，而被立案公诉的，也并不一定会被法院判定为有罪。行贿罪，

涉嫌下列情形之一的，应予立案：（1）行贿数额在 1 万元以上的；（2）行贿数额不满 1 万元，但具有下列情形之一的：①为谋取非法利益而行贿的；②向 3 人以上行贿的；③向党政领导、司法工作人员、行政执法人员行贿的；④致使国家或者社会利益遭受重大损失的。因被勒索给予国家工作人员以财物，已获得不正当利益的，以行贿罪追究刑事责任。对单位行贿罪，涉嫌下列情形之一的，应予立案：（1）个人行贿数额在 10 万元以上、单位行贿数额在 20 万元以上的；（2）个人行贿数额不满 10 万元、单位行贿数额在 10 万元以上不满 20 万元，但具有下列情形之一的：①为谋取非法利益而行贿的；②向 3 个以上单位行贿的；③向党政机关、司法机关、行政执法机关行贿的；④致使国家或者社会利益遭受重大损失的。单位行贿罪，涉嫌下列情形之一的，应予立案：（1）单位行贿数额在 20 万元以上的；（2）单位为谋取不正当利益而行贿，数额在 10 万元以上不满 20 万元，但具有下列情形之一的：①为谋取非法利益而行贿的；②向 3 人以上行贿的；③向党政领导、司法工作人员、行政执法人员行贿的；④致使国家或者社会利益遭受重大损失的。因行贿取得的违法所得归个人所有的，依照关于个人行贿的规定立案，追究其刑事责任。因此，具有行贿行为，并不等于存在行贿犯罪，并非所有的行贿行为均会被法院判罪，并非所有的行贿行为均会受到刑事处罚。

2. 参加政府采购活动前 3 年内在经营活动中具有行贿犯罪记录受到刑事处罚的供应商不得参加投标。《政府采购法》第二十二条规定："供应商参加政府采购活动应当具备下列条件……（五）参加政府采购活动前三年内，在经营活动中没有重大违法记录……"《政府采购法实施条例》第十七条规定："参加政府采购活动的供应商应当具备政府采购法第二十二条第一款规定的条件，提供下列材料……（四）参加政府采购活动前 3 年内在经营活动中没有重大违法记录的书面声明……"第十九条第一款规定："政府采购法第二十二条第一款第五项所称重大违法记录，是指供应商因违法经营受到刑事处罚或者责令停产停业、吊销许可证或者执照、较大数额罚款等行政处罚。"因此，参加政府采购活动前 3 年内在经营活动中具有行贿犯罪记录的供应商不得参加投标。参加投标的，资格审查不通过。

3. 参加政府采购活动前 3 年内在经营活动中具有行贿行为但不具有行贿犯罪记录受到刑事处罚的供应商可以参加投标。根据前述《政府采购法》第二十二条、《政府采购法实施条例》第十七条和第十九条的规定，政府采购法律法规只是禁止参加政府采购活动前 3 年内在经营活动中具有行贿等犯罪行为且受到刑事处罚的供应商参加投标。并未禁止具有行贿行为但不具有行贿犯罪记录的供应商参加投标。同时，为落实《国务院关于印发社会信用体系建设规划纲要（2014—2020年）的通知》（国发〔2014〕21号）要求，推动健全社会信用体系建设，营造诚实守信的市场环境，有效遏制贿赂犯罪，促进招标投标公平竞争，最高人民检察院与国家发展改革委联合印发的《关于在招标投标活动中全面开展行贿犯罪档案查询的通知》（高检会〔2015〕3号）也只是查询"行贿犯罪记录的单位和个人"，而不是查询具有行贿行为的单位和个人。

六、结语

并非所有的行贿行为均会被法院判罪受到刑事处罚，存在行贿行为也并不等于存在行贿犯罪记录。只有参加政府采购活动前3年内在经营活动中具有行贿等犯罪记录受到刑事处罚的供应商不得参加投标，而在参加政府采购活动前3年内在经营活动中具有行贿行为但不具有行贿犯罪记录受到刑事处罚的供应商是可以参加投标的。

案例 33：具有共同股东的不同供应商可否同时参加投标？

一、前言

A 既是甲公司的股东，也是乙公司的股东。那么，甲公司和乙公司可否同时参加某一个政府采购项目呢？

二、同时参加投标的两家供应商因有共同股东被质疑投诉

1. 采购项目情况。2017 年 4 月 26 日，供应商武汉某高信息技术有限公司、湖北某狸信息科技有限公司、湖北某克信息科技有限公司、湖北某宜网络科技有限公司等 4 家单位同时参加了采购人云梦县发展和改革局、采购代理机构云梦县政府采购中心组织实施的"信用信息汇集系统竞争性磋商采购项目"的投标。

2. 质疑供应商对另外三名供应商提出质疑。2017 年 4 月 10 日和 30 日，武汉某高信息技术有限公司分别向采购人云梦县发展和改革局、采购代理机构云梦县政府采购中心提出质疑，质疑另外三家供应商湖北某狸信息科技有限公司、湖北某克信息科技有限公司、湖北某宜网络科技有限公司之间是关联公司，涉嫌恶意串通投标。云梦县发展和改革局分别于 2017 年 4 月 14 日和 5 月 2 日对武汉某高信息技术有限公司的质疑作出答复。

3. 质疑供应商向财政局提出投诉。质疑供应商武汉某高信息技术有限公司对采购人云梦县发展和改革局的质疑答复不服，于 2017 年 5 月 19 日向云梦县财政局提出书面投诉。

三、云梦县财政局和云梦县人民政府对同时参加投标的两家供应商有共同股东的认定及处理

1. 云梦县财政局驳回投诉。2017 年 5 月 22 日，云梦县财政局接到武汉某高信息技术有限公司的投诉举报信件后当即予以受理，并于 2017 年 5 月 23 日将投

诉书副本送达给被投诉人湖北某狸信息科技有限公司、湖北某克信息科技有限公司和湖北某宜网络科技有限公司，要求三个被投诉人在规定期限内向云梦县财政局提交被投诉事项的情况说明。2017年6月13日，云梦县财政局对三个被投诉公司的有关人员进行了调查询问并查阅了三个公司的工商登记信息，查明：湖北某狸信息科技有限公司的法定代表人为唐某，出资情况为舒某阳85%、唐某15%，高级管理人员为唐某、舒某阳；湖北某克信息科技有限公司的法定代表人为郑某，出资情况为郑某60%、朱某30%、唐某10%，高级管理人员为郑某、胡某；湖北某宜网络科技有限公司的法定代表人为朱某（2018年1月23日变更为袁某），出资情况为舒某姣70%、朱某30%，高级管理人员为舒某姣、朱某。云梦县财政局认为3家公司的法人股东之间存在一定的关联性，但不属于《政府采购法实施条例》第十八条所规定的禁止参加同一合同项下的政府采购活动的情形，随后于2017年6月21日向武汉某高信息技术有限公司送达了政府采购投诉处理决定书驳回投诉。

2. 云梦县人民政府经行政复议决定维持云梦县财政局投诉处理决定。武汉某高信息技术有限公司不服云梦县财政局投诉处理决定，向云梦县人民政府申请行政复议。云梦县人民政府受理后，于2017年9月29日作出行政复议决定书，对政府采购投诉处理决定予以维持。

四、法院对同时参加投标的两家供应商有共同股东的裁判

1. 一审法院湖北省应城市人民法院判决认为其可以同时参加投标。武汉某高信息技术有限公司不服云梦县人民政府作出的行政复议决定书和云梦县财政局作出的政府采购投诉处理决定书，将云梦县人民政府和云梦县财政局作为共同被告，起诉到湖北省应城市人民法院。湖北省应城市人民法院经审理后，作出行政判决，认为：根据本案审理查明的事实，被告云梦县财政局提供的三家公司的工商登记信息中表明，三家公司的法人、股东之间虽有关联，但不属于《政府采购法实施条例》第十八条所规定的禁止参加同一合同项下的政府采购活动的情形。结合其他，湖北省应城市人民法院判决：驳回原告武汉某高信息技术有限公司的诉讼请求。

2. 二审法院湖北省孝感市中级人民法院裁判驳回质疑供应商的上诉。2018年6月14日，湖北省孝感市中级人民法院作出行政判决，认为：云梦县财政局

经审查认定三个被投诉人的股东之间虽有一定的关联，但不属于《政府采购法实施条例》第十八条规定的禁止参加同一合同项下的政府采购活动的情形，并无不妥。结合其他，湖北省孝感市中级人民法院判决：驳回上诉，维持原判。

3. 再审法院湖北省高级人民法院裁判驳回质疑供应商的再审申请。2019年3月25日，湖北省高级人民法院作出行政裁定，认为：云梦县财政局收到投诉后，将投诉书副本送达三个被投诉人，并要求被投诉人在规定期限内提交情况说明。之后，对三个被投诉人进行了调查询问。同时，云梦县财政局经查阅相关企业信用信息公示报告，认定三个被投诉人的股东之间虽有一定的关联，但不属于《政府采购法实施条例》第十八条规定的禁止参加同一合同项下的政府采购活动的情形。云梦县财政局根据《政府采购供应商投诉处理办法》（财政部第20号令，已失效，现在施行的是财政部令第94号）第十七条的规定作出的政府采购投诉处理决定书认定事实清楚、实体处理正确。结合其他，湖北省高级人民法院裁定：驳回武汉某高信息技术有限公司的再审申请。

五、同时参加投标的两家供应商有共同股东并不违法

1. 法律允许或者说不禁止一个人成为多家公司的股东。在前述云梦县发展和改革局"信用信息汇集系统竞争性磋商采购项目"中，投标人湖北某狸信息科技有限公司的出资人唐某（持股比例为15%）与湖北某克信息科技有限公司的出资人唐某（持股比例为10%）为同一人唐某，投标人湖北某克信息科技有限公司的出资人朱某（持股比例为30%）与湖北某宜网络科技有限公司的出资人朱某（持股比例为30%）为同一人，但根据《公司法》的相关规定，一个人可以成为多家公司的股东。因此，不同公司之间具有相同的股东，并不违法。

2. 政府采购法律法规禁止具有直接控股关系的母子公司参加同一合同项下的政府采购活动。根据《政府采购法实施条例》第十八条的规定："单位负责人为同一人或者存在直接控股、管理关系的不同供应商，不得参加同一合同项下的政府采购活动。除单一来源采购项目外，为采购项目提供整体设计、规范编制或者项目管理、监理、检测等服务的供应商，不得再参加该采购项目的其他采购活动。"因此，根据《公司法》第十三条第一款的规定："公司可以设立子公司，子公司具有法人资格，依法独立承担民事责任。"如果依法设立控股子公司的母公司，母子公司同时参加同一合同项下的政府采购活动，属于违法行为。

3. 政府采购法律法规并未禁止具有相同股东的公司同时参加同一合同项下的政府采购活动。如前所述，同一个自然人，或同一个公司，可以同时成为多家公司的股东。相对于设立子公司的母子公司关系，具有相同股东的公司，俗称的"兄弟公司"关系，并不属于前述《政府采购法实施条例》第十八条规定的禁止同时参加同一合同项下的政府采购活动的情形。也正因为如此，前述云梦县人民政府和云梦县财政局、湖北省应城市人民法院、湖北省孝感市中级人民法院、湖北省高级人民法院才驳回了当事人的投诉、起诉、上诉及再审申请。

六、结语

具有相同股东的"兄弟公司"，并不因具有相同的股东，而不能同时参加同一合同项下的政府采购活动。然而，对于具有直接控股关系的"母子公司"，政府采购法律法规禁止其同时参加同一合同项下的政府采购活动。在实践工作中，要注意"兄弟公司"与"母子公司"之间的区别。

案例 34：3 家供应商投标报价一致是否属于串标，其投标是否无效？

一、前言

串标是法律法规严厉禁止的行为，实施此行为的，重则追究刑事责任，轻则投标无效。如果不同供应商，其投标报价均一致，是否属于串标，其投标是否均无效呢？

二、同时参加投标的 3 家供应商的投标报价一致被质疑投诉

1. 采购项目情况。江苏省政府采购中心组织的"2016 年江苏省畜禽疫苗和标识采购项目"的招投标，苏州市某飞标识有限公司（以下简称某飞公司）、南通某瑞塑料制品有限公司（以下简称南通某瑞公司）、镇江某特药业有限责任公司（以下简称镇江某特公司）、扬中市某光金属制品有限公司（以下简称扬中某光公司）等 14 家企业参加投标，某飞公司最后得分排列第 7 位，但中标的 3 家企业报价完全一致。

2. 质疑供应商某飞公司提出质疑。2016 年 3 月 28 日，质疑供应商某飞公司向江苏省政府采购中心提出质疑并附相关材料。2016 年 4 月 6 日，江苏省政府采购中心作出关于某飞公司质疑书的复函，该复函称：经复核，评标委员会认定中标供应商资格性检查和符合性检查合格，评标委员会认为质疑供应商提交的质疑书及附件不能作为认定投标供应商存在"恶意串通"情形的有效证据。

3. 质疑供应商向财政厅提出投诉。质疑供应商某飞公司对江苏省政府采购中心作出的关于某飞公司质疑书的复函不服，于 2016 年 4 月 12 日向江苏省财政厅投诉，投诉存在"串标"短信，同时唱标时，中标的 3 家企业报价完全一致等事宜。

三、江苏省财政厅和江苏省人民政府对同时参加投标的 3 家供应商的投标报价一致事宜的认定及处理

1. 江苏省财政厅认为无充分证据证明投标供应商之间存在串标等而驳回投诉。2016 年 4 月 12 日，江苏省财政厅分别向江苏省政府采购中心和相关供应商（南通某瑞公司、镇江某特公司、扬中某光公司）寄送了调查取证通知书和投诉书副本。2016 年 5 月 17 日，江苏省财政厅组织了供应商投诉质证会，听取意见。在质证会上，对于某飞公司提供的涉嫌串标的手机短信，南通某瑞公司法定代表人丁某明表示没有收到该条短信，也未向某飞公司的法定代表人发送过该条短信，并表示自己公司的报价是按照成本核算来确定的；镇江某特公司法定代表人黄某江、扬中某光公司的委托代理人杨某均表示没有收到该条短信。某飞公司请求江苏省财政厅调查南通某瑞公司法定代表人丁某明是否发送过此短信给某飞公司的法定代表人，按照《电信条例》第六十五条规定，江苏省财政厅认为其无权对丁某明手机中的短信内容进行检查。2016 年 5 月 30 日，江苏省财政厅作出政府采购供应商投诉处理决定书认为：关于报价恶意串通的问题。经调查取证和组织质证，无充分证据证明该政府采购项目投标供应商之间存在《政府采购法实施条例》第七十四条第三项规定的恶意串通情形。结合其他，江苏省财政厅驳回了某飞公司的投诉。

2. 江苏省人民政府经行政复议决定维持江苏省财政厅的投诉处理决定。某飞公司不服江苏省财政厅的投诉处理决定，向江苏省人民政府申请行政复议。江苏省人民政府受理后，经审查，江苏省人民政府认为江苏省财政厅作出的政府采购供应商投诉处理决定书内容适当且程序合法，并于 2016 年 10 月 21 日，作出行政复议决定书，维持江苏省财政厅作出的投诉处理决定。

四、法院对同时参加投标的 3 家供应商投标报价一致事宜的裁判

1. 一审法院江苏省南京市中级人民法院判决认为其无充分证据证明投标供应商之间存在串标。某飞公司不服江苏省财政厅作出的政府采购供应商投诉处理决定书和江苏省人民政府作出的行政复议决定书，将江苏省人民政府和江苏省财

政厅作为共同被告，起诉到江苏省南京市中级人民法院。江苏省南京市中级人民法院经审理后，作出行政判决，认为：关于报价恶意串通的问题。《政府采购法》第二十五条第一款规定："政府采购当事人不得相互串通损害国家利益、社会公共利益和其他当事人的合法权益；不得以任何手段排斥其他供应商参与竞争。"《政府采购法实施条例》第七十四条第三项规定，供应商之间协商报价、技术方案等投标文件或者响应文件的实质性内容属于恶意串通。江苏省财政厅就涉案短信、投标报价等问题进行了调查取证并组织质证，被调查的相关政府采购供应商和人员，都表示未收到过涉案短信，并表示自己公司的报价是按照成本核算来的。某飞公司要求江苏省财政厅调查丁某明是否发送此短信给某飞公司，根据《电信条例》第六十五条规定，江苏省财政厅无权对丁某明手机中的短信内容进行检查。江苏省财政厅经调查，无充分证据证明投标供应商之间存在《政府采购法》第二十五条第一款、《政府采购法实施条例》第七十四条第三项规定的恶意串通、排斥其他供应商参与竞争的情形。因此，江苏省财政厅已经依法履行了调查、质证的职责，对串通投标的投诉仍查无实据，某飞公司的该投诉事实，不能成立。结合其他，江苏省南京市中级人民法院判决：驳回某飞公司的诉讼请求。

2. 二审法院江苏省高级人民法院判决驳回上诉维持原判。2018年12月29日，江苏省高级人民法院作出行政判决，认为：关于报价恶意串通问题。上诉人某飞公司在投诉书中称，存在"串标"短信，同时唱标时，中标的3家企业报价完全一致。对此，被上诉人江苏省财政厅在收到投诉书后，向投诉人及供应商发出了采购供应商投诉调查取证通知书，并于2016年5月17日组织了供应商投诉质证会，听取意见。在质证会上，相关供应商均否认收到过"串标"短信，并表示报价是按照相应方法核算出来的。上诉人某飞公司认为被上诉人江苏省财政厅应当利用综合资源来调查"串标"短信，但上诉人某飞公司请求被上诉人江苏省财政厅进行调查的方式违反了《电信条例》第六十五条的规定，被上诉人江苏省财政厅并无此调查职权。因此，应当认定被上诉人江苏省财政厅已经尽到了相应的调查、审查职责。其依据现有证据材料作出相应答复，符合法律规定。同时，本案二审中上诉人某飞公司向本院提交了证据调查和证据保全申请，要求本院调取四川某康中塑科技有限公司法定代表人方某地、扬中某光公司负责人刘某理、镇江某特公司法定代表人黄某江、南通某瑞公司法定代表人丁某明、内蒙古某迪动物标识技术开发有限责任公司负责人孙某林、苏州某源祥动物免疫标识厂有限公司法定代表人唐某祥等六位投标人2016年3月18日前后共一周时间内的手机短信等。对此，本院认为：根据《电信条例》第六十五条规定，本院无权对上诉人某飞公司所要求调取的电信内容进行检查。结合其他，江苏省高级人民法院判决：驳回上诉，维持原判。

五、同时参加投标的3家供应商投标报价一致并不必然属于串通投标

1. 投标文件异常一致或者投标报价呈规律性差异是"视为"投标人串通投标而不是"属于"投标人串通投标。《政府采购货物和服务招标投标管理办法》（财政部令第87号）第三十七条规定："有下列情形之一的，视为投标人串通投标，其投标无效……（四）不同投标人的投标文件异常一致或者投标报价呈规律性差异……""视为"投标人串通投标，而不是"属于"投标人串通投标，即从理论上来说，并不是所有的"不同投标人的投标文件异常一致或者投标报价呈规律性差异"都属于串通投标，而只能退而求其次"视为"投标人串通投标。但须注意的是，在前述江苏省政府采购中心组织的"2016年江苏省畜禽疫苗和标识采购项目"中，3家供应商的报价不是"呈规律性差异"，而是完全一致。

2. 要区分"投标文件异常一致"与"投标文件正常一致"。在前述江苏省政府采购中心组织的"2016年江苏省畜禽疫苗和标识采购项目"中，3家供应商的报价不是"呈规律性差异"，而是完全一致。当然，也有观点认为，投标报价为投标文件的组成部分，投标报价完全一致，即属于"投标文件异常一致"。但是，并不是所有的投标报价一致均属于"异常"，从理论上和实践上来讲，投标报价一致，也有可能是正常的。前述江苏省财政厅组织相关供应商进行投诉质证时，相关供应商均否认收到过"串标"短信，并表示报价是按照相应方法核算出来的。也正因为如此，江苏省财政厅、南京市中级人民法院，均以无充分证据证明投标供应商之间存在《政府采购法》第二十五条第一款、《政府采购法实施条例》第七十四条第三项规定的恶意串通、排斥其他供应商参与竞争的情形而不支持某飞公司的投诉、起诉等。

3. 法院、政府、财政部门均无权调查类似"串标"短信的电信内容。在前述江苏省政府采购中心组织的"2016年江苏省畜禽疫苗和标识采购项目"中，质疑供应商某飞公司一再要求江苏省财政厅、江苏省高级人民法院等调查其提出

的"串标"短信内容，但江苏省财政厅、江苏省高级人民法院均以《电信条例》第六十五条的规定不予调查，江苏省财政厅、江苏省高级人民法院不予调查是因为无权调查。《电信条例》第六十五条规定："电信用户依法使用电信的自由和通信秘密受法律保护。除因国家安全或者追查刑事犯罪的需要，由公安机关、国家安全机关或者人民检察院依照法律规定的程序对电信内容进行检查外，任何组织或者个人不得以任何理由对电信内容进行检查。电信业务经营者及其工作人员不得擅自向他人提供电信用户使用电信网络所传输信息的内容。"因此，对于"串标"短信的调查，有且仅有公安机关、国家安全机关或者人民检察院，因国家安全或者追查刑事犯罪两类情形的需要时，才能依法对电信内容进行检查，其他任何组织或者个人不得以任何理由对电信内容进行检查。

六、结语

法律法规禁止串标行为，也规定了很多"属于"或"视为"串通投标的情形，但同时参加投标的 3 家供应商投标报价一致，并不必然属于串通投标，其投标也并不必然无效，除非有充足的证据证明此种一致报价是"异常"的。

案例35："一套班子两块牌子"的两家公司业绩可否互用于投标？

一、前言

在现实生活中，可能存在"一套班子两块牌子"甚至"一套人马两块牌子"的两家公司，即领导和员工是同一拨人。那么，这种"一套班子两块牌子"的两家公司，在投标时，其业绩可否互用呢？

二、成交供应商用"一套班子两块牌子"的另一家公司业绩参与政府采购活动被投诉举报

1. 采购项目情况。2016年4月7日，采购人南充市文化馆、采购代理机构南充市公共资源交易中心在四川政府采购网上发布了"南充市文化馆'大美四川·多彩南充'蜀巴文史翰墨第三届诗书画印艺术展画册出版和作品收退件、装裱、扫描及展览展务公共文化服务政府采购"项目的采购公告，采购资金来源为财政资金，预算为42万元，采购方式为竞争性谈判，2016年4月15日，某印文化集团股份有限公司（以下简称某印文化公司）递交了响应文件，2016年4月19日，南充市公共资源交易中心向某印文化公司出具了成交通知书，确认某印文化公司以24.80万元的价格成交，为本次采购中标的供应商。某印文化公司于2016年6月23日向采购人移交了部分作品。

2. 成交供应商被投诉举报。2016年5月18日，成都某行广告有限公司（以下简称某行广告公司）向南充市财政局投诉，认为某印文化公司的投标活动中存在提供虚假资料。

3. 南充市财政局调查发现成交供应商用另一家公司业绩参与政府采购活动。"南充市文化馆'大美四川·多彩南充'蜀巴文史翰墨第三届诗书画印艺术展画册出版和作品收退件、装裱、扫描及展览展务公共文化服务政府采购"项目竞争性谈判文件第三章载明：九、报价人类似项目业绩一览表下面特别注明——报价人（仅限于报价人自己实施的）以上业绩需提供有关书面证明材料。第六章要

求报价人具备大型书画展的装裱、包装运输、印刷出版、展场布置的成功案例。某印文化公司投标时提供的技术、服务性响应文件中"报价人类似项目业绩一览表"业绩的响应项目为《李劼人珍藏书画精品集》，但是，该业绩的证明合同显示是成都市锦江区文化广播电视和新闻出版局与四川某印印刷有限公司（以下简称某印印刷公司）于2014年6月13日签订的《李劼人珍藏书画精品集》项目印刷采购合同。

4. 成交供应商在其响应文件中书面说明用另一家"一套班子两块牌子"的公司业绩参与政府采购活动。某印文化公司投标时提供的技术、服务性响应文件的业绩说明中，某印印刷公司称"因我公司和某印文化公司为'一套班子两块牌子'的同一家公司，我公司中标的成都市锦江区文化广播电视和新闻出版局的《李劼人珍藏书画精品集》项目的装裱、运输、扫描、布展、印刷、出版工作全部由某印文化公司实施"，该业绩说明的落款为某印印刷公司，所盖公章为某印文化公司；该书的图书在版编目（CIP数据）显示设计制作和印刷均为某印印刷公司。

三、四川省财政厅和南充市财政局对供应商用"一套班子两块牌子"的另一家公司业绩参与政府采购活动的认定及处理

1. 南充市财政局认为构成提供虚假材料谋取中标并对成交供应商进行行政处罚。2017年1月3日，南充市财政局作出了行政处罚决定书，认为：《李劼人珍藏书画精品集》项目是由某印印刷公司中标、设计制作、印刷，即由某印印刷公司实施，而非某印文化公司实施的。另外经查询全国企业信用信息公示系统查明，某印文化公司与某印印刷公司均系独立注册登记的企业法人，独立享受权利、独立承担责任。某印文化公司在"南充市文化馆'大美四川·多彩南充'蜀巴文史翰墨第三届诗书画印艺术展画册出版和作品收退件、装裱、扫描及展览展务公共文化服务政府采购"项目中，明知自己与某印印刷公司是两家公司，仍然出具所谓两家公司是"一套班子两块牌子"的同一家公司的业绩说明，存在误导评标委员会的明显故意，已构成提供虚假材料谋取中标。根据以上事实，某印文化公司系冒用某印印刷公司的业绩用于组成响应性文件参与政府采购活动，属于《政府采购法》第七十七条第一款第一项规定的"提供虚假材料谋取中标、成交的"行为。因此，南充市财政局对某印文化公司作出"处以采购金额千分

之五罚款（人民币2100元），列入不良行为记录名单，在两年内禁止参加政府采购活动"的行政处罚。

2. 四川省财政厅认为将他人的真实材料冒作自己实施的业绩构成提供虚假材料谋取中标并决定维持南充市财政局的行政处罚决定。某印文化公司对南充市财政局作出的行政处罚决定书不服，于2017年1月4日向四川省财政厅申请行政复议，四川省财政厅经审理后，于2017年2月23日作出了行政复议决定书，认为：根据《政府采购非招标采购方式管理办法》（财政部令第74号）第十三条"供应商应当按照谈判文件、询价通知书的要求编制响应文件，并对其提交的响应文件的真实性、合法性承担法律责任"的规定，该采购项目竞争性谈判文件明确规定"报价人（仅限于报价人自己实施的）以上业绩需提供有关书面证明材料"，可见，该采购项目中报价人业绩仅限于自己实施项目的业绩。某印文化公司在该采购项目中提交的技术、服务性响应文件中，业绩部分《李劼人珍藏书画精品集》的设计制作、印刷单位均非某印文化公司，而是某印印刷公司。虽然某印印刷公司是某印文化公司的股东之一，但两个公司均为独立的企业法人，依法独立享有民事权利和承担民事义务。《政府采购法》第七十七条第一款第一项规定的"提供虚假材料谋取中标、成交的"行为中的"虚假材料"，不仅包括材料本身系伪造、变造，也包括将他人的真实材料冒作自己实施的，某印文化公司将他人业绩作为其在参与该项目政府采购活动中提交技术、服务性响应文件的组成部分，系冒用他人业绩。同时，某印文化公司提交的业绩说明，以两个公司系"一套班子两块牌子"的同一家公司，意图误导评标，存在明显故意，已构成提供虚假材料谋取中标。因此，南充市财政局行政处罚决定书认定事实清楚、证据确凿。结合其他，四川省财政厅决定，维持南充市财政局作出的行政处罚决定书。

四、法院对供应商用"一套班子两块牌子"的另一家公司业绩参与政府采购活动的裁判

1. 一审法院南充市顺庆区人民法院判决认为其属于虚假业绩。某印文化公司不服南充市财政局作出的行政处罚决定书和四川省财政厅作出的行政复议决定书，将四川省财政厅和南充市财政局作为共同被告，起诉到南充市顺庆区人民法院。南充市顺庆区人民法院经审理后，作出行政判决，认为：案涉竞争性谈判文

件第三章第九项报价人类似项目业绩一览表下面特别注明——报价人仅限于自己实施的业绩提供有关书面证明材料，也就是说，报价人应当提供自己的业绩，原告某印文化公司在报价时提交的技术、服务性响应文件中的业绩项目为2014年成都市锦江区文化广播电视和新闻出版局采购中标的《李劼人珍藏书画精品集》，然而，根据原告某印文化公司同时提交的锦江区印刷定点采购合同，2014年6月13日与成都市锦江区文化广播电视和新闻出版局签订合同的是第三人某印印刷公司，换言之，原告某印文化公司提交的业绩并非其本公司业绩，而是第三人的业绩，虽然原告某印文化公司同时提交的业绩说明载明："第三人与原告系一套班子两块牌子"，实际上是同一家公司，但是根据审理查明的事实可知，原告某印文化公司与第三人某印印刷公司系两个独立法人，对外分别享有各自的权利和承担各自的义务，第三人的业绩不能等同于原告某印文化公司的业绩，原告某印文化公司在案涉采购过程中，用第三人某印印刷公司的业绩作为自己的业绩，系冒用他人业绩谋取中标或成交的行为。参照《政府采购非招标采购方式管理办法》（财政部令第74号）第十三条"供应商应当按照谈判文件、询价通知书的要求编制响应文件，并对其提交的响应文件的真实性、合法性承担法律责任"的规定，原告某印文化公司应当对自己所响应文件中提交的虚假业绩承担相应的法律后果。结合其他，南充市顺庆区人民法院判决：驳回某印文化公司的诉讼请求。

2. 二审法院南充市中级人民法院判决驳回上诉维持原判。2018年3月8日，南充市中级人民法院作出行政判决，认为：该项目竞争性谈判文件第三章载明：九、报价人类似项目业绩一览表下面特别注明——报价人（仅限于报价人自己实施的）以上业绩需提供有关书面证明材料。第六章要求报价人具备大型书画展的装裱、包装运输、印刷出版、展场布置的成功案例。因此，作为投标人，上诉人某印文化公司应提交自己实施的大型书画展的装裱、包装运输、印刷出版、展场布置的成功案例，而上诉人某印文化公司虽提供了《李劼人珍藏书画精品集》，但该作品图书在版编目（CIP数据）显示设计制作和印刷均为某印印刷公司，虽上诉人某印文化公司辩称其与某印印刷公司是"一套人马两块牌子"，但实际上两公司系独立法人，在法律意义上是不同的主体，某印印刷公司所完成的工作不应视为上诉人某印文化公司的业绩。上诉人某印文化公司明知两公司非同一法人，而将某印印刷公司的业绩作为自身业绩使用，主观上亦存在过错。因此，南充市财政局依照《政府采购法》第七十七条第一款第一项之规定，对上诉人某印文化公司作出"处以采购金额千分之五的罚款（人民币 2100 元），列入不良行为记录名单，禁止在两年内参加政府采购活动"具有事实和法律依据。结合其他，南充市中级人民法院判决：驳回上诉，维持原判。

3. 再审法院四川省高级人民法院裁判驳回某印文化公司的再审申请。2018年 12 月 18 日，四川省高级人民法院作出行政裁定，认为：某印文化有限公司在案涉政府采购过程中，利用第三人某印印刷公司的业绩作为自己的业绩谋取了成交，采购金额为 42 万元，按照《政府采购法》第七十七条第一款第一项的规定，南充市财政局对某印文化有限公司作出"处以采购金额千分之五的罚款（人民币 2100 元），列入不良行为记录名单，禁止在两年内参加政府采购活动"的行政处罚，符合法律规定。结合其他，四川省高级人民法院裁定：驳回某印文化有限公司的再审申请。

五、"一套班子两块牌子"的两家公司之间的业绩不得互用

1. "一套班子两块牌子"的两家公司之间各为独立法人，对外分别享有各自的权利和承担各自的义务。《民法典》第五十七条规定："法人是具有民事权利能力和民事行为能力，依法独立享有民事权利和承担民事义务的组织。"第七十六条规定："以取得利润并分配给股东等出资人为目的成立的法人，为营利法人。营利法人包括有限责任公司、股份有限公司和其他企业法人等。"《公司法》第三条规定："公司是企业法人，有独立的法人财产，享有法人财产权。公司以其全部财产对公司的债务承担责任。公司的合法权益受法律保护，不受侵犯。"因此，"一套班子两块牌子"的两家公司之间，其法人地位独立，独立享有法人财产，独立享有民事权利，也独立承担民事义务。

2. "一套班子两块牌子"容易形成公司人格混同，应避免出现此类情况。公司与公司之间，法人地位独立，如果出现人员混同、业务混同、财产混同、经营场所混同等，将损害公司的独立法人地位，也对公司债权人的合法权益造成巨大的隐患。法律法规和司法实践中，均对公司人格混同持否定性态度。因此，换一个角度思考，如果前述"南充市文化馆'大美四川·多彩南充'蜀巴文史翰墨第三届诗书画印艺术展画册出版和作品收退件、装裱、扫描及展览展务公共文化服务政府采购"项目中，允许某印文化公司将其所称的"一套人马两块牌子"的某印印刷公司的业绩，作为其自身业绩参加政府采购活动，则将不利于政府采

购所提倡的公平竞争。

3. 以他人的真实业绩冒充自己的业绩构成提供虚假材料谋取中标。《政府采购法》第七十七条规定："供应商有下列情形之一的，处以采购金额千分之五以上千分之十以下的罚款，列入不良行为记录名单，在一至三年内禁止参加政府采购活动，有违法所得的，并处没收违法所得，情节严重的，由工商行政管理机关吊销营业执照；构成犯罪的，依法追究刑事责任：（一）提供虚假材料谋取中标、成交的……"恰如前述四川省财政厅所述："提供虚假材料谋取中标、成交"中的"虚假材料"，不仅包括材料本身系伪造、变造，也包括将他人的真实材料冒作自己的。因此，以他人的真实业绩冒充自己的业绩也构成提供虚假材料谋取中标。

六、结语

两家公司，对内可能存在公司人格混同情形下的人员混同、业务混同等不分彼此的"一套班子两块牌子"的状况；但对外，哪怕是"一套班子两块牌子"的两家公司之间也各系独立法人，对外分别享有各自的权利和承担各自的义务，业绩不得互用投标参与政府采购活动。否则，那就是变相鼓励公司人格混同行为了。

案例 36：投标分项报价表上制造商名称错填成代理商名称是否属于不符合招标文件的实质要求？

一、前言

根据《政府采购法》第三十六条第一款第一项的规定，在招标采购中，对招标文件作实质响应的供应商不足三家的，应予废标。那么，如果在投标分项报价表上，作为投标人的代理商，将制造商名称错填成代理商自己的名称，这是否属于不符合招标文件的实质要求呢？

二、中标人投标分项报价表上制造商名称错填成代理商名称被质疑

1. 采购项目情况。2016 年 11 月 19 日，采购人海关总署物资装备采购中心发布"2016 年集装箱、车辆检查系统（重新招标）采购项目"招标公告，其中第 05 包为通过式快速检查系统，招标文件主要包括如下内容：第 12 页第 19 项"★所投产品的制造商售后服务承诺函（承诺内容包括但不限于……须加盖公章）"。第 67 页招标文件附件三投标分项报价表中第 7 项"技术支持与售后服务"对应"原产地和制造商名称"一栏。

2. 中标公示情况。2016 年 12 月 12 日，第 05 包采购项目经开标、评标。北京某和信达公司与某方威视公司均参与了投标。某和信达公司投标产品的制造商为西安某派公司。2016 年 12 月 30 日，海关总署物资装备采购中心发布中标公告，某和信达公司中标。采购项目中标公告中公示的"技术支持与售后服务"对应的"原产地和制造商名称"载明："中国某和信达。"

3. 中标人被质疑。2017 年 1 月 3 日，海关总署物资装备采购中心收到某方威视公司提出的质疑，质疑事项为：中标供应商投标文件提供的售后服务不符合招标文件实质要求。具体为：第 05 包采购项目中标货物明细信息中，第 1 项"主设备"的"原产地和制造商名称"为"中国西安某派"，第 7 项"技术支持与售后服务"的"原产地和制造商名称"为"中国某和信达"。该项不符合招标

文件第二部分第三章第二类第 19 项"★所投产品的制造商售后服务承诺函"（承诺内容包括但不限于……须加盖公章）及招标文件第 24.3 条的规定。

4. 采购人认为质疑不成立。某和信达公司投标文件第 89 页提供了制造商委托代理投标授权书，出具授权书的制造厂家名称为西安某派公司。第 333 页提供了售后服务承诺函，制造商名称为西安某派公司并加盖了该公司公章。但第 4 页投标分项报价表中第 7 项"技术支持与售后服务"对应的"原产地和制造商名称"载明"中国某和信达"。2017 年 1 月 11 日，海关总署物资装备采购中心作出关于 2016 年集装箱检查系统（重新招标）采购项目中标结果质疑的复函，答复某方威视公司：关于中标供应商的售后服务应答问题已在第一点中答复，中标供应商在投标文件中已按招标文件要求提供了中标产品制造商的售后服务承诺函。

三、财政部处理投诉和行政复议时对投标分项报价表上制造商名称错填成代理商名称的认定及处理

1. 财政部认为该投诉事项缺乏事实依据并驳回投诉。2017 年 2 月 4 日，财政部收到并受理了某方威视公司提出的投诉，某方威视公司的投诉事项为：根据中标公告，中标货物的制造商为"中国西安某派"，售后服务的制造商为"中国某和信达"，不符合招标文件中关于提供"★所投产品的制造商售后服务承诺函"的实质性要求。根据招标文件"第二部分投标人须知"中"三、投标文件的编写"中"10. 投标文件的组成"中"第二类：商务及资格证明文件"第 19 项和第 24.3 条第 7 项规定的内容，以及中标公告第 05 包的中标货物明细信息中，第 1 项"主设备"的"原产地和制造商名称"为"中国西安某派"，第 7 项"技术支持与售后服务"的"原产地和制造商名称"为"中国某和信达"。根据前述第 24.3 条的规定，中标供应商投标文件不满足招标文件中的实质性条款，应当作为无效投标处理。2017 年 3 月 28 日，财政部作出财政部投诉处理决定书，认为：经审查，某和信达公司提交的投标文件中"售后服务承诺函"落款处"制造商名称"为"西安某派电子科技技术有限公司"，并盖有西安某派公司公章，符合招标文件关于提供产品制造商售后服务承诺函的实质性要求，该投诉事项缺乏事实依据。

2. 财政部行政复议认为财政部对该项投诉的处理认定事实清楚，证据确凿。

某方威视公司对财政部作出的财政部投诉处理决定书不服,向财政部提出行政复议申请,财政部经审理后,于2017年8月18日,作出了行政复议决定书,认为:根据对中标供应商(某和信达公司)投标文件内容审查,其提供的制造商委托代理投标授权书和售后服务承诺函均符合招标文件的要求,其投标产品的制造商为西安某派公司,而其投标分项报价表中第7项"技术支持与售后服务"对应的"原产地和制造商名称"载明"中国某和信达",该内容属于明显的笔误。根据招标文件内容,中标候选人投标文件中的分项报价表的数量、单价、总价等要素将会在中标结果公告中予以公示。采购项目确定中标候选人后,采购人将载有笔误的投标分项报价表中相关内容进行公示,虽然公示内容存在错误,但该笔误并不影响其投标文件相关实质内容,被申请人(财政部)认定"中标供应商投标文件相关内容符合招标文件关于提供产品制造商售后服务承诺函的实质性要求",对该部分认定事实清楚,证据确凿。

四、法院对投标分项报价表上制造商名称错填成代理商名称的裁判

1. 一审法院北京市某中级人民法院判决认为该笔误并不影响其投标文件相关实质内容。2018年3月1日,北京市某中级人民法院经审理后,作出行政判决,认为:鉴于原告(某和信达公司)及第三人某方威视公司均对被诉复议决定不持异议,本院经审查,被诉复议决定的上述认定正确,本院予以支持。

2. 二审法院北京市高级人民法院判决认为该笔误并不影响其投标文件相关实质内容。2018年11月30日,北京市高级人民法院作出行政判决,认为:一审法院以某和信达公司及某方威视公司均对被诉复议决定不持异议为由,且经审查后认定被诉复议决定认定正确,并无不当,本院予以维持。

五、投标文件中的笔误须结合上下文和招标文件等予以综合判定是否符合招标文件的实质要求

1. 投标分项报价表上制造商名称错填成代理商名称,结合投标文件上下文可判定属于笔误。在前述海关总署物资装备采购中心发布"2016年集装箱、车辆检查系统(重新招标)采购项目"中,招标文件第67页招标文件附件三投标

分项报价表中第7项"技术支持与售后服务"对应"原产地和制造商名称"一栏，理应填写制造商的名称，但作为代理商的某和信达公司，却错填成自己公司的名称，此种情形，属于笔误。因为某和信达公司，在其投标文件第89页提供了制造商委托代理投标授权书，出具授权书的制造厂家名称为西安某派公司。第333页提供了售后服务承诺函，制造商名称为西安某派公司并加盖了公章。

2. 存在笔误的地方，结合招标文件的规定综合判定是否符合招标文件的实质要求。在前述海关总署物资装备采购中心发布"2016年集装箱、车辆检查系统（重新招标）采购项目"中，招标文件第12页第19项"★所投产品的制造商售后服务承诺函（承诺内容包括但不限于……须加盖公章）"。标★的是制造商售后服务承诺函。某和信达公司在其投标文件第333页提供了售后服务承诺函，制造商名称为西安某派公司并加盖了公章，符合招标文件标★的实质要求。某和信达公司将投标分项报价表中第7项"技术支持与售后服务"对应"原产地和制造商名称"一栏，错填成自己公司的名称，并不影响其合格售后服务承诺函的效力。因此，存在笔误的地方，应结合招标文件的规定综合判定是否符合招标文件的实质要求。

3. 招标文件会对招标项目的实质要求予以规定并以醒目的方式标明。《政府采购货物和服务招标投标管理办法》（财政部令第87号）第二十条规定："采购人或者采购代理机构应当根据采购项目的特点和采购需求编制招标文件。招标文件应当包括以下主要内容：（一）投标邀请……对于不允许偏离的实质性要求和条件，采购人或者采购代理机构应当在招标文件中规定，并以醒目的方式标明。"因此，在前述海关总署物资装备采购中心发布"2016年集装箱、车辆检查系统（重新招标）采购项目"中，招标文件第12页第19项"★所投产品的制造商售后服务承诺函（承诺内容包括但不限于……须加盖公章）"。标★即为"以醒目的方式标明"的实质性要求和条件。

六、结语

投标文件前后一致、不存在笔误或低级错误，是投标人编制投标文件的基本要求。如果存在此类错误的，投标文件是否符合招标文件的实质要求，需要结合投标文件上下文和招标文件等予以综合判定。

案例 37：采购预算为 5600 万元，投标报价为 200 万元是否属于不合理低价竞争？

一、前言

如何认定投标人的报价是否合理，是个大难题。本篇以真实案例，对该问题进行分析。

二、采购预算为 5600 万元，投标报价为 200 万元被质疑

1. 采购项目情况。2016 年 11 月 19 日，采购人海关总署物资装备采购中心发布 2016 年集装箱、车辆检查系统（重新招标）采购项目招标公告，其中第 05 包为通过式快速检查系统，采购预算为 5600 万元，某和信达公司与某方威视公司均参与了投标。某和信达公司投标报价为贰佰万元整（￥2000000.00）。

2. 中标人的中标价格被质疑。2016 年 12 月 12 日，第 05 包采购项目经开标、评标。某和信达公司中标。2017 年 1 月 3 日，海关总署物资装备采购中心收到某方威视公司提出的质疑，质疑事项为：中标供应商以低于成本价进行不正当商业竞争。

3. 采购人认为无法依据质疑材料认定属于"低于成本价投标"。2017 年 1 月 11 日，海关总署物资装备采购中心作出关于 2016 年集装箱、车辆检查系统（重新招标）采购项目中标结果质疑的复函，答复某方威视公司：采购人仍无法依据本次质疑函中提供的材料认定某和信达公司此次投标属于"低于成本价投标"。

三、财政部先驳回投诉，后经行政复议撤销驳回投诉的决定

1. 提出质疑的供应商向财政部提出投诉。2017 年 2 月 4 日，财政部收到并受理了某方威视公司提出的投诉，某方威视公司的投诉事项为：中标供应商以低于成本价进行不正当商业竞争。根据中标公告，中标供应商中标价格为 200 万元

2套，即每套设备中标价为100万元。通过式快速检查系统至少应包括射线源、探测器系统、屏蔽装置、电控系统与计算机等设备，其中Betatron（电子感应加速器）射线源的进口价格为15万美元左右，按照6.9的汇率计算，折合人民币100万元左右，进口环节还要缴纳关税（4%）和增值税（17%），仅此射线源一项的成本就要120万元左右，故中标供应商所报的100万元设备单价明显低于成本价。另外据了解，中标供应商2012年出口马来西亚的通过式快递检查系统的海关报关价格为每台1××万美元。某方威视公司提供的附件1、附件2、附件3足以证明中标供应商所报每套设备100万元的报价明显低于成本价。根据《反不正当竞争法》（中华人民共和国主席令第10号，1993年12月1日起施行）① 第十一条规定，低于成本报价的实质是供应商为了霸占市场，滥用竞争手段，故意暂时将某类商品的价格压低到成本以下抛售，以此手段排挤竞争对手，这种行为的受害者首先是参与政府采购竞争的其他供应商。

2. 财政部认为该投诉事项缺乏事实依据并驳回投诉。2017年3月28日，财政部作出投诉处理决定书，认为：经审查，某和信达公司与生产商成立联合实验室，其承诺对第一批中标项目的电磁感应加速器给予最大优惠价格，评标委员会认为中标供应商投标报价满足招标文件要求，未发现评标委员会评审过程存在违法违规行为，某方威视公司以某和信达公司2012年出口马来西亚的海关报关价及其测算的货物价格为由，认为某和信达公司低于成本价进行不正当竞争，缺乏事实依据，驳回投诉。

3. 财政部行政复议认为财政部对该项投诉的处理认定事实不清，撤销投诉处理决定。某方威视公司对财政部作出的投诉处理决定书不服，向财政部提出行政复议申请，财政部经审理后，于2017年8月18日作出行政复议决定书，认为：政府采购供应商的报价行为与一般商业采购相同，属于《价格法》第二条规定的"在中华人民共和国境内发生的价格行为"。因此，《价格法》的相关规定适用于政府采购项目。根据《反不正当竞争法》第二条第二款的规定："本法所称的不正当竞争，是指经营者违反本法规定，损害其他经营者的合法权益，扰乱社会经济秩序的行为。"对于供应商来讲，政府采购市场与一般商业市场相同，供应商的报价行为同样应适用《反不正当竞争法》的相关规定。因此，《价格法》和《反不正当竞争法》对"低于成本价销售商品"的禁止性规定的原则和

---

① 《反不正当竞争法》于1993年9月2日通过，自1993年12月1日起施行，于2017年11月4日修订、2019年4月23日修正，具体请参见现行规定。

原理同样应适用于政府采购市场。政府采购供应商以不合理的价格进行投标的行为会扰乱政府采购市场，造成供应商间的恶性价格竞争，这与《政府采购法》第三条规定的公开透明原则、公平竞争原则、公正原则和诚实信用原则相违背，也不符合《政府采购法》第一条规定的立法目的。根据《政府采购货物和服务招标投标管理办法》（财政部令第18号，已失效，现在施行的是财政部令第87号）第五十二条的规定，综合评分法的评分因素包括价格、技术、财务状况等多项内容，中标供应商取得中标资格是因为其投标文件最大限度地满足招标文件实质性要求，且对各项因素综合评审后得分最高。如果有供应商以不合理的价格进行报价且其报价最低，按照综合评分法评分其价格分不仅是满分且因其他未报低价供应商价格分均值远低于该报低价供应商的价格分，对于所有进入打分阶段的供应商而言，该报低价供应商价格分占绝对优势，综合评分法将失去其本来的意义。对于投标人明显低于投标预算及其产品市场价的报价，评审委员会应采用"合理怀疑、合理信赖"的原则，要求供应商对其报价进行书面说明给出合理解释，并提供相应的证明材料，如供应商对其报价不能给出合理解释，则可认定其投标报价不合理，属于无效投标。本案中，根据招标文件规定，第05包采购项目采购预算为5600万元，根据中标供应商投标文件内容，其投标文件开标一览表中的"投标报价"和投标分项报价表的分项报价都对其提供货物进行了报价，总价为肆仟肆佰捌拾万元整（¥44800000.00），而开标一览表"其他声明"的内容确定贰佰万元整（¥2000000.00）。该报价作为最终投标报价与招标文件规定的采购预算和其投标分项报价表中计算的其产品市场价（列表价乘以数量=投标分项报价表中总价44800000元）相比明显不合理，中标供应商在处理投诉阶段提出的有关"与某国某理工大学成立联合实验室，联合开发电磁感应加速器的尖端技术"等理由，无法证明其报价合理，也没有其他相应证据证明其报价合理，因此，该理由不属于合理理由，根据前述分析可以认定中标供应商报价不合理，该行为不符合《政府采购法》第三条的规定。综上，被申请人（财政部）所作出的投诉处理决定书对该部分事实认定不清。结合其他，财政部决定如下：撤销案涉投诉处理决定书，被申请人（财政部）应当在收到复议决定书后，依法对申请人的投诉重新作出处理。

四、法院对采购预算为 5600 万元、投标报价为 200 万元的裁判①

1. 一审法院北京市某中级人民法院判决认为认定属于明显不合理低价事实依据不足。中标人某和信达公司对财政部作出的行政复议决定书不服，将财政部作为被告，起诉到北京市某中级人民法院。2018 年 3 月 1 日，北京市某中级人民法院经审理后，作出行政判决，认为：被告仅以采购项目预算价与原告的最终投标报价进行对比，认定原告的最终投标报价属于明显不合理低价事实依据不足。主要理由如下：

（1）将明显低于合理价格作为认定不正当投标行为的一种情形，具有法律依据。《政府采购法》第三条规定，政府采购应当遵循公开透明原则、公平竞争原则、公正原则和诚实信用原则。以不正当竞争的方式投标违反了公平竞争原则，应当予以规制。至于是否构成不正当竞争，并不以低于成本价为限，如果确有证据证明投标价格低于合理价格的，也同样违反公平竞争原则。本案中，被诉复议决定并未认定原告的投标价低于成本价，而是认定其最终投标价格低于合理价格，本院认为，根据《政府采购法》第三条的规定，将低于合理价格作为一种不正当投标行为，具有法律依据。同时应当说明，成本价须以确认成本为前提，而合理价不等于成本价。被诉复议决定并未确认原告投标产品的成本，亦未认定原告的报价低于成本价，故原告的报价是否低于成本价，不属于本案审查范围。

不仅如此，《政府采购货物和服务招标投标管理办法》（财政部令第 18 号）第五十四条第四款第一项也规定，采用最低评标价法的，按投标报价由低到高的顺序排列。投标报价相同的，按技术指标优劣顺序排列。评标委员会认为，排在前面的中标候选供应商的最低投标价或者某些分项报价明显不合理或者低于成本，有可能影响商品质量和不能诚信履约的，应当要求其在规定的期限内提供书面文件予以解释说明，并提交相关证明材料；否则，评标委员会可以取消该投标人的中标候选资格，按顺序由排在后面的中标候选供应商递补，以此类推。该规定虽然直接针对的是最低评标价法，而本案采取的是综合评分法，但由于报价因素在综合评分法中所占权重较大，因此对于投标价明显不合理的，同样也可以取

---

① 案涉判决书参见：(2017) 京 01 行初 1203 号、(2018) 京行终 2936 号。

消该投标人的中标候选资格。因此，被诉复议决定以报价是否低于合理价格作为审查的基础，具有法律依据。

（2）被诉复议决定对合理价格的认定标准不当，事实依据不充分。由于政府采购的投标供应商之间是一种市场竞争关系，因此对于某一个供应商投标价格是否合理的判断，会对市场竞争关系造成影响。在产业形态日益多元化、行业特点日趋复杂的背景下，合理价格的判断标准本身也应当合理和明确，否则就可能对正常的市场竞争造成损害。尤其是在被诉复议决定否定评标委员会的认定结论的情况下，其更应当具有充分的事实依据。

关于商品或者服务的合理价格，《政府采购法》《价格法》以及《反不正当竞争法》均未作出明确的规定，但政府采购的相关法律规定中对此已经有所规定，可以作为判断合理价格的重要参考。参照《政府采购货物和服务招标投标管理办法》（财政部令第18号）第五十四条第四款第一项的规定，以明显低于合理价格取消中标候选资格的条件之一，是报价明显不合理且"有可能影响商品质量和不能诚信履约"。对于评标委员会或者政府采购主管机关而言，判断是否可能影响商品质量和不能诚信履约，仍然需要更为明确和具有操作性的判断标准。

以市场价格或者采购项目的预算价作为判断合理价格的标准，既缺乏明确的依据，也缺乏合理性。由于市场价格是编制采购项目预算的最重要参考指标之一，故就判断明显低于合理价格而言，采购预算价格和市场价格并无根本性的差别。

《政府采购法》第六条规定"政府采购应当严格按照批准的预算执行"，上述规定的目的在于为政府采购金额设定上限，以保障政府财政资金的有效利用，避免浪费和不当使用。因此以市场价格作为主要参考指标的采购项目预算价，是政府采购报价的上限标准，但并非下限标准，此立法目的在《政府采购法》第三十六条第一款第三项的规定中亦有所体现。由于政府采购是在一定范围的投标供应商之间，基于特定政府采购项目所产生的竞争，并非一种完全的市场竞争，因此政府采购活动中的报价与一般市场价格的形成机制存在较大差别。即使政府采购中的投标报价明显低于市场价格或者项目预算价格，也未必会"影响商品质量和不能诚信履约"。仅以市场价格或者项目预算价格作为判断政府采购报价是否明显低于合理价格的标准，既缺乏法律上的相关依据，也不符合市场的规律。

由于政府采购活动中的竞争，是一定范围内的供应商之间针对特定采购项目而产生的，因此从供应商之间公平竞争的角度，以"是否明显低于其他通过符合性审查投标人的报价"作为判断标准，更能够合理地反映政府采购活动中的报价公平性，也更符合市场规律。并且，现行有效的《政府采购货物和服务招标投标管理办法》（财政部令第87号）第六十条明确规定了合理价格的判断标准，即"报价明显低于其他通过符合性审查投标人的报价"。虽然上述办法并不直接适用于本案，但合理价格的判断既是法律问题也是专业问题，上述规定中关于合理价格的判断标准，仍然可以作为重要的参照依据，用以说明被诉复议决定仅以原告的最终投标报价明显低于采购项目预算价来认定其报价明显低于合理价格，既缺乏明确的依据也不具有合理性。

（3）至于供应商的投标预算，是为确定最终投标报价提供基础，其并不具有法律上的约束力。供应商如何处理投标预算与最终投标报价之间的关系，是供应商自己的投标策略问题。判断最终投标报价是否明显低于合理价格的标准，在于其是否"明显低于其他通过符合性审查投标人的报价"，并是否可能因此"影响商品质量和不能诚信履约"，而不在于其是否低于投标人自己的投标预算价。被诉复议决定以原告的最终投标报价明显低于采购项目预算价和原告自己的投标预算价为由，认定其最终投标报价明显低于合理价格缺乏充分的事实依据。

综上，由于被诉复议决定判定合理价格的标准不具有充分的法律依据和事实基础，因此被诉复议决定针对上述问题所作出的认定，构成事实不清、主要证据不足。至于原告能否针对被诉复议决定所设定的标准说明其最终投标报价的形成机制，并不影响对被诉复议决定违法性的认定结论。因此，结合其他，北京市某中级人民法判决：一、撤销被告中华人民共和国财政部于2017年8月18日作出的行政复议决定；二、被告中华人民共和国财政部于法定期限内对第三人某方威视技术股份有限公司提出的行政复议申请重新作出决定。

2. 二审法院北京市高级人民法院判决认为一审法院判决认定事实错误、适用法律不当。

2018年11月30日，北京市高级人民法院作出行政判决，认为：《政府采购法》第三条规定，政府采购应当遵循公开透明原则、公平竞争原则、公正原则和诚实信用原则。根据《政府采购法》第二十五条第二款的规定，供应商不得采取其他不正当手段谋取中标或者成交。

将明显低于合理价格作为认定不正当投标行为的一种情形，具有法律依据；被诉复议决定以报价是否低于合理价格作为审查的基础，亦具有法律依据。对此，一审法院已予论述，本院不持异议。本案中，某和信达公司在按照涉案招标文件要求自行填写的投标分项报价表和开标一览表中的投标总价均为4480万元，而其自行填写在开标一览表中"其他声明"一栏中的最终价格为200万元。其所称"鉴于首次参与中国海关建设，我公司愿以最大的诚意接受中国海关的检验"等内容，直接与大幅降价相联系，有违反公平竞争原则之嫌，其投标报价与最终声明价格差异巨大，缺乏合理解释。因此，被诉复议决定基于某和信达公司的前述填写情况，并对比涉案招标项目的采购预算价格5600万元，及结合某和信达公司在处理投诉阶段提出的有关"与某国某理工大学成立联合实验室，联合开发电磁感应加速器的尖端技术"等理由，认为某和信达公司无法证明其200万元的投标报价合理，进而认定某和信达公司的200万元的投标报价不合理，其结论并无不当。一审法院关于"被诉复议决定仅以某和信达公司的最终投标报价明显低于采购项目预算为由，径行认定其报价明显低于合理价格，其缺乏明确的依据也不具有合理性"的认定结论，缺乏事实根据和法律依据。

结合其他，北京市高级人民法院认为，财政部作出被诉复议决定，认定事实清楚，证据充分，适用法律法规正确，符合法定程序。某和信达公司的诉讼请求缺乏事实根据和法律依据，本院不予支持。一审判决认定事实错误、适用法律不当，本院应予撤销。依照《行政诉讼法》第六十九条、第八十九条第一款第二项之规定，北京市高级人民法院判决如下：一、撤销北京市某中级人民法院行政判决书；二、驳回某和信达公司的诉讼请求。

五、判断投标报价是合理低价还是不合理低价难度大

1. 评标委员会在评标时，在有限的时间、空间并与外界沟通隔绝的情形下，一般难以认定投标报价是否为合理低价。根据《政府采购货物和服务招标投标管理办法》（财政部令第87号）第四十五条规定："采购人或者采购代理机构负责组织评标工作，并履行下列职责……（五）在评标期间采取必要的通讯管理措施，保证评标活动不受外界干扰……"因此，评标专家在评标时，基本只能依据招标文件、投标文件进行评审，无法借助外界辅助资料。而在前述海关总署物资装备采购中心发布的2016年集装箱、车辆检查系统（重新招标）采购项目中，对于采购预算价格5600万元的项目，投标人的报价，在什么情况下为合理低价，在什么情况下为不合理低价，判断难度较大。

2. 法律法规规章等并未清楚界定何谓"合理低价"或"不合理低价"，导致

采购人、行政监督部门、行政复议机关、法院等一般也难以认定。在政府采购活动中，评标委员会、采购人、行政监督部门、行政复议机关、法院等均有权对是否属于合理低价或不合理低价予以认定。评标委员会在评标时，囿于时间、与外界的联系等，难于评判。但相对于不受时间和外界联系的采购人、行政监督部门、行政复议机关、法院等而言，也较难。前述海关总署物资装备采购中心发布的2016年集装箱、车辆检查系统（重新招标）采购项目中，质疑供应商认为中标人报价是不合理低价，采购人认为无法依据质疑材料认定是否属于"低于成本价投标"，财政部投诉处理决定认为投诉事项缺乏事实依据并驳回投诉，但财政部行政复议又认为财政部对该项投诉的处理认定事实不清，撤销投诉处理决定，一审法院审理又认为认定属于明显不合理低价事实依据不足，二审法院又改判认为一审法院判决认定事实错误、适用法律不当。这相当于"连环否定"：财政部"否定"质疑供应商的投诉，财政部行政复议又"否定"财政部的投诉决定，一审法院"否定"财政部行政复议，二审法院又"否定"一审判决。即财政部投诉处理机关、财政部行政复议机关对采购预算为5600万元投标报价200万元的认定不一致，北京市某中级人民法院、北京市高级人民法院对采购预算为5600万元投标报价200万元的认定也不一致。不一致的原因，恰如前述判决中法院的说明，属于还是不属于合理低价，法律法规规章等并没有一个明确的标准。

3. 除非在极端低价的报价情形下，评标委员会、采购人、行政监督部门、行政复议机关、法院等认定意见不一的风险客观存在。在类似1元报价、0元报价、1分钱报价、下浮99%等极端低价的报价情形下，估计评标委员会、采购人、行政监督部门、行政复议机关、法院等的认定意见会一致。但如果不是类似此种极端低价报价，如前述海关总署物资装备采购中心发布"2016年集装箱、车辆检查系统（重新招标）采购项目"中，采购预算为5600万元投标报价200万元的认定，财政部投诉处理机关、财政部行政复议机关意见不一，北京市某中级人民法院、北京市高级人民法院也意见不一。

4. 在难度很大的情形下，财政部令第87号采取"明显低于其他通过符合性审查投标人的报价"仍未能完全解决认定意见不一的风险。已废止的《政府采购货物和服务招标投标管理办法》（财政部令第18号）第五十四条第四款第一项规定，"采用最低评标价法的，按投标报价由低到高顺序排列。投标报价相同的，按技术指标优劣顺序排列。评标委员会认为，排在前面的中标候选供应商的最低投标价或者某些分项报价明显不合理或者低于成本，有可能影响商品质量和不能诚信履约的，应当要求其在规定的期限内提供书面文件予以解释说明，并提交相关证明材料；否则，评标委员会可以取消该投标人的中标候选资格，按顺序由排在后面的中标候选供应商递补，以此类推"。对于低价竞标，提出了明显不合理低价和低于成本低价两种。如本文前述，认定是否属于合理或不合理低价，已经难度很大了，再增加一项认定是否低于成本低价，难上加难。但是，现行有效的《政府采购货物和服务招标投标管理办法》（财政部令第87号）第六十条则规定："评标委员会认为投标人的报价明显低于其他通过符合性审查投标人的报价，有可能影响产品质量或者不能诚信履约的，应当要求其在评标现场合理的时间内提供书面说明，必要时提交相关证明材料；投标人不能证明其报价合理性的，评标委员会应当将其作为无效投标处理。"删掉了低于成本的规定，修正性保留了"明显低于其他通过符合性审查投标人的报价"。但对于何谓"明显低于"，也无具体的标准和界定。也因此，财政部令第87号采取"明显低于其他通过符合性审查投标人的报价"且"投标人不能证明其报价合理性的"规定仍未能完全解决认定意见不一的风险。

六、结语

如何认定投标人的报价为合理低价或不合理低价，或者如何认定投标人的报价"明显低于其他通过符合性审查投标人的报价"且"投标人不能证明其报价合理性的"，难度很大，且评标委员会、采购人、行政监督部门、行政复议机关、法院等认定意见不一的风险客观存在。这也增加了政府采购的交易成本，降低了政府采购的效率，亟须出台清晰、明确、可操作性强的规定或标准，防范不合理的低价，保障公平竞争。

案例 38：采购代理机构在 17：00 后不再出售招标文件是否合法？

一、前言

供应商参与政府采购活动的前提，是需要获得招标采购文件，而采购代理机构、公共资源交易中心等，并非全天候提供出售招标文件服务。如果采购代理机构在 17：00 后不再出售招标文件，是否合法？

二、投标邀请书规定"办公时间内"出售招标文件

1. 投标邀请书规定获取招标文件的时间。2016 年 9 月 13 日，采购代理机构广东某东招标代理有限公司受采购人韶关市中医院委托，对"韶关市中医院医疗设备采购项目"进行公开招标采购并发出"投标邀请书"。该"投标邀请书"明确："符合资格的供应商应当在 2016 年 9 月 14 日至 2016 年 9 月 21 日期间（办公时间内，法定节假日除外）到广东某东招标代理有限公司（地址：广州市越秀区越秀北路×号某大厦×楼）购买招标文件，招标文件每套售价 200 元（人民币），售后不退。"

2. 某单位在最后一天 17：01 到采购代理机构购买招标文件遭拒。2016 年 9 月 21 日 17：01，韶关市某鹏贸易有限公司（以下简称某鹏有限公司）到广东某东招标代理有限公司购买招标文件，广东某东招标代理有限公司拒绝出售，理由是只在"办公时间内"出售，17：00 以后，不是办公时间，该项目购买标书已截止。

3. 没有购买到招标文件的某鹏有限公司提出质疑。2016 年 9 月 28 日，某鹏有限公司向广东某东招标代理有限公司提交关于韶关市中医院医疗设备采购项目的质疑函，认为韶关市中医院医疗设备采购项目的采购文件损害了其公司权益，具体包括：购买标书的时间要求不明确、不完整。投标邀请书第六点关于获取招标文件方式要求，内容如下：六、符合资格的供应商应当在 2016 年 9 月 14 日至 2016 年 9 月 21 日期间（办公时间内，法定节假日除外）到广东某东招标代理有

限公司（地址：广州市越秀区越秀北路×号某大厦×楼）购买招标文件，招标文件每套售价200元（人民币），售后不退。按照《政府采购法实施条例》第三十一条第一款规定"招标文件的提供期限自招标文件开始发出之日起不得少于5个工作日"，按照贵公司"2016年9月14日至2016年9月21日期间（办公时间内，法定节假日除外）"的要求，该"办公时间内"表述不明确、不完整。常规下班时间为17：30，我公司于2016年9月21日下午到达贵司购买标书时，找了其中一位工作人员咨询购买标书情况，通知我们稍等一下，另外一名工作人员出来时告知"已超过5点，该项目购买标书已截止，并告知贵公司下班时间为5点"。当时为17：01。如贵公司上班时间与常规时间不一样，应当表述明确，但贵公司的网站与该项目的招标公告、招标文件并没有明确标明办公时间，而是到现场咨询工作人员时才被告知已经截止。

4. 采购代理机构认为质疑不成立并答复质疑。2016年10月12日，广东某东招标代理有限公司对某鹏有限公司的质疑作出关于韶关市中医院医疗设备采购项目的质疑答复函，内容为：贵公司关于韶关市中医院医疗设备采购项目的质疑函，我们已于2016年9月22日收悉。针对贵公司提出的质疑，现答复如下：1. 购买标书的时间表述没有问题，广东省政府采购中心的挂网公告、广东某联采购招标有限公司的挂网公告、广东某远招标有限公司的挂网公告、广州某立招标代理有限公司的挂网公告等均采用"办公时间内"的描述，这属于广东省财政厅颁发的《政府采购规范文本》的原文格式，未作任何更改。2. 关于对办公时间的理解，我们单位卖标书的办公时间就是9点30分到17点整，国家没有硬性规定下班时间必须到17点30分，整个广州地区的招标公司及韶关市公共交易资源中心每天的售卖截止时间均为17点整（依据详见广东省政府采购网），我单位从未在17点之后售卖任何招标文件，对每一个投标供应商均采取公开、公平、公正、一视同仁态度。3. 我们售卖标书的时间为2016年9月14日起至2016年9月21日止，其中，14日、18日至21日共五个工作日，售卖时间并未少于五个工作日。

三、韶关市财政局和广东省财政厅对采购代理机构在17：00后不再出售招标文件是否合法的决定

1. 没有购买到招标文件的某鹏有限公司向韶关市财政局提出投诉。2016年

10月25日，某鹏有限公司就"韶关市中医院医疗设备采购项目"向韶关市财政局递交投诉书，投诉事项包含：购买标书的时间要求不明确、不完整。认为：①根据被投诉人（采购代理机构广东某东招标代理有限公司）所说的广东省政府采购中心挂网公告、韶关市公共资源交易中心的挂网公告、广东某远招标有限公司的挂网公告、广东某联采购招标有限公司的挂网公告、广州宜某招标代理有限公司的挂网公告，我公司均查询到明确的购买标书时间。其中，发现广东某联采购招标有限公司同一个分公司购买标书时间不一样。②我公司提出的问题"符合资格的供应商应当在2016年9月14日至2016年9月21日期间（办公时间内，法定节假日除外）"其中"办公时间内"表述不明确、不完整，是因为常规下班时间为17：30，并不是说硬性规定下班时间必须到17点30分。贵公司可根据公司的情况调整时间，但应当表述明确、完整，以免对代理机构或投标供应商造成不必要麻烦和减少误会发生。

2. 韶关市财政局认为没有购买到招标文件的某鹏有限公司没有参与该政府采购项目不具有投诉资格而不受理投诉。韶关市财政局认为：某鹏有限公司是以案涉"采购文件"损害其权益为由提起质疑投诉。显然，某鹏有限公司质疑投诉的范围仅涉及"采购文件"，并未就广东某东招标代理有限公司拒售"采购文件"行为的合法性提出质疑投诉。根据案涉招标文件中投标邀请书的规定，供应商在实际参与案涉政府采购合同竞争前，必须先行履行报名登记、注册、购买招标文件等手续。但招标文件发售登记表（又称投标报名登记表）证实，某鹏有限公司没有履行报名登记、注册、购买招标文件等手续，其也因此丧失了参与政府采购合同竞争的权利。因此，某鹏有限公司不是参与了案涉政府采购合同竞争的供应商，无权针对招标文件提出质疑投诉。且鉴于某鹏有限公司既未报名参加政府的采购活动，也未购买案涉政府采购项目的招标文件。意味着某鹏有限公司既不享有招标文件规定的权利，也无须承担招标文件规定的义务。《政府采购法》第十四条规定："政府采购当事人是指在政府采购活动中享有权利和承担义务的各类主体，包括采购人、供应商和采购代理机构等。"《广东省实施〈中华人民共和国政府采购法〉办法》第十条第一款规定："政府采购当事人是指在政府采购活动中依法享有权利和承担义务的各类主体，包括采购人、采购代理机构、供应商等。"由此可知，某鹏有限公司不是案涉政府采购项目的当事人。因此，根据《财政部关于加强政府采购供应商投诉受理审查工作的通知》（财库〔2007〕1号）的规定，财政部门经审查发现有投诉人不是参加投诉项目政府采购活动的当事人的,应当认定为无效投诉,不予受理。于是,2016年10月28日,韶关市财政局作出政府采购投诉不予受理告知书,认为某鹏有限公司所提起的投诉无效,不予以受理。

3. 广东省财政厅行政复议维持韶关市财政局不予受理告知书。广东财政厅于2016年12月21日作出行政复议决定书,认为:某鹏有限公司未在有效期限内购买标书,未实际参与涉案政府采购活动。根据《政府采购供应商投诉处理办法》(财政部第20号令,已失效,现在施行的是财政部令第94号)第十条第一项"投诉人是参与所投诉政府采购活动的供应商",某鹏有限公司不符合投诉的条件。韶关财政局根据《政府采购供应商投诉处理办法》(财政部第20号令)第十条以及第十一条第一款第三项"投诉不符合其他条件的,书面告知投诉人不予受理,并应当说明理由"的规定,作出政府采购投诉不予受理告知书,认定事实清楚,适用法律正确,内容适当,依法予以维持。

四、法院对采购代理机构在17:00后不再出售招标文件是否合法的裁判

1. 一审法院韶关市武江区人民法院判决认为某鹏有限公司并非参与其投诉的政府采购活动的供应商,不符合提起投诉的条件。某鹏有限公司对广东省财政厅作出的行政复议决定书和韶关市财政局作出的政府采购投诉不予受理告知书不服,将广东省财政厅和韶关市财政局作为共同被告,起诉到韶关市武江区人民法院。韶关市武江区人民法院经审理后,作出行政判决,认为:韶关市财政局作出的政府采购投诉不予受理告知书和广东省财政厅作出的行政复议受理通知书合法。《政府采购法》第五十二条规定:"供应商认为采购文件、采购过程和中标、成交结果使自己的权益受到损害的,可以在知道或者应知其权益受到损害之日起七个工作日内,以书面形式向采购人提出质疑。"第五十五条规定:"质疑供应商对采购人、采购代理机构的答复不满意或者采购人、采购代理机构未在规定的时间内作出答复的,可以在答复期满后十五个工作日内向同级政府采购监督管理部门投诉。"根据上述规定,某鹏有限公司以"涉案政府采购活动的采购文件第六点表述不明确、不完整"向财政部门投诉,但某鹏有限公司并非参与其投诉的政府采购活动的供应商,不符合提起投诉的条件,不能以采购文件使自己的权益受到损害为由向财政部门投诉。因此,结合其他,韶关市武江区人民法院判决:

驳回某鹏有限公司的诉讼请求。

2. 二审法院韶关市中级人民法院判决认为某鹏有限公司未参与涉案项目的政府采购活动，不符合法定的投诉主体条件。2017年8月18日，韶关市中级人民法院作出行政判决，认为：某鹏有限公司于2016年10月25日向韶关市财政局递交投诉书中有关："投诉事项"一节的内容为："投诉事项一：购买标书的时间要求不明确，不完整……"有关"投诉请求"一节的内容为："请贵局依法认定：1. 购买标书的时间要求不明确，不完整……"等内容表明，某鹏有限公司投诉的内容为购买标书的时间问题以及招标文件存在倾向性问题，没有要求处理不让其购买标书行为的投诉请求。《政府采购法》第十四条规定："政府采购当事人是指在政府采购活动中享有权利和承担义务的各类主体，包括采购人、供应商和采购代理机构等。"《广东省实施〈中华人民共和国政府采购法〉办法》第十条第一款规定："政府采购当事人是指在政府采购活动中依法享有权利和承担义务的各类主体，包括采购人、采购代理机构、供应商等。"明确政府采购当事人包括了采购人、供应商和采购代理机构。《政府采购法》第五十二条规定："供应商认为采购文件、采购过程和中标、成交结果使自己的权益受到损害的，可以在知道或者应知其权益受到损害之日起七个工作日内，以书面形式向采购人提出质疑。"经二审询问，某鹏有限公司称其报名但对方不予受理，也没有取得招投标文件。因此，本案某鹏有限公司未参与涉案项目的政府采购活动，其就本案政府采购行为的投诉不符合法定的投诉主体条件。结合其他，韶关市中级人民法院判决如下：驳回上诉，维持原判。

3. 再审法院广东省高级人民法院裁判认为某鹏有限公司同时未能提供其他证据证明其参与了涉案政府采购活动并驳回其再审申请。2018年11月15日，广东省高级人民法院作出行政裁定，认为：本案的焦点问题是申请人（某鹏有限公司）是否具备投诉涉案政府采购活动的条件，其投诉是否为无效投诉。《政府采购供应商投诉处理办法》（财政部第20号令）第十条第一项规定，投诉人提起投诉应当符合投诉人是参与所投诉政府采购活动的供应商的条件。根据《财政部关于加强政府采购供应商投诉受理审查工作的通知》（财库〔2007〕1号）第二条的规定，财政部门经审查，有投诉人不是参加投诉项目政府采购活动的当事人的，应当认定为无效投诉，不予受理，并及时书面告知投诉人不予受理的理由。上述规定明确了供应商投诉的前提条件是其参与了所投诉政府采购活动，反之为无效投诉。本案中，申请人并没有购买涉案政府采购项目的招标文件和履行该文件中规定的报名登记、注册等手续，亦未能提供其他证据证明其参与了涉案政府采购活动。据此，韶关市财政局对其投诉经审查后作出涉案政府采购投诉不予受理告知书，广东省财政厅复议予以维持，并无不当。原审法院判决驳回申请人的诉讼请求，并无不妥。据此，广东省高级人民法院裁定：驳回某鹏有限公司的再审申请。

五、17：00后被拒售招标文件案对投标人的两个重大启示

1. 守时、及时和询问。守时的重要性不用赘述。对于及时，前述"韶关市中医院医疗设备采购项目"投标邀请书明确规定："符合资格的供应商应当在2016年9月14日至2016年9月21日期间（办公时间内，法定节假日除外）到广东某东招标代理有限公司（地址：广州市越秀区越秀北路×号某大厦×楼）购买招标文件。"采购人和采购代理机构已经依法留足了供投标人购买招标文件的时间，从2016年9月14日至2016年9月21日，投标人没必要在最后一天的最后一刻赶去买招标文件，买招标文件要趁早，要及时，不要拖拉。对于询问，如果投标人不清楚"办公时间内"究竟是朝九晚五，还是朝九晚六，应该根据《政府采购法》第五十一条的规定："供应商对政府采购活动事项有疑问的，可以向采购人提出询问，采购人应当及时作出答复，但答复的内容不得涉及商业秘密。"投标人切记不能按照自己的理解去执行"办公时间内"，毕竟，招标文件不是投标人编制的。

2. 招标采购非常专业，投标人提出质疑也须专业。在前述"韶关市中医院医疗设备采购项目"中，之所以某鹏有限公司质疑、投诉、行政复议、行政诉讼一审、行政诉讼二审、行政诉讼再审均"败诉"，是因为某鹏有限公司质疑时，提出的质疑为"认为韶关市中医院设备采购项目的采购文件损害了其公司权益"，具体为"购买标书的时间要求不明确，不完整"。但政府采购活动中，提出质疑的前提是参与了政府采购活动。供应商（投标人）对采购文件提出质疑，前提是获得了采购文件。某鹏有限公司在最后一天的17：01购买招标文件被拒，即没有获得采购文件，不得对采购文件提出质疑，不具有投诉主体资格，行政复议、行政诉讼一审、行政诉讼二审、行政诉讼再审均"败诉"也就在情理之中。但对于17：00后不再出售招标文件是否合法，恰如韶关市中级人民法院所言"某鹏有限公司投诉的内容为购买标书的时间问题以及招标文件存在倾向性问题，

没有要求处理不让其购买标书行为的投诉请求"。所以投诉、行政复议、行政诉讼一审、行政诉讼二审、行政诉讼再审中，均未对17：00后不再出售招标文件是否合法进行审理。

六、结语

投标人对招标公告、招标文件、投标邀请等内容不明确的地方，如"办公时间内"究竟是朝九晚五还是朝九晚六，应及时向采购人、采购代理机构询问。另外，在招标采购中，守时很重要，及时也很重要。当然，投标人提出质疑也须专业。

案例 39：未在投标签到表上签到的供应商是否不得继续参与投标？

一、前言

线下纸质招标采购活动中，投标人须按时参加招标采购活动。投标人提交投标响应文件时，均会签到以示参加的时间。如果投标人按时到场但未签到，是否不得继续参加投标呢？

二、供应商未在签到表上签到被拒绝继续参与投标

1. 采购项目情况。采购人汾阳市人民政府办公室委托汾阳市政府采购中心，对汾阳市人民政府办公室政府法律顾问集中采购项目进行竞争性磋商方式的采购。汾阳市政府采购中心公开发布了汾阳市政府采购中心竞争性磋商文件，并在山西省政府采购网上进行了公告。该文件第五条"磋商程序"中第 15.2 项规定："投标人参加开标的代表必须在投标人签到表上签到以证明其出席。"

2. 某律所未签到被拒绝继续参与投标。2017 年 11 月 28 日 9 时，汾阳市政府采购中心在该中心三楼的开标室就汾阳市政府法律顾问集中采购项目进行开标活动。山西晋某律师事务所委派专人前往开标地点参与开标活动。9 点 20 分左右，汾阳市政府采购中心主持人以山西晋某律师事务所未在签到表上签到，不准山西晋某律师事务所参与投标，并要求山西晋某律师事务所退出会场。

3. 被拒绝继续参与投标的律所提出质疑。2017 年 11 月 30 日，山西晋某律师事务所向汾阳市政府采购中心提交质疑书，认为：根据我国政府采购法律规定和实践经验，政府采购过程的原则是"标书到达主义"，即以标书到达作为判断投标人是否参与投标的标准。签到只是一种形式，是招标代理机构行使管理职能和规范现场活动的一项措施，不能作为决定投标人投标资格的条件。山西晋某律师事务所确实在 9 点之前携带符合要求的标书到达了开标现场，这一事实有开标现场的监控视频可以证明。汾阳市政府采购中心于 2017 年 12 月 5 日对山西晋某律师事务所作出回复，认为其严格按照磋商文件组织了开标程序，并无不妥

之处。

4. 被拒绝继续参与投标的律所提出投诉。山西晋某律师事务所不服汾阳市政府采购中心的回复，于 2017 年 12 月 19 日以汾阳市政府采购中心剥夺了其公平竞争权为由向汾阳市财政局提出投诉。

三、汾阳市财政局和汾阳市人民政府对供应商未在签到表上签到被拒绝继续参与投标的认定与处理

1. 汾阳市财政局驳回投诉。汾阳市财政局认为：汾阳市政府采购中心竞争性磋商文件不违反法律规定，参加投标的律师事务所均应严格执行。该磋商性文件第二部分"投标人须知"第五条第 15.2 项规定："投标人参加开标的代表必须在投标人签到表上签到以证明其出席。"山西晋某律师事务所在开标活动中并未在签到表上签到的行为，违反了磋商文件的规定。根据磋商文件第二部分第二条第 5.1 项的规定，"第二部分投标人须知"属于相应文件的组成部分；同时，根据第 5.2 项的规定，投标人应当认真阅读磋商文件中的所有条款、事项、格式和技术规范、参数及要求等，若投标没有对磋商文件在各方面都作出实质性磋商响应是投标人的风险，有可能导致其投标被拒绝或被认定为无效投标或被确定为投标无效。因此，山西晋某律师事务所未按磋商性文件规定在签到表上签到的行为实质上属于没有对磋商性文件在各方面都作出实质性响应的行为，山西晋某律师事务所应当对该行为承担相应的风险和责任。据此，结合其他，2018 年 1 月 12 日，汾阳市财政局作出政府采购投诉处理决定书，维持了汾阳市政府采购中心的质疑回复意见。

2. 汾阳市人民政府行政复议维持汾阳市财政局决定书。2018 年 3 月 27 日，汾阳市人民政府作出行政复议决定书，维持了被告汾阳市财政局的处理决定。

四、法院对供应商未在签到表上签到被拒绝继续参与投标的裁判

1. 一审法院山西省吕梁市离石区人民法院判决认为供应商未在签到表上签到被拒绝继续参与投标不违法。山西晋某律师事务所对汾阳市财政局作出的政府采购投诉处理决定书和汾阳市人民政府作出的行政复议决定书不服，将汾阳市财

政局和汾阳市人民政府作为共同被告，起诉到山西省吕梁市离石区人民法院。山西省吕梁市离石区人民法院经审理后，作出行政判决，认为：汾阳市财政局在收到原告投诉书后调查查明，汾阳市政府采购中心竞争性磋商文件是汾阳市人民政府办公室政府法律顾问集中采购竞争性磋商招标采购项目进行磋商招标、投标以及开标的主要依据，该磋商文件第二部分"投标人须知"第五条第15.2项规定："投标人参加开标的代表必须在投标人签到表上签到以证明其出席。"第二部分第二条第5.2项规定："投标人应认真阅读磋商文件中所有的条款、事项、格式和技术规范、参数及要求等，如投标没有对磋商文件在各方面都作出实质性磋商响应是投标人的风险，有可能导致其投标被拒绝或被认定为无效投标或被确定为投标无效。"该磋商文件的上述内容不违反法律规定，合法有效，参加投标的律师事务所均应严格执行。原告未在签到表上签到，属于未对磋商文件作出实质性磋商响应，应当为其行为承担相应的风险和责任。汾阳市政府采购中心以此为由拒绝原告投标的行为符合磋商文件的规定，且不违反法律规定。因此，结合其他，山西省吕梁市离石区人民法院判决：驳回原告山西晋某律师事务所的诉讼请求。

2. 二审法院山西省吕梁市中级人民法院判决认为供应商未在签到表上签到被拒绝继续参与投标不违法。2019年8月12日，山西省吕梁市中级人民法院作出行政判决，认为：汾阳市政府采购中心竞争性磋商文件是汾阳市人民政府办公室政府法律顾问集中采购竞争性磋商招标采购项目进行磋商招标、投标以及开标的主要依据，该磋商文件不违反法律规定，合法有效，参加投标的律师事务所均应严格执行。其中，第二部分"投标人须知"第5.1项规定，"响应文件由下列六部分内容组成：第一部分磋商公告；第二部分投标人须知；第三部分商务、技术要求；第四部分评定内容及标准；第五部分响应文件格式"。第5.2项规定："投标人应认真阅读磋商文件中所有的条款、事项、格式和技术规范、参数及要求等，如投标没有对磋商文件在各方面都作出实质性磋商响应是投标人的风险，有可能导致其投标被拒绝或被认定为无效投标或被确定为投标无效。""投标人须知"第五条第15.2项规定："投标人参加开标的代表必须在投标人签到表上签到以证明其出席。"由此可见，投标人参加开标的代表必须在投标人签到表上签到以证明其出席。如果没有签到，即为违反响应文件，投标人应承担有可能导致其投标被拒绝或被认定为无效投标或被确定为投标无效的风险。上诉人未在签到表上签到，属于未对磋商文件作出实质性磋商响应，上诉人应当对该行为承担相应的风险和责任。汾阳市政府采购中心以此为由拒绝上诉人投标的行为符合磋商文件的规定，不违反法律规定。结合其他，山西省吕梁市中级人民法院判决如下：驳回上诉，维持原判。

五、投标签到表未签到的供应商不得继续参与投标

1. 采取公开招标或邀请招标的，投标人签到的同时核心是提交符合招标文件相关要求的投标文件。根据《政府采购货物和服务招标投标管理办法》（财政部令第87号）第三十三条规定："投标人应当在招标文件要求提交投标文件的截止时间前，将投标文件密封送达投标地点。采购人或者采购代理机构收到投标文件后，应当如实记载投标文件的送达时间和密封情况，签收保存，并向投标人出具签收回执。任何单位和个人不得在开标前开启投标文件。逾期送达或者未按照招标文件要求密封的投标文件，采购人、采购代理机构应当拒收。"因此，签到属于一个法定的程序，核心是投标人是否按照招标文件规定的时间和要求密封并送达投标文件，采购人或者采购代理机构需要对此进行检查，并向投标人出具签收回执。逾期送达或者未按照招标文件要求密封的投标文件，采购人、采购代理机构应当拒收。因此，如果投标人参加投标的，除了要按时到达提交投标文件的现场及携带按照招标文件要求密封了的投标文件，还要提交投标文件给采购人或者采购代理机构检查签收，否则不能视为当然符合继续参与投标的条件。

2. 采取竞争性磋商的，供应商签到的核心是按时提交符合密封要求的响应文件。根据《政府采购竞争性磋商采购方式管理暂行办法》（财库〔2014〕214号）第十三条规定："供应商应当在磋商文件要求的截止时间前，将响应文件密封送达指定地点。在截止时间后送达的响应文件为无效文件，采购人、采购代理机构或者磋商小组应当拒收。供应商在提交响应文件截止时间前，可以对所提交的响应文件进行补充、修改或者撤回，并书面通知采购人、采购代理机构。补充、修改的内容作为响应文件的组成部分。补充、修改的内容与响应文件不一致的，以补充、修改的内容为准。"因此，供应商不仅人要按时到，密封好的响应文件更要按时到，而且要将响应文件提交给采购人、采购代理机构或者磋商小组，而签到，也是证明供应商提交了响应文件的证据。没签到，即响应文件也未按时提交，不得继续参与政府采购活动。

3. 采取竞争性谈判或询价的，供应商签到的核心也是按时提交符合密封要

求的响应文件。根据《政府采购非招标采购方式管理办法》（财政部令第74号）第十五条的规定："供应商应当在谈判文件、询价通知书要求的截止时间前，将响应文件密封送达指定地点。在截止时间后送达的响应文件为无效文件，采购人、采购代理机构或者谈判小组、询价小组应当拒收。供应商在提交询价响应文件截止时间前，可以对所提交的响应文件进行补充、修改或者撤回，并书面通知采购人、采购代理机构。补充、修改的内容作为响应文件的组成部分。补充、修改的内容与响应文件不一致的，以补充、修改的内容为准。"因此，同竞争性磋商一样，采取竞争性谈判或询价的，供应商签到的核心也是按时提交符合密封要求的响应文件，签到必不可少。

六、结语

越是路平，越易摔跤。越是细节，越容易出错。看似毫不起眼的签到程序，投标人（供应商）处理不当，将痛失投标机会。当然，现在电子化招标投标越来越普及，在电子招标投标中，纸质签到程序变成了另外的方式。但不管是哪种方式或程序，投标人（供应商）均应认真再认真。

案例 40：供应商可否在投标文件里提出向采购人"赠送"一定的货物或服务？

一、前言

政府采购项目，供应商可否主动向采购人提出赠送其一定的货物或服务，并明文写在其投标（响应）文件里？

二、供应商部分货物报价为 0 元，"不计价赠送"引起质疑投诉

1. 采购项目情况。采购人甲省公安厅交通管理局、采购代理机构甲省某建招投标代理有限公司（以下简称某建公司）实施的"车辆号牌制作供应采购项目"，在该项目招标文件第一部分第二章第一节 4.2 号牌类型及单价预算控制价规定：大型汽车号牌每副预算价 43.76 元、小型汽车号牌每副预算价 38.05 元、挂车号牌每副预算价 26.23 元、教练车号牌每副预算价 38.06 元、摩托车号牌每副预算价 29.06 元、低速车号牌每副预算价 32.90 元，合计预算价 208.06 元。第三章第一节评标办法规定：本项目采用综合评分法进行评审。第二节评分标准"二、评分标准"部分"3. 价格分的计算"规定，投标报价：为所有号牌类别单价的总和。第四节无效标条款规定，"出现下列情形之一的，供应商递交的投标文件作无效标处理，该供应商的投标文件不参与评审，且不计算入投标供应商家数……5. 投标报价被评审委员会认定低于成本价的……7. 投标文件对采购文件的实质性要求和条件未作出响应的"。

2. 某供应商三项报价为 0 元并声明为"不计价赠送"但经评标委员会认定为初步审查不通过。2017 年 1 月 13 日，该采购项目开标、评标。甲省某运交通设施工程有限公司（以下简称某运公司）在其投标文件中的报价为：大型汽车号牌每副 35 元、小型汽车号牌每副 35 元、挂车号牌每副 0 元、教练车号牌每副 0 元、摩托车号牌每副 17 元、低速车号牌每副 0 元，单副号牌合计 87 元。在表中的"投标申明"部分载明："经我公司多年的生产数据分析，挂车号牌、教练

车号牌、低速车号牌（市场分析）约占号牌总量的1.27%，为感谢采购人多年的支持和关心，我公司将此三项不计价赠送，其成本已计入其他号牌中。"经评标委员会评审，某运公司未通过初步审查。评标委员会判定不通过的理由之一为：某运公司出现招标文件第三章第四节无效标条款中第5点和第7点的情形。

3. 三项报价为0元初步审查不通过的供应商提出质疑投诉。2017年1月19日，某运公司向某建公司提出质疑，具体事项包括：1. 经与中标企业投标价格比较计算，对中标结果是否遵循低价中标原则提出质疑……2017年1月26日，某建公司作出质疑答复函。某运公司对答复不服，于2017年2月16日向甲省财政厅提出投诉。

三、财政部经行政复议撤销了甲省财政厅对该项目责令重新开展采购活动等的处理决定

1. 投诉处理机关甲省财政厅的第一次处理决定驳回某运公司的投诉。2017年3月28日，甲省财政厅作出政府采购投诉处理决定书（以下简称8号投诉处理决定），甲省财政厅认为……投诉人提起投诉前没有依法进行质疑，不符合投诉条件。结合其他，甲省财政厅以某运公司的投诉缺乏事实依据为由，驳回了其投诉。

2. 投诉处理机关甲省财政厅的第二次处理决定中标结果无效，责令重新开展采购活动。2017年3月29日，甲省财政厅作出政府采购处理决定书（以下简称4号处理决定）。该决定认为：该项目评标委员会未按照招标文件规定的评标方法和标准进行评标，影响了中标结果，根据《政府采购货物和服务招标投标管理办法》（财政部令第18号，已失效，现在施行的是财政部令第87号）第七十七条第二款和《财政部关于加强政府采购货物和服务项目价格评审管理的通知》（财库〔2007〕2号）之规定，决定涉案采购项目中标结果无效，责令重新开展采购活动。

3. 中标人不服甲省财政厅的第二次处理决定向财政部提起行政复议申请。该采购项目的中标人甲省某龙反光标牌有限公司（以下简称某龙公司）不服甲省财政厅作出的4号处理决定，向财政部提出行政复议申请。某龙公司认为……（2）根据《政府采购法》第二条的规定，政府采购行为是一种有偿、需要采购人付费的活动。……（4）根据《政府采购法实施条例》第十一条的规定，本项

目共采购 6 种类别的号牌，若采购人在评审过程中接受了赠送的赠品（挂车号牌、教练车号牌、低速车号牌），将损害其他投标供应商的合法权益。某运公司赠送行为已违反了前述法律规定。……3、4 号处理决定存在矛盾和明显不当。甲省财政厅作出的 8 号投诉处理决定认定某运公司的投诉缺乏事实依据，并决定驳回投诉。据此可推断此次中标应合法有效。而其又作出 4 号处理决定，认定中标无效。两决定书存在矛盾和明显不当。综上，某龙公司请求财政部撤销 4 号处理决定。

4. 行政复议机关财政部撤销了甲省财政厅的第二次处理决定。2017 年 6 月 6 日，财政部针对某龙公司的行政复议申请作出行政复议决定。决定撤销甲省财政厅于 2017 年 3 月 29 日作出的 4 号处理决定。

四、法院对供应商部分货物报价为 0 元 "不计价赠送" 的裁判

1. 一审法院北京市某中级人民法院判决驳回三项报价为 0 初步审查不通过的某运公司的全部诉讼请求。某运公司对财政部作出的行政复议决定不服，将财政部作为被告，起诉到北京市某中级人民法院。北京市某中级人民法院经审理后，作出行初 787 号行政判决，认为：在政府采购中，供应商的投标行为属于有偿提供商品或服务的行为，也是一种销售行为。结合其他，北京市某中级人民法院判决：驳回原告某运公司的全部诉讼请求。

2. 二审法院北京市高级人民法院判决驳回三项报价为 0 元初步审查不通过的某运公司的上诉，维持一审判决。2018 年 6 月 19 日，北京市高级人民法院作出行政判决，认为：某运公司在报价中称将三项报价为 0 元的号牌 "不计价赠送"，既有违《政府采购法》第二条第四款 "本法所称采购，是指以合同方式有偿取得货物、工程和服务的行为，包括购买、租赁、委托、雇用等" 规定的有偿原则，同时亦违反了《政府采购法实施条例》第十一条第二款 "采购人不得向供应商索要或者接受其给予的赠品、回扣或者与采购无关的其他商品、服务" 的规定。综上，评标委员会对于本案上述主要争议事项的认定并无不当，就此其对某运公司的初步审查不予通过亦无不当，而甲省财政厅作出的 4 号处理决定对此认定事实不清，定性失当，财政部通过行政复议程序予以纠正，作出的被诉决定书证据确凿，适用法律正确，程序合法。结合其他，北京市高级人民法院判决如下：驳回上诉，维持一审判决。

五、政府采购活动不允许供应商"赠送"货物或服务

1. 不允许供应商主动向采购人"赠送"货物或服务。根据《政府采购法》第二条第四款规定："本法所称采购，是指以合同方式有偿取得货物、工程和服务的行为，包括购买、租赁、委托、雇用等。"以及《政府采购法实施条例》第十一条规定："采购人在政府采购活动中应当维护国家利益和社会公共利益，公正廉洁，诚实守信，执行政府采购政策，建立政府采购内部管理制度，厉行节约，科学合理确定采购需求。采购人不得向供应商索要或者接受其给予的赠品、回扣或者与采购无关的其他商品、服务。"《政府采购货物和服务招标投标管理办法》（财政部令第87号）第六条规定："采购人应当按照行政事业单位内部控制规范要求，建立健全本单位政府采购内部控制制度，在编制政府采购预算和实施计划、确定采购需求、组织采购活动、履约验收、答复询问质疑、配合投诉处理及监督检查等重点环节加强内部控制管理。采购人不得向供应商索要或者接受其给予的赠品、回扣或者与采购无关的其他商品、服务。"这也是前述"车辆号牌制作供应采购项目"中，供应商某运公司三项报价为0元并申明"我公司将此三项不计价赠送"，被北京市高级人民法院驳回上诉的理由之一。

2. 不允许采购人主动向供应商索要"赠送"的货物或服务。根据《政府采购法实施条例》第十一条规定："采购人在政府采购活动中应当维护国家利益和社会公共利益，公正廉洁，诚实守信，执行政府采购政策，建立政府采购内部管理制度，厉行节约，科学合理确定采购需求。采购人不得向供应商索要或者接受其给予的赠品、回扣或者与采购无关的其他商品、服务。"《政府采购货物和服务招标投标管理办法》（财政部令第87号）第六条规定："采购人应当按照行政事业单位内部控制规范要求，建立健全本单位政府采购内部控制制度，在编制政府采购预算和实施计划、确定采购需求、组织采购活动、履约验收、答复询问质疑、配合投诉处理及监督检查等重点环节加强内部控制管理。采购人不得向供应商索要或者接受其给予的赠品、回扣或者与采购无关的其他商品、服务。"因此，在政府采购项目中，采购人在招标采购文件中，也不得要求供应商免费提供一定的货物或服务等。当然，"私底下"要求供应商提供赠送的货物或服务，也是违法的。

六、结语

有预算，才有采购；无预算，不采购。政府采购，是一项需要花钱的"有偿"活动。无偿提供货物或服务，与政府采购的"有偿"性不符。对采购人和供应商而言，双方均不得主动或被动地提供或接受"赠送"的货物或服务，当然，赠送的工程也不行。

案例 41：政府采购项目是否可以设置成本警戒线？

一、前言

恶意低价中标，采购人、供应商均深受其害。各方也一直在探讨如何防范恶意低价中标。在工作实践中，是否可以在政府采购项目中设定一个成本警戒线，供应商报价低于成本警戒线的，承担相应的不利后果？

二、采购文件设置报价低于采购预算额度 75% 的相应不利后果被质疑投诉

1. 采购项目情况。2015 年 12 月 31 日，采购人韶关市卫生和计划生育局、采购代理机构广东省政府采购中心发布了"韶关市卫生和计划生育局医疗设备（B 超）采购项目"的招标文件，招标文件第二部分规定："★如投标商报价低于采购预算额度的 75%，必须同时提交单独且详细的成本清单说明，……将视为不符合资格性、符合性审查所列的对应的情形。评审委员会将此作为投标是否低于成本价的依据。"

2. 某供应商对该"成本警戒线"提出质疑投诉。2016 年 1 月 14 日，韶关市某鹏贸易有限公司（以下简称某鹏有限公司）向该项目采购代理机构广东省政府采购中心提出韶关市卫生和计划生育局医疗设备（B 超）采购项目的质疑函，提出"问题一、质疑采购文件第 3 页★如投标人所投产品报价低于采购预算额度的 75%，必须同时提交投标人及生产商详细的成本清单说明如下……"2016 年 1 月 25 日，广东省政府采购中心就某鹏有限公司的质疑作出关于韶关市卫生和计划生育局医疗设备（B 超）采购项目的质疑答复函，对某鹏有限公司提出的质疑作出答复。某鹏有限公司对质疑答复不满，向韶关市财政局提出投诉。

三、广东省财政厅与韶关市财政局对采购文件设置报价低于采购预算额度 75% 的相应不利后果的认定与处理

1. 投诉处理机关韶关市财政局认为合法。2016 年 3 月 10 日，韶关市财政局

作出政府采购投诉处理决定书，认为：关于投诉事项1，经审查，招标文件第二部分规定："★如投标商报价低于采购预算额度的75%，必须同时提交单独且详细的成本清单说明，……将视为不符合资格性、符合性审查所列的对应的情形。评审委员会将此作为投标是否低于成本价的依据。"此条款是为了防止投标人以排挤竞争对手为目的，以低于成本的价格销售商品，符合《反不正当竞争法》第十一条①和《政府采购法》第七十七条之规定。此外，招标文件并没有拒绝投标报价低于采购预算的75%的投标人参与投标，此条款并无违反法律法规的相关规定，该投诉事项缺乏法律依据。结合其他，决定驳回某鹏有限公司投诉请求。

2. 行政复议机关广东省财政厅也认为合法。2016年5月19日，广东省财政厅依法作出行政复议决定书，认为："……（二）关于申请人提出的'低于采购预算额度的75%投标的审查条款不合理'的问题。招标文件设置的'★如投标商报价低于采购预算额度的75%，必须同时提交单独且详细的成本清单说明，……将视为不符合资格性、符合性审查所列的对应的情形。评审委员会将此作为投标是否低于成本价的依据'条款，并没有拒绝报价低于采购预算额度的75%的供应商投标，招标人只有在无法说明其正常履约能力的情况下，才会被视为不符合资格性、符合性审查所列的对应情形，该条款并没有规定供应商的报价下限。该条款的设置符合《反不正当竞争法》第十一条'经营者不得以排挤竞争对手为目的，以低于成本的价格销售商品'及《政府采购法》第七十七条'供应商有下列情形之一的……采取不正当手段诋毁、排挤其他供应商的……中标、成交无效'之规定，遵循了政府采购的公平竞争原则……"结合其他，决定维持韶关市财政局作出的政府采购投诉处理决定书。

四、法院对采购文件设置报价低于采购预算额度75%的相应不利后果的裁判

1. 一审法院韶关市曲江区人民法院判决认为合法。某鹏有限公司对广东省财政厅作出的行政复议决定书和韶关市财政局作出的政府采购投诉处理决定书不服，将广东省财政厅和韶关市财政局作为共同被告，起诉到韶关市曲江区人民法院。韶关市曲江区人民法院经审理后，作出行政判决，认为：韶关市财政局作出的政府采购投诉处理决定书和广东省财政厅作出的行政复议决定书证据确凿，适

---

① 《反不正当竞争法》分别于2017年修订、2019年修正，具体请参见现行规定。

用法律、法规正确，符合法定程序。结合其他，韶关市曲江区人民法院判决驳回某鹏有限公司的诉讼请求。

2. 二审法院韶关市中级人民法院判决认为合法。2016年12月30日，韶关市中级人民法院作出行政判决，认为：韶关市财政局作出的行政行为以及广东省财政厅作出的行政复议行为证据确凿，适用法律、法规正确，符合法定程序，应当支持；某鹏有限公司上诉理由不充分，不予采纳；原判认定事实清楚，适用法律、法规正确，程序合法，应予维持。结合其他，韶关市中级人民法院判决如下：驳回上诉，维持原判。

3. 再审法院广东省高级人民法院裁定认为合法。2018年5月30日，广东省高级人民法院作出行政裁定，认为："……韶关市财政局受理投诉并经调查核实后，认为招标文件第二部分有关'★如投标商报价低于采购预算额度的75%，必须同时提交单独且详细的成本清单说明，……'的规定，是为防止投标人以排挤竞争对手为目的，以低于成本的价格销售商品，符合法律规定，且申请人投诉该项目设置的技术要求具有倾向性和排斥性，没有事实依据和法律依据，韶关市财政局作出的政府采购投诉处理决定书并无不当。"结合其他，广东省高级人民法院裁定驳回某鹏有限公司的再审申请。

五、政府采购相关法律法规并未禁止设置"成本警戒线"

1. 政府采购相关法律法规只是禁止设最低限价。《政府采购货物和服务招标投标管理办法》（财政部令第87号）第十二条规定："采购人根据价格测算情况，可以在采购预算额度内合理设定最高限价，但不得设定最低限价。"因此，在政府采购中，如果采用公开招标或邀请招标方式采购的，不得设置最低限价。如果设置最低限价的，将承担相应法律责任，如《政府采购货物和服务招标投标管理办法》（财政部令第87号）第七十八条规定："采购人、采购代理机构有下列情形之一的，由财政部门责令限期改正，情节严重的，给予警告，对直接负责的主管人员和其他直接责任人员，由其行政主管部门或者有关机关给予处分，并予通报；采购代理机构有违法所得的，没收违法所得，并可以处以不超过违法所得3倍、最高不超过3万元的罚款，没有违法所得的，可以处以1万元以下的罚款：（一）违反本办法第八条第二款规定的；（二）设定最低限价的……"但是，政府采购不采用招标方式的，能否设定最低限价呢？《政府采购法》《政府采购法实施条例》《政府采购非招标采购方式管理办法》《政府采购竞争性磋商采购方式管理暂行办法》等并未予以明文规定。

2. 政府采购相关法律法规并未规定或禁止设置"成本警戒线"。《政府采购法》《政府采购法实施条例》《政府采购货物和服务招标投标管理办法》《政府采购非招标采购方式管理办法》《政府采购竞争性磋商采购方式管理暂行办法》等均未规定或禁止设置"成本警戒线"。这从前述"韶关市卫生和计划生育局医疗设备（B超）采购项目"中，投诉处理机关韶关市财政局、行政复议机关广东省财政厅、一审法院韶关市曲江区人民法院、二审法院韶关市中级人民法院、再审法院广东省高级人民法院均未认定"报价低于采购预算额度的75%承担相应不利后果"的规定违法中可见一斑。

3. "成本警戒线"不等于最低限价但容易异化为最低限价。最低限价，是指供应商的报价低于最低限价的，其投标无效。但类似于前述"韶关市卫生和计划生育局医疗设备（B超）采购项目"中设置的"如投标商报价低于采购预算额度75%，必须同时提交单独且详细的成本清单说明，……将视为不符合资格性、符合性审查所列的对应的情形。评审委员会将此作为投标是否低于成本价的依据"的"成本警戒线"，并非"一刀切"地将所有低于采购预算额度的75%报价的供应商的投标均作无效投标处理，而是警醒供应商如果报价低于采购预算额度的75%的话，须提交单独且详细的成本清单说明，否则将承担相应的不利后果。因此，"成本警戒线"不等于最低限价。但是，"成本警戒线"容易异化为最低限价。比如，采购人、采购代理机构在采购文件中虽然没有明文规定"最低限价"，但是在类似前述"报价低于采购预算额度的75%"的不利后果中，直接设置其后果为投标无效，或不符合资格性、符合性审查，则其实质上即为最低限价。

4. 现行政府采购相关法律法规明文规定的是"明显低于其他通过符合性审查投标人的报价"。《政府采购货物和服务招标投标管理办法》（财政部令第87号）第六十条规定："评标委员会认为投标人的报价明显低于其他通过符合性审查投标人的报价，有可能影响产品质量或者不能诚信履约的，应当要求其在评标现场合理的时间内提供书面说明，必要时提交相关证明材料；投标人不能证明其报价合理性的，评标委员会应当将其作为无效投标处理。"因此，采购人、采购代理机构在采购文件中，可以直接沿用《政府采购货物和服务招标投标管理办法》（财政部令第87号）第六十条的规定，以防范投标人的恶意低价竞标。

六、结语

"成本警戒线"在工程招投标活动中运用较多,在政府采购活动中运用较少,但政府采购相关法律法规并未禁止设置"成本警戒线",只禁止设置最低限价。同时,《政府采购货物和服务招标投标管理办法》(财政部令第87号)第六十条"明显低于其他通过符合性审查投标人的报价"的规定,也是一个防范投标人恶意低价竞标的方法。

案例 42：可否在对前三名中标候选人的投标样品进行检测后再行确定中标人？

一、前言

政府采购货物项目中，在需要供应商提供投标样品的情形下，可否对前三名中标候选人的样品进行检测，并根据检测结果等再行确定中标人？

二、采购文件规定对中标候选人的样品进行检测后再确定中标人

1. 采购项目情况。2016 年 7 月 15 日，采购人淮阴师范学院发布了"淮阴师范学院长江路校区田径场塑胶跑道改造工程项目"的招标公告及招标文件，招标文件规定的定标办法为：评标委员会确定前三名投标人为中标候选人，招标人对中标候选人提供的投标样品进行检测后，根据检测结果及评标排名顺序确定中标人。

2. 第一中标候选人样品检测不合格未中标。2016 年 8 月 5 日，该项目开标、评标，确定南京某明体育实业有限公司（以下简称某明公司）、广州某欣康体设备有限公司（以下简称某欣公司）及南京某泰实业有限公司为中标候选人，某明公司为第一中标候选人。前三名中标候选人按照招标文件要求提供了投标样品（包括 500×500 橡胶卷材跑道面层样品三块、聚氨酯胶水 2 千克）。采购人淮阴师范学院委托江苏省产品质量监督检验研究院对投标样品进行检测。因第一中标候选人某明公司投标样品检测结果不合格，由排序第二的某欣公司中标，淮阴师范学院于 2016 年 9 月 28 日发布中标结果，随后签订了中标合同。

3. 未中标的第一中标候选人提出质疑投诉。2016 年 10 月 8 日，第一中标候选人某明公司不服采购结果，向淮阴师范学院提出质疑，淮阴师范学院于 2016 年 10 月 10 日作出回复。某明公司不满淮阴师范学院的答复，于 2016 年 10 月 27 日向江苏省财政厅投诉。

三、江苏省财政厅对采购文件规定对中标候选人的样品进行检测后再行确定中标人的认定与处理

1. 江苏省财政厅的调查处理过程。2016年10月27日,江苏省财政厅收到未中标的第一中标候选人某明公司的投诉。同日,江苏省财政厅受理后,于2016年10月28日向淮阴师范学院及相关供应商某欣公司送达投诉书副本及调查取证通知书,于2016年11月16日向某明公司及淮阴师范学院送达调查补正通知书。2016年12月20日,江苏省财政厅作出投诉处理决定。

2. 江苏省财政厅认为采购程序违法,采购人不得对中标候选人的样品进行检测。江苏省财政厅经审理后认为:淮阴师范学院所提供的招标采购结果登记表中的评审结果显示:排序第一的中标候选人是某明公司,评委意见是"待样品送检之后递序确定中标人",即该项目是先进行评标,后对中标候选人的样品进行检测,最终否定某明公司中标而确定某欣公司为中标人,改变了评审结果,违反了《政府采购法实施条例》第四十四条第二款之规定,中标结果的产生过程存在违法行为。结合其他,江苏省财政厅作出投诉处理决定撤销涉案项目的采购合同等。

四、法院对采购文件规定对中标候选人的样品进行检测后再行确定中标人的裁判

1. 一审法院南京市中级人民法院判决认为不得因对样品进行检测而改变评审结果。中标的第二中标候选人某欣公司对江苏省财政厅作出的投诉处理决定不服,将江苏省财政厅诉至南京市中级人民法院。某欣公司认为其向招标单位报送的资料、送检的产品等均符合法律规定。在招投标过程中,淮阴师范学院要求参与投标的中标候选人提供样品进行检测,某欣公司依照规定提供了样品。经检测,某欣公司因提供的样品符合要求而被确定为中标人。某明公司因样品检测不合格未中标,招标结果符合招投标法律法规规定。本次招投标的评审意见是:"待样品送检之后递序确定中标人",已表明了评审并未确定中标人,而是要等待样品送检结果。因此由样品合格的某欣公司中标完全合乎法律规定。江苏省财政厅如认为淮阴师范学院的送检过程存在瑕疵,可以责令其补正,并不必然导致

本次招标结果被撤销。因此，江苏省财政厅的投诉处理决定不符合法律规定。南京市中级人民法院经审理后，作出行政判决，认为：关于本次政府采购程序是否合法的问题，本院认为，《政府采购法实施条例》第四十三条第一款规定："采购代理机构应当自评审结束之日起 2 个工作日内将评审报告送交采购人。采购人应当自收到评审报告之日起 5 个工作日内在评审报告推荐的中标或者成交候选人中按顺序确定中标或者成交供应商。"第四十四条第二款规定："采购人或者采购代理机构不得通过对样品进行检测、对供应商进行考察等方式改变评审结果。"采购人淮阴师范学院发布的招标文件规定的定标办法为：评标委员会确定前三名投标人为中标候选人，招标人对中标候选人提供的投标样品进行检测后，根据检测结果及评标排名顺序确定中标人。该定标办法在评标委员会明确评审结果后，要求中标候选人提供投标样品进行检测，再根据检测结果与评标排名顺序确定中标人。采购人淮阴师范学院招标文件中规定的定标办法不符合《政府采购法实施条例》的上述规定。被告江苏省财政厅认定淮阴师范学院涉案项目的招标行为违反了《政府采购法实施条例》第四十四条第二款正确。结合其他，南京市中级人民法院判决：驳回原告某欣公司的诉讼请求。

2. 二审法院江苏省高级人民法院判决认为不得因对样品进行检测而改变评审结果。2018 年 4 月 9 日，江苏省高级人民法院作出行政判决，认为：《政府采购法实施条例》第四十三条第一款规定："采购代理机构应当自评审结束之日起 2 个工作日内将评审报告送交采购人。采购人应当自收到评审报告之日起 5 个工作日内在评审报告推荐的中标或者成交候选人中按顺序确定中标或者成交供应商。"第四十四条第二款规定："采购人或者采购代理机构不得通过对样品进行检测、对供应商进行考察等方式改变评审结果。"淮阴师范学院发布的涉案招标文件规定的定标办法为：评标委员会确定前三名投标人为中标候选人，招标人将中标候选人提供的投标样品进行检测后，根据检测结果及评标排名顺序确定中标人。该定标办法要求在评标委员会明确评审结果后，中标候选人提供投标样品进行检测，再根据检测结果与评标排名顺序确定中标人。涉案招标文件中规定的上述定标办法与《政府采购法实施条例》的相关规定明显不符。江苏省财政厅认定淮阴师范学院涉案项目的招标行为违反《政府采购法实施条例》第四十四条第二款正确。结合其他，江苏省高级人民法院判决如下：驳回上诉，维持原判。

五、不得事后采取样品检测方式对依法形成的评审结果予以改变

1. 采购文件的编制应合法合规，供应商未对采购文件提出质疑投诉并不等于采购文件合法合规。《政府采购法实施条例》第十五条第一款规定："采购人、采购代理机构应当根据政府采购政策、采购预算、采购需求编制采购文件。"《政府采购货物和服务招标投标管理办法》（财政部令第87号）第二十五条规定："招标文件、资格预审文件的内容不得违反法律、行政法规、强制性标准、政府采购政策，或者违反公开透明、公平竞争、公正和诚实信用原则。有前款规定情形，影响潜在投标人投标或者资格预审结果的，采购人或者采购代理机构应当修改招标文件或者资格预审文件后重新招标。"因此，采购人、采购代理机构编制的招标采购文件须合法合规。在前述"淮阴师范学院长江路校区田径场塑胶跑道改造工程项目"中，一审法院南京市中级人民法院和二审法院江苏省高级人民法院均指出该项目招标文件中规定的定标办法与《政府采购法实施条例》的相关规定明显不符。同时，判断采购人、采购代理机构编制的招标采购文件是否合法合规的依据是法律法规，而不是投标供应商是否提出质疑投诉。即使没有任何一家投标供应商对招标采购文件提出质疑投诉，也并不等于该招标采购文件就合法合规。

2. 依法形成的评审结果应获得尊重，不得通过事后的样品检测予以改变。《政府采购法实施条例》第四十四条规定："除国务院财政部门规定的情形外，采购人、采购代理机构不得以任何理由组织重新评审。采购人、采购代理机构按照国务院财政部门的规定组织重新评审的，应当书面报告本级人民政府财政部门。采购人或者采购代理机构不得通过对样品进行检测、对供应商进行考察等方式改变评审结果。"《政府采购货物和服务招标投标管理办法》（财政部令第87号）第六十四条规定："评标结果汇总完成后，除下列情形外，任何人不得修改评标结果：（一）分值汇总计算错误的；（二）分项评分超出评分标准范围的；（三）评标委员会成员对客观评审因素评分不一致的；（四）经评标委员会认定评分畸高、畸低的。评标报告签署前，经复核发现存在以上情形之一的，评标委员会应当当场修改评标结果，并在评标报告中记载；评标报告签署后，采购人或者采购代理机构发现存在以上情形之一的，应当组织原评标委员会进行重新评

审，重新评审改变评标结果的，书面报告本级财政部门。投标人对本条第一款情形提出质疑的，采购人或者采购代理机构可以组织原评标委员会进行重新评审，重新评审改变评标结果的，应当书面报告本级财政部门。"因此，对于依法形成的评审结果，采购人不得随意改变，也不得通过对样品进行检测等方式改变评审结果。

六、结语

采购人的采购过程须合法合规。在招标采购文件中规定对中标候选人的样品进行检测后再行确定中标人的，即使所有的投标供应商均未对招标采购文件的该等规定提出质疑投诉，因该采购文件的该等规定违法，评审结果形成后通过样品检测改变评审结果的程序性行为也违法，采购人、采购代理机构切记不可为。

案例 43：A 公司的投标文件盖了 B 公司的章是否构成串标？

一、前言

两家供应商参加同一个政府采购项目，A 公司的响应文件上盖了 B 公司的公章。那么，A 公司和 B 公司之间是否属于串标呢？

二、A 公司的响应文件上盖了 B 公司的公章致 B 公司被行政处罚

1. 采购项目情况。2015 年 10 月 20 日，财政部收到针对"长春海关 UPS（Uninterruptible Power Supply，不间断电源）购置采购项目"的举报材料，财政部在针对该举报的监督检查中，发现沈阳某和利友电子设备有限公司（以下简称某和利友公司）提交的竞价文件中，法人代表授权书、技术指标应答书和报价单上加盖的是北京某兰嘉德机房设备有限公司（以下简称某兰嘉德公司）的公章，某兰嘉德公司涉嫌存在与其他供应商恶意串通的行为。

2. 财政部对供应商进行行政处罚。2016 年 11 月 23 日，财政部作出行政处罚决定书，认为：上述行为属于《政府采购法》第七十七条第一款第三项规定的情形。根据《政府采购法》第七十七条第一款的规定，决定对某兰嘉德公司处以采购金额千分之五（人民币 2790 元）的罚款，并作出列入不良行为记录名单，在一年内禁止参加政府采购活动，没收违法所得（合同已支付金额人民币 167400 元）的行政处罚。

三、B 公司称不知情并提起民事诉讼要求 A 公司赔偿损失

1. 某兰嘉德公司状告某和利友公司。某兰嘉德公司向沈阳市和平区人民法院提起民事诉讼，称：某兰嘉德公司于 2016 年 9 月 14 日收到财政部行政处罚事项告知书，告知书记载"本机关在依法对长春海关 UPS 购置采购项目举报监督

检查中，发现沈阳某和利友电子设备有限公司提交的竞价文件中，法人代表授权书、技术指标应答书和报价单上加盖的是你公司的公章，你公司存在与其他供应商恶意串通的行为。根据《政府采购法》第七十七条第一款的规定，本机关拟对你公司处以采购金额千分之五（人民币2790元）的罚款，并作出列入不良行为记录名单，在一年内禁止参加政府采购活动，没收违法所得（合同已支付金额人民币 167400 元）的行政处罚"。某兰嘉德公司收到上述告知书后与某和利友公司进行沟通，随后，某和利友公司称"在某兰嘉德公司与某和利友公司于 2015 年 8 月 14 日关于欠款对账（某和利友公司欠某兰嘉德公司货款 1986800.77 元）过程中，某和利友公司的办事人员着急上传该项目的竞价文件，错盖了某兰嘉德公司的公章，并不存在恶意侵害某兰嘉德公司权利的想法"。某兰嘉德公司认为，某和利友公司的上述行为不是过失，而是恶意侵害了某兰嘉德公司的合法权益，不仅给某兰嘉德公司造成了巨大的损失，而且损害了其公司的声誉。根据《民法通则》及《侵权责任法》①的规定，特向法院提起诉讼，请求法院依法判令某和利友公司赔偿某兰嘉德公司经济损失 170190 元；被告承担本案诉讼费用。

2. 某和利友公司认错但不同意赔偿。某和利友公司认为：确实是我公司工作人员在核对双方账务时，因工作失误错盖了公章，但是不同意赔偿某兰嘉德公司。对于 167400 元的行政处罚，某兰嘉德公司可以向财政部陈述和申辩提起行政诉讼。

3. 沈阳市和平区人民法院判决驳回原告某兰嘉德公司诉讼请求。沈阳市和平区人民法院认为：根据法律规定，行为人因过错侵害他人民事权益，应当承担侵权责任。本案中，因被告某和利友公司的工作人员疏忽大意错盖公章，导致原告某兰嘉德公司被财政部下达了行政处罚事项告知书，故被告某和利友公司作为用人单位应承担因其工作人员过错给原告某兰嘉德公司造成的财产损失。另外，虽财政部向原告某兰嘉德公司下达了行政处罚事项告知书，但该行政处罚尚未实际执行，不能认定原告某兰嘉德公司已存在财产损失，故原告主张被告赔偿其财产损失，尚无事实依据，对该主张本院不予支持。遂于 2016 年 11 月 18 日作出民事判决书，判决驳回原告某兰嘉德公司的诉讼请求。

---

① 《民法通则》和《侵权责任法》已废止，具体规定参见《民法典》。

四、法院对 A 公司的投标文件盖了 B 公司的章是否构成串标的裁判

1. 被行政处罚的某兰嘉德公司将财政部起诉到北京市某中级人民法院。被财政部行政处罚的某兰嘉德公司不服财政部于 2016 年 11 月 23 日作出的财政部行政处罚决定书，将财政部作为被告，起诉到北京市某中级人民法院。某兰嘉德公司认为：其与某和利友公司不存在恶意串通。真实情况是，双方在对账的过程中，某和利友公司的员工因重大失误将其公章加盖在某和利友公司投标文件上，其对此毫不知情。在行政程序中，其已经向财政部阐明该事实，且该事实业已经法院生效判决认定。此外，其与某和利友公司之间虽存在业务往来，但不能据此认定双方在政府采购活动中属于合作关系。在其已经作出合理解释的情况下，财政部仍以"合理怀疑"为由，坚持认定其与某和利友公司恶意串通，该认定显然缺乏事实根据。

2. 一审法院北京市某中级人民法院判决认为属于恶意串通。北京市某中级人民法院经审理后，作出行政判决，认为：被告认定原告存在与某和利友公司恶意串通的行为具有事实根据，理由在于：一、原告某兰嘉德公司与某和利友公司系共同参加同一政府采购项目的供应商，彼此之间应各自独立制作投标文件，不得存在意思关联与交流。正常状态下，双方的投标文件应当分别提交，相互保密。但是，某和利友公司竞价文件中的授权文书、技术方案、报价单等实质性内容上均加盖有原告某兰嘉德公司的公章，被告据此认定双方涉嫌恶意串通，遂向双方发出调查通知，要求作出解释说明并无不当。二、原告某兰嘉德公司称其对此事毫不知情，而某和利友公司则称其员工因工作疏忽错盖公章。具体经过为双方在对账过程中，某和利友公司员工因着急上传竞标文件，匆忙中错盖了原告的公章。被告财政部认为原告某兰嘉德公司的申辩主张有违常理，决定不予采纳。原告某兰嘉德公司则认为被告财政部作出的认定仅依据合理怀疑，缺乏证据，难以成立。对此，本院认为，被告财政部作为执法机关，应当遵循职业道德，运用逻辑推理和生活经验，进行全面、客观和公正地分析判断，确定证据材料与案件事实之间的证明关系，准确认定案件事实。此外，根据日常生活经验法则推定的事实也可作为执法依据。本案中，被告财政部提交的加盖原告某兰嘉德公司公章的某和利友公司的竞标文件即为其认定事实的证据。结合该证据及日常生活经验

法则，可以初步认定原告某兰嘉德公司存在与某和利友公司恶意串通的行为。在此情形下，应当由原告某兰嘉德公司提供反证来推翻上述认定。而原告某兰嘉德公司对此作出的解释并不符合常理，被告财政部不采纳其申辩主张并无不当。

三、原告某兰嘉德公司向本院提交了沈阳市和平区人民法院作出的民事判决，以此来证明其在此事中并无责任。对此，本院认为，民事诉讼的双方当事人为原告某兰嘉德公司与某和利友公司，法院所确认的事实也仅为双方所共同认可的事实。鉴于民事诉讼与行政执法案件中所采用的证据证明标准并不一致，民事案件中法院对于双方当事人无争议事实之确认效力并不当然及于行政执法机关。而且，事实认定并非判决主文，对于被告财政部的行政执法也不当然具有羁束力。此外，根据程序主导及责任原则，当行政机关依据法律的明确规定启动一个行政程序，其就具有将这一行政程序向前推进的主导权，有权对事实问题和法律适用作出认定，同时对其作出的处理决定承担法律责任。公权力的行使以法律规定为界，行政权如此，司法权亦应如此。在若干平行的行政执法或司法程序中，可能会涉及对于同一事实的认定，原则上行政机关或司法机关都有权在自己主导的行政程序或司法程序中独立进行认定，进而作出处理决定，并承担相应法律责任。本案中，被告财政部作为政府采购监督管理部门，有权在调查取证的基础上，对政府采购活动中的违法事实独立进行认定。至于原告某兰嘉德公司所提交的民事判决，其系法院所主导的民事诉讼程序，审理案件的法院亦有权依据民事诉讼的证据规则对相关案件事实独立进行认定，其与被告财政部所主导的政府采购监督执法程序相互独立，各自在法定权限范围内行使事实认定权。综上，原告某兰嘉德公司提交的民事判决无法推翻被告财政部对其违法事实作出的认定，被告财政部认定原告某兰嘉德公司存在与某和利友公司恶意串通的行为具有事实根据，本院应予支持。

3. 二审法院北京市高级人民法院判决认为属于恶意串通。2018年4月3日，北京市高级人民法院作出行政判决，认为：本院赞同一审判决中所言，某兰嘉德公司与某和利友公司系共同参加涉案采购项目的供应商，彼此之间应各自独立制作投标文件或响应文件，不应存在意思关联与交流。正常状态下，双方的投标文件应当分别提交，相互保密。但某和利友公司竞价文件中的授权文书、技术方案、报价单等实质性内容上均加盖有某兰嘉德公司公章的事实表明，双方存在恶意串通的可能性。上述盖章行为表明双方对于投标文件或者响应文件的实质性内容存在知晓、协商的可能性，存在对投标、中标等进行约定的可能性，而上述可能存在的情形均不被《政府采购法》及《政府采购法实施条例》所允许。在行政处罚程序及本案诉讼过程中，某兰嘉德公司称其起初对某和利友公司加盖其公章一事毫不知情，后经了解和某和利友公司一道主张称，系双方在对账过程中，某和利友公司员工因着急上传竞标文件，匆忙中错盖了某兰嘉德公司的公章；某兰嘉德公司又提供了和平区人民法院所作的民事判决，主张上述事实已被法院生效民事裁判确认。对此，本院认为，依据《最高人民法院关于适用〈中华人民共和国民事诉讼法〉的解释》第九十二条的规定，一方当事人在法庭审理中，或者在起诉状、答辩状、代理词等书面材料中，对于己不利的事实明确表示承认的，另一方当事人无需举证证明。对于涉及身份关系、国家利益、社会公共利益等应当由人民法院依职权调查的事实，不适用前款自认的规定。自认的事实与查明的事实不符的，人民法院不予确认。本案二审过程中，经本院询问，某兰嘉德公司认可上述民事判决系基于某和利友公司自认而确认了相关事实。在民事诉讼中基于当事人自认而认定的事实，在当事人之间具有相应约束力，但不能当然及于案外人及主管行政机关或其他人民法院。和平区人民法院所作的民事判决基于某和利友公司等自认所认定的事实，无法直接约束财政部及本案审判法院对于相关事实的认定。某兰嘉德公司单以上述民事裁判佐证存在某和利友公司错盖公章的事实，无法认定其构成合理怀疑因素。综上，某兰嘉德公司未提供充足、有效证据证明本案存在合理怀疑，而使得本案存在恶意串通事实的可能性不能排除该合理怀疑，故财政部基于其提供的相关证据认定某兰嘉德公司存在与某和利友公司恶意串通的事实，本院应予支持。

五、供应商之间恶意串通的将承担相应法律责任

1. 民事责任：供应商恶意串通，导致采购人损失的，采购人可要求恶意串通的供应商赔偿损失等。根据《政府采购法》第七十三条规定："有前两条违法行为之一影响中标、成交结果或者可能影响中标、成交结果的，按下列情况分别处理……（三）采购合同已经履行的，给采购人、供应商造成损失的，由责任人承担赔偿责任。"和第七十九条的规定："政府采购当事人有本法第七十一条、第七十二条、第七十七条违法行为之一，给他人造成损失的，并应依照有关民事法律规定承担民事责任。"以及《政府采购法实施条例》第七十一条规定："有政府采购法第七十一条、第七十二条规定的违法行为之一，影响或者可能影响中

标、成交结果的，依照下列规定处理……（四）政府采购合同已经履行，给采购人、供应商造成损失的，由责任人承担赔偿责任。政府采购当事人有其他违反政府采购法或者本条例规定的行为，经改正后仍然影响或者可能影响中标、成交结果或者依法被认定为中标、成交无效的，依照前款规定处理。"因此，如果供应商恶意串通，导致采购人损失的，采购人可要求恶意串通的供应商赔偿损失等。

2. 行政责任：供应商恶意串通，监督部门可以给予行政处罚。根据《政府采购法实施条例》第七十四条的规定："有下列情形之一的，属于恶意串通，对供应商依照政府采购法第七十七条第一款的规定追究法律责任，对采购人、采购代理机构及其工作人员依照政府采购法第七十二条的规定追究法律责任：（一）供应商直接或者间接从采购人或者采购代理机构处获得其他供应商的相关情况并修改其投标文件或者响应文件；（二）供应商按照采购人或者采购代理机构的授意撤换、修改投标文件或者响应文件；（三）供应商之间协商报价、技术方案等投标文件或者响应文件的实质性内容；（四）属于同一集团、协会、商会等组织成员的供应商按照该组织要求协同参加政府采购活动；（五）供应商之间事先约定由某一特定供应商中标、成交；（六）供应商之间商定部分供应商放弃参加政府采购活动或者放弃中标、成交；（七）供应商与采购人或者采购代理机构之间、供应商相互之间，为谋求特定供应商中标、成交或者排斥其他供应商的其他串通行为。"《政府采购法》第七十七条规定："供应商有下列情形之一的，处以采购金额千分之五以上千分之十以下的罚款，列入不良行为记录名单，在一至三年内禁止参加政府采购活动，有违法所得的，并处没收违法所得，情节严重的，由工商行政管理机关吊销营业执照；构成犯罪的，依法追究刑事责任：（一）提供虚假材料谋取中标、成交的；（二）采取不正当手段诋毁、排挤其他供应商的；（三）与采购人、其他供应商或者采购代理机构恶意串通的；（四）向采购人、采购代理机构行贿或者提供其他不正当利益的；（五）在招标采购过程中与采购人进行协商谈判的；（六）拒绝有关部门监督检查或者提供虚假情况的。供应商有前款第（一）至（五）项情形之一的，中标、成交无效。"这也是前述"长春海关UPS购置采购项目"中，财政部决定对某兰嘉德公司处以采购金额千分之五（人民币2790元）的罚款，并作出列入不良行为记录名单，在一年内禁止参加政府采购活动，没收违法所得（合同已支付金额人民币167400元）行政处罚的法律依据。

3. 刑事责任：供应商恶意串通，可能承担串通投标罪的刑事责任。《刑法》第二百二十三条规定："投标人相互串通投标报价，损害招标人或者其他投标人利益，情节严重的，处三年以下有期徒刑或者拘役，并处或者单处罚金。投标人与招标人串通投标，损害国家、集体、公民的合法利益的，依照前款的规定处罚。"

六、结语

供应商之间恶意串通为法律所不容。A公司的投标文件盖了B公司的章，从常理来讲，A公司与B公司之间构成恶意串通。如果A公司或B公司否认恶意串通，则须由A公司或/和B公司，提供充足的证据，否认基于常理的合理怀疑。

案例 44：政府采购项目是否须公开评标专家的工作单位信息？

一、前言

《政府采购法》第三条规定："政府采购应当遵循公开透明原则、公平竞争原则、公正原则和诚实信用原则。"那么，本着公开透明的法定原则，如果供应商要求公开评标专家的工作单位信息，是否可以或必须公开呢？

二、供应商提出质疑要求公开评标专家的工作单位信息

1. 采购项目情况。2014 年 2 月 26 日，采购人南京医科大学、采购代理机构江苏省政府采购中心发布了"旋转通风笼具采购项目"的招标文件，评标日期为 2014 年 3 月 19 日，评标结果为因投标人不足三家而废标。

2. 供应商提出质疑要求公开评标专家的工作单位信息。2014 年 3 月 25 日，上海某硕科技有限公司（以下简称某硕公司）向采购代理机构江苏省政府采购中心提交对于（标书编号：JSZC-G2014-×××）中标结果的质疑书，提出如下质疑：1. 要求公开评标委员会评委的工作单位……

3. 采购代理机构答复质疑称评标专家工作单位信息不属于必须公开的内容。2014 年 4 月 1 日，采购代理机构江苏省政府采购中心向某硕公司出具关于上海某硕科技有限公司质疑书的复函，针对某硕公司对标书编号为 JSZC-G2014-×××号采购项目的中标结果的质疑作出回复．1. 评标委员会评委的工作单位不属于《政府采购信息公告管理办法》（财政部令第 19 号）[①] 规定的应当公告的内容……

[①] 相关内容现已规定在《政府采购信息发布管理办法》（财政部令第 101 号），后文同。

三、投诉处理机关江苏省财政厅对供应商提出投诉要求公开评标专家工作单位信息的处理

1. 投诉处理机关江苏省财政厅的投诉处理程序。2014年4月14日,某硕公司向江苏省财政厅递交投诉书,投诉:1. 申请公开评标委员会评委的工作单位,JSZC-G2014-×××招标文件放低招标技术要求,放弃了重要的技术指标……江苏省财政厅于2014年4月21日向某硕公司出具政府采购供应商投诉受理通知书,次日,江苏省财政厅向江苏省政府采购中心发出政府采购供应商投诉调查取证通知书,调取某硕公司的两份质疑函、质疑回复、评标报告及招标文件质疑论证意见。

2. 投诉处理机关江苏省财政厅驳回该项投诉。2014年5月16日,江苏省财政厅出具投诉处理决定书,认为:1. 江苏省政府采购中心在招标结束后,未向投标供应商公开评标委员会评委的工作单位,未违反政府采购法律法规和招标文件的相关规定……

四、法院对供应商提出质疑投诉要求公开评标专家工作单位信息的裁判

1. 一审法院江苏省南京市中级人民法院判决认为评标专家工作单位信息不属于依法必须公开的内容。某硕公司对江苏省财政厅的投诉处理决定书不服,将江苏省财政厅作为被告,起诉到江苏省南京市中级人民法院。江苏省南京市中级人民法院经审理后,作出行政判决,认为:《政府采购信息公告管理办法》(财政部令第19号)未将评标委员会评委的工作单位规定为必须公开的内容,某硕公司要求公开无法律依据。结合其他,江苏省南京市中级人民法院判决,驳回某硕公司的诉讼请求。

2. 二审法院江苏省高级人民法院判决认为评标专家工作单位信息不属于依法必须公开的内容。2015年3月17日,江苏省高级人民法院作出行政判决,认为:《政府采购货物和服务招标投标管理办法》(财政部令第18号,已失效,现在施行的是财政部令第87号)第四十五条第三款规定,评标委员会成员名单原则上应在开标前确定,并在招标结果确定前保密。《政府采购信息公告管理办

法》(财政部令第 19 号)第十二条第六项规定,中标公告应当包括评标委员会成员名单。因上述规定并未规定政府采购中标公告中公开评标委员会评委名单的同时,须公布评委的工作单位等个人信息,故江苏省政府采购中心于 2014 年 3 月 19 日发布 JSZC-G2014-×××采购项目中标公告时,只公布评标委员会评委名单,而未公布评委的工作单位等情况并无不当。结合其他,江苏省高级人民法院判决,驳回上诉,维持原判。

五、法律法规规定须公开评标专家名单但并未规定必须公开工作单位等个人信息

1. 法律法规规定在发布中标、成交结果公告时须同时公开评标专家名单。《政府采购法实施条例》第四十三条第三款规定:"中标、成交结果公告内容应当包括采购人和采购代理机构的名称、地址、联系方式,项目名称和项目编号,中标或者成交供应商名称、地址和中标或者成交金额,主要中标或者成交标的的名称、规格型号、数量、单价、服务要求以及评审专家名单。"《政府采购货物和服务招标投标管理办法》(财政部令第 87 号)第六十九条规定:"采购人或者采购代理机构应当自中标人确定之日起 2 个工作日内,在省级以上财政部门指定的媒体上公告中标结果,招标文件应当随中标结果同时公告。中标结果公告内容应当包括采购人及其委托的采购代理机构的名称、地址、联系方式,项目名称和项目编号,中标人名称、地址和中标金额,主要中标标的的名称、规格型号、数量、单价、服务要求,中标公告期限以及评审专家名单……"《政府采购竞争性磋商采购方式管理暂行办法》(财库〔2014〕214 号)第二十九条规定:"采购人或者采购代理机构应当在成交供应商确定后 2 个工作日内,在省级以上财政部门指定的政府采购信息发布媒体上公告成交结果,同时向成交供应商发出成交通知书,并将磋商文件随成交结果同时公告。成交结果公告应当包括以下内容:(一)采购人和采购代理机构的名称、地址和联系方式;(二)项目名称和项目编号;(三)成交供应商名称、地址和成交金额;(四)主要成交标的的名称、规格型号、数量、单价、服务要求;(五)磋商小组成员名单。采用书面推荐供应商参加采购活动的,还应当公告采购人和评审专家的推荐意见。"因此,法律法规等规定的是必须公开评标专家名单。

2. 法律法规并未规定必须公开评标专家工作单位等个人信息。《政府采购

法》《政府采购法实施条例》《政府采购货物和服务招标投标管理办法》《政府采购非招标采购方式管理办法》《政府采购竞争性磋商采购方式管理暂行办法》《政府采购信息发布管理办法》等政府采购相关法律法规政策,均未规定必须公开评标专家工作单位等个人信息。虽然《政府采购法》第三条规定:"政府采购应当遵循公开透明原则、公平竞争原则、公正原则和诚实信用原则。"但《个人信息保护法》第二条规定:"自然人的个人信息受法律保护,任何组织、个人不得侵害自然人的个人信息权益。"以及第十条的规定:"任何组织、个人不得非法收集、使用、加工、传输他人个人信息,不得非法买卖、提供或者公开他人个人信息;不得从事危害国家安全、公共利益的个人信息处理活动。"因此,工作单位信息作为评标专家的个人信息,在没有法律法规规定必须公开的情形下,不得公开评标专家的个人信息,否则将违反《个人信息保护法》。

六、结语

政府采购项目中,评标专家的名单须依法公开。至于评标专家的工作单位等个人信息,政府采购相关法律法规并未规定必须公开,且根据《个人信息保护法》的规定,不得公开评标专家的工作单位等个人信息,否则属于违法行为。

案例 45：营业执照经营范围是否属于供应商的资格条件？

一、前言

《政府采购法》第二十二条规定："供应商参加政府采购活动应当具备下列条件……（三）具有履行合同所必需的设备和专业技术能力……"如果供应商营业执照范围不涉及本采购项目，是否意味着该供应商不符合上述《政府采购法》规定的资格条件呢？

二、供应商质疑其他供应商营业执照经营范围不涉及本采购项目属于不合格供应商

1. 采购项目情况。2015 年 12 月 11 日，采购人浙江旅游职业学院、采购代理机构浙江省某招标代理有限公司发布了"浙江旅游职业学院乘务训练设备（重）"的招标信息，2015 年 12 月 23 日，西安某鹰亚太航空模拟有限公司（以下简称某鹰公司）、西安某联航空技术有限责任公司（以下简称某联公司）、杭州某米信息技术有限公司（以下简称某米公司）三家公司参加投标，评标委员会经开标评审，推荐某鹰公司为第一中标候选人，某联公司为第二中标候选人。2015 年 12 月 25 日，采购代理机构发布采购项目中标结果公示，确定某鹰公司为中标人。

2. 供应商质疑其他供应商营业执照经营范围不涉及本采购项目。2015 年 12 月 29 日，某联公司向采购代理机构招标公司寄送质疑函及相关材料，质疑某米公司不是本项目的合格供应商，某米公司的经营范围为："一般经营项目：计算机软硬件、计算机网络的技术开发、技术咨询、技术服务、成果转让；图文设计、制作（除广告）；其他无须报经审批的一切合法项目。"不涉及乘务训练设备相关专业的设计、生产、制造，也不具有履行合同所必需的设备和专业技术能力，不符合《政府采购法》第二十二条第一款第三项的规定。

3. 采购代理机构答复质疑称被质疑供应商符合招标文件要求。2016 年 1 月 8

日，采购代理机构作出政府采购质疑回复函，函复某联公司：贵方质疑某米公司经营范围中不涉及乘务训练设备相关专业的设计、生产、制造，认为其不符合法定资格条件，不符合本项目合格供应商的要求。但经我司对投标文件的审查，某米公司取得了专业厂家的授权代理资格，符合"具有履行合同所必需的设备和专业技术能力"的要求。

三、投诉处理机关浙江省财政厅和行政复议机关浙江省人民政府对供应商质疑其他供应商营业执照经营范围不涉及本采购项目属于不合格供应商的认定与处理

1. 投诉处理机关浙江省财政厅驳回该项投诉。2016年3月4日，浙江省财政厅作出行政处理决定书，认为：根据财政部、工业和信息化部《政府采购促进中小企业发展暂行办法》（财库〔2011〕181号，已失效，现为财库〔2020〕46号《政府采购促进中小企业发展管理办法》，后文同）和浙江省财政厅《关于规范政府采购供应商资格设定及资格审查的通知》（浙财采监〔2013〕24号）有关规定，任何单位和个人不得阻挠和限制中小企业自由进入本地区和本行业的政府采购市场，政府采购活动不得以注册资本金、资产总额、营业收入、从业人员、利润、纳税额等供应商的规模条件对中小企业实行差别待遇或者歧视待遇。除非采购文件有明确规定，采购组织机构在组织供应商资格审查过程中，不得仅以营业执照注明的经营范围中没有包括与采购项目相一致的内容而排除供应商参与该项目的政府采购竞争，但法律法规规定属于限制经营或需前置性经营许可的行业除外。本项目属设备采购项目，没有证据显示相关设备属限制经营或需前置性经营许可的行业，评标委员会根据本项目招标文件和某米公司投标文件认定其符合本项目合格供应商的要求，并无不当。结合其他，浙江省财政厅决定，驳回投诉。

2. 行政复议机关浙江省人民政府维持投诉处理决定。2016年6月6日，浙江省人民政府作出行政复议决定书，根据《行政复议法》第二十八条第一款第一项的规定，维持浙江省财政厅作出的行政处理决定。

四、法院对供应商质疑其他供应商营业执照经营范围不涉及本采购项目属于不合格供应商的裁判

1. 一审法院杭州市中级人民法院判决驳回质疑供应商的诉讼请求。某联公司对浙江省财政厅所作的行政处理决定书和浙江省人民政府所作的行政复议决定书不服，将浙江省财政厅和浙江省人民政府作为共同被告，起诉到杭州市中级人民法院。杭州市中级人民法院经审理后，作出行政判决，认为：浙江省财政厅否定某联公司质疑理由的主要依据是该厅《关于规范政府采购供应商资格设定及资格审查的通知》（浙财采监〔2013〕24号）第五条的规定，该通知第五条规定："除非采购文件有明确规定，采购组织机构在组织供应商资格审查过程中，不得仅以营业执照注明的经营范围中没有包括与采购项目相一致的内容而排除供应商参与该项目的政府采购竞争，但法律法规规定属于限制经营或需前置性经营许可的行业除外。"本院认为，前述规定并不违反法律规定，可以在本案中予以适用，但适用前述规定的同时仍应适用《政府采购法》第二十二条和《政府采购法实施条例》第十七条、第十八条等有关合格供应商的基本规定。易言之，虽然不能"仅以营业执照注明的经营范围中没有包括与采购项目相一致的内容而排除供应商参与该项目的政府采购竞争"，但供应商仍然应当证明其"具有履行合同所必需的设备和专业技术能力"。本案中，相关单位固然不能仅以某米公司营业执照注明的经营范围没有包括与采购项目相一致的内容排除某米公司参与该项目的政府采购竞争，但要认定某米公司为合格供应商，仍然应当审查其是否"具有履行合同所必需的设备和专业技术能力"。事实上，某米公司为此提供了"专业厂家的授权"以证明其符合该项资格条件，评标委员会也正因此而认定其符合"具有履行合同所必需的设备和专业技术能力"的要求，浙江省财政厅对此意见给予认可并无不当。结合其他，杭州市中级人民法院判决，驳回原告某联公司的诉讼请求。

2. 二审法院浙江省高级人民法院判决驳回质疑供应商的上诉，维持原判。2018年1月19日，浙江省高级人民法院作出行政判决，认为：根据《政府采购法》第二十二条规定："供应商参加政府采购活动应当具备下列条件……（三）具有履行合同所必需的设备和专业技术能力……"《政府采购法实施条例》第十七条规定："……（三）具备履行合同所必需的设备和专业技术能力的证明材料……"

浙江省财政厅《关于规范政府采购供应商资格设定及资格审查的通知》（浙财采监〔2013〕24号）第五条规定："除非采购文件有明确规定，采购组织机构在组织供应商资格审查过程中，不得仅以营业执照注明的经营范围中没有包括与采购项目相一致的内容而排除供应商参与该项目的政府采购竞争，但法律法规规定属于限制经营或需前置性经营许可的行业除外。"故本案中虽然不能仅以某米公司营业执照注明的经营范围没有包括与采购项目相一致的内容排除某米公司参与该项目的政府采购竞争，但仍然应当审查其是否"具有履行合同所必需的设备和专业技术能力"。而事实上某米公司提供了"专业厂家的授权"，证明其具有政府采购所需的专业设备和专业技术能力，评标委员会也正因此而认定其符合"具有履行合同所必需的设备和专业技术能力"的要求。浙江省财政厅对此予以认定并无不当。结合其他，浙江省高级人民法院判决，驳回上诉，维持原判。

五、营业执照经营范围不得作为资格条件

1. 法律法规规定的资格条件并不包括营业执照经营范围。根据《政府采购法》第二十二条的规定："供应商参加政府采购活动应当具备下列条件：（一）具有独立承担民事责任的能力；（二）具有良好的商业信誉和健全的财务会计制度；（三）具有履行合同所必需的设备和专业技术能力；（四）有依法缴纳税收和社会保障资金的良好记录；（五）参加政府采购活动前三年内，在经营活动中没有重大违法记录；（六）法律、行政法规规定的其他条件。采购人可以根据采购项目的特殊要求，规定供应商的特定条件，但不得以不合理的条件对供应商实行差别待遇或者歧视待遇。"以及《政府采购法实施条例》第十七条的规定："参加政府采购活动的供应商应当具备政府采购法第二十二条第一款规定的条件，提供下列材料：（一）法人或者其他组织的营业执照等证明文件，自然人的身份证明；（二）财务状况报告，依法缴纳税收和社会保障资金的相关材料；（三）具备履行合同所必需的设备和专业技术能力的证明材料；（四）参加政府采购活动前3年内在经营活动中没有重大违法记录的书面声明；（五）具备法律、行政法规规定的其他条件的证明材料。采购项目有特殊要求的，供应商还应当提供其符合特殊要求的证明材料或者情况说明。"《政府采购法实施条例》要求供应商提交营业执照，但并没有规定营业执照经营范围必须与采购项目相一致，营业执照经营范围并不属于法定的资格条件。

2. 营业执照经营范围并不属于判断是否具有履行合同所必需的设备和专业技术能力的依据。《公司法》第三十三条规定："依法设立的公司，由公司登记机关发给公司营业执照。公司营业执照签发日期为公司成立日期。公司营业执照应当载明公司的名称、住所、注册资本、经营范围、法定代表人姓名等事项。公司登记机关可以发给电子营业执照。电子营业执照与纸质营业执照具有同等法律效力。"公司营业执照，可以确定公司成立的日期。至于公司是否具有履行合同所必需的设备和专业技术能力，须依据其他资料予以评判，而不是依据营业执照经营范围予以评判。

六、结语

政府采购项目中，营业执照经营范围不得作为资格条件，营业执照经营范围并不属于判断是否具有履行合同所必需的设备和专业技术能力的依据。供应商营业执照经营范围与招标项目不一致的，并不因此导致其成为不合格供应商。

案例 46：投标供应商的注册资本是否必须大于采购预算？

一、前言

投标供应商如果是公司，根据《公司法》的规定，公司必须具备相应的注册资本。那么，如果采购项目的采购预算，大于投标供应商的注册资本，是否可行呢？

二、供应商质疑其他供应商注册资本小于采购预算不具有独立承担民事责任的能力

1. 采购项目情况。2015 年 12 月 11 日，采购人浙江旅游职业学院、采购代理机构浙江省某招标代理有限公司发布了"浙江旅游职业学院乘务训练设备（重）"的招标信息，2015 年 12 月 23 日，西安某鹰亚太航空模拟有限公司（以下简称某鹰公司）、西安某联航空技术有限责任公司（以下简称某联公司）、杭州某米信息技术有限公司（以下简称某米公司）三家公司参加投标，该项目预算金额 123 万余元，某米公司报价 123 万元，某鹰公司报价 120 万元，某联公司报价 107 万元，某鹰公司中标。

2. 供应商质疑其他供应商注册资本小于采购预算。2015 年 12 月 29 日，某联公司向采购代理机构招标公司寄送质疑函及相关材料，质疑：某米公司注册资金少于本项目标的。案涉采购项目标的的金额为 123 万余元，而某米公司的注册资金只有 102 万元，少于本项目标的，不符合《政府采购法》第二十二条第一款第一项的规定。

3. 采购代理机构答复质疑称并没有法律规定注册资本必须大于采购预算。2016 年 1 月 8 日，采购代理机构作出政府采购质疑回复函，函复某联公司：贵方质疑某米公司注册资金少于本项目标的，《政府采购法》中没有相关条款规定注册资金必须大于项目标的。

三、投诉处理机关浙江省财政厅和行政复议机关浙江省人民政府对供应商的注册资本是否必须大于采购预算的认定与处理

1. 投诉处理机关浙江省财政厅驳回该项投诉。2016年3月4日，浙江省财政厅作出行政处理决定书，认为：根据财政部、工业和信息化部《政府采购促进中小企业发展暂行办法》（财库〔2011〕181号，已失效，现为财库〔2020〕46号《政府采购促进中小企业发展管理办法》，后文同）和浙江省财政厅《关于规范政府采购供应商资格设定及资格审查的通知》（浙财采监〔2013〕24号）有关规定，任何单位和个人不得阻挠和限制中小企业自由进入本地区和本行业的政府采购市场，政府采购活动不得以注册资本金、资产总额、营业收入、从业人员、利润、纳税额等供应商的规模条件对中小企业实行差别待遇或者歧视待遇。……投诉人认为某米公司不具有履行合同所必需的设备和技术能力或独立承担民事责任的能力的诉求，缺乏法律依据。结合其他，浙江省财政厅决定，驳回投诉。

2. 行政复议机关浙江省人民政府维持投诉处理决定。2016年6月6日，浙江省人民政府作出行政复议决定书，根据《行政复议法》第二十八条第一款第一项的规定，决定维持浙江省财政厅作出的行政处理决定。

四、法院对供应商的注册资本是否必须大于采购预算的裁判

1. 一审法院杭州市中级人民法院判决认为不得以注册资本金对供应商实行差别或歧视待遇。某联公司对浙江省财政厅所作的行政处理决定书和浙江省人民政府所作的行政复议决定书不服，将浙江省财政厅和浙江省人民政府作为共同被告，起诉到杭州市中级人民法院。杭州市中级人民法院经审理后，作出行政判决，认为：关于某米公司"独立承担民事责任的能力"。财政部、工业和信息化部《政府采购促进中小企业发展暂行办法》（财库〔2011〕181号）第三条规定："任何单位和个人不得阻挠和限制中小企业自由进入本地区和本行业的政府采购市场，政府采购活动不得以注册资本金、资产总额、营业收入、从业人员、利润、纳税额等供应商的规模条件对中小企业实行差别待遇或者歧视待遇。"前

述规定并不违反法律规定，可以在本案中予以适用。据此，某联公司以某米公司的注册资本小于本次政府采购项目的标的金额为由，认为某米公司不是合格供应商的理由不能成立。结合其他，杭州市中级人民法院判决，驳回原告某联公司的诉讼请求。

2. 二审法院浙江省高级人民法院判决驳回质疑供应商的上诉，维持原判。2018年1月19日，浙江省高级人民法院作出行政判决，认为：关于某米公司注册资本问题，财政部、工业和信息化部《政府采购促进中小企业发展暂行办法》（财库〔2011〕181号）第三条规定："任何单位和个人不得阻挠和限制中小企业自由进入本地区和本行业的政府采购市场，政府采购活动不得以注册资本金、资产总额、营业收入、从业人员、利润、纳税额等供应商的规模条件对中小企业实行差别待遇或者歧视待遇。"据此，某联公司以某米公司的注册资本小于本次政府采购项目的标的金额为由，认为某米公司不是合格供应商的理由不能成立。结合其他，浙江省高级人民法院判决，驳回上诉，维持原判。

五、法无规定供应商注册资本必须大于采购预算且法有规定不得以注册资本金对供应商实行差别或歧视待遇

1. 法无规定供应商注册资本必须大于采购预算。《政府采购法》《政府采购法实施条例》《政府采购货物和服务招标投标管理办法》（财政部令第87号）《政府采购非招标采购方式管理办法》（财政部令第74号）《政府采购竞争性磋商采购方式管理暂行办法》《政府采购信息发布管理办法》等政府采购相关法律法规政策等，均未规定供应商注册资本必须大于采购预算。

2. 法有规定不得以注册资本金对供应商实行差别或歧视待遇。《中小企业促进法》第四十条第三款规定："政府采购不得在企业股权结构、经营年限、经营规模和财务指标等方面对中小企业实行差别待遇或者歧视待遇。"《政府采购货物和服务招标投标管理办法》（财政部令第87号）第十七条规定："采购人、采购代理机构不得将投标人的注册资本、资产总额、营业收入、从业人员、利润、纳税额等规模条件作为资格要求或者评审因素，也不得通过将除进口货物以外的生产厂家授权、承诺、证明、背书等作为资格要求，对投标人实行差别待遇或者歧视待遇。"《政府采购促进中小企业发展管理办法》（财库〔2020〕46号）第五条规定："采购人在政府采购活动中应当合理确定采购项目的采购需求，不得

以企业注册资本、资产总额、营业收入、从业人员、利润、纳税额等规模条件和财务指标作为供应商的资格要求或者评审因素，不得在企业股权结构、经营年限等方面对中小企业实行差别待遇或者歧视待遇。"因此，不仅法未规定供应商注册资本必须大于采购预算，而且法有规定不得以注册资本金对供应商实行差别或歧视待遇。

3. 注册资本金并非评判供应商是否具有独立承担民事责任的能力的依据。《民法典》第五十七条规定："法人是具有民事权利能力和民事行为能力，依法独立享有民事权利和承担民事义务的组织。"第七十六条规定："以取得利润并分配给股东等出资人为目的成立的法人，为营利法人。营利法人包括有限责任公司、股份有限公司和其他企业法人等。"因此，供应商为公司的，其依法具有独立承担民事责任的能力，而并非依据注册资本的多寡确定其是否具有独立承担民事责任的能力。因此，《政府采购法》第二十二条规定"供应商参加政府采购活动应当具备下列条件：（一）具有独立承担民事责任的能力……"并非指供应商的注册资本必须大于采购预算才具有独立承担民事责任的能力。

六、结语

政府采购项目中，法未规定供应商注册资本必须大于采购预算，且法有规定不得以注册资本金对供应商实行差别或歧视待遇，注册资本金也并非评判供应商是否具有独立承担民事责任的能力的依据。

案例 47：质疑供应商要求公开中标人的投标文件是否可行？

一、前言

《政府采购法》第三条规定："政府采购应当遵循公开透明原则、公平竞争原则、公正原则和诚实信用原则。"那么，质疑供应商可否依据公开透明原则，要求公开中标人的投标文件呢？本文以真实案例，分析如下。

二、质疑供应商要求公开中标人的投标文件

1. 采购项目情况。2016 年 1 月 19 日，采购人茂名市茂南区城市综合管理局、采购代理机构茂名市公共资源交易中心实施的"茂名市中心城区河东片区等环卫作业服务招标项目"在广东省政府采购网和茂名市公共资源交易网发布招标公告，东莞市某宝园林绿化有限公司（以下简称某宝园林公司）等供应商参与投标。2016 年 3 月 7 日，茂名市公共资源交易中心公布的中标公告显示中标单位为某银环保科技股份有限公司（以下简称某银公司）。

2. 质疑供应商要求公开中标人投标文件。2016 年 3 月 9 日，某宝园林公司向茂名市公共资源交易中心提出质疑，要求公开中标人某银公司的投标文件。

3. 采购代理机构驳回质疑。2016 年 3 月 17 日，茂名市公共资源交易中心作出关于茂名市中心城区河东片区等环卫作业服务招标项目中标结果质疑的复函，认为不得泄露及公开投标文件，并驳回了某宝园林公司的质疑，也告知某宝园林公司可以向茂名市茂南区财政局政府采购监管股依法提起投诉。

三、投诉处理机关茂名市茂南区财政局对质疑供应商要求公开中标人的投标文件的认定与处理

1. 质疑供应商向茂名市茂南区财政局提起投诉。2016 年 3 月 28 日，质疑供应商某宝园林公司不服茂名市公共资源交易中心作出的关于茂名市中心城区河东

片区等环卫作业服务招标项目中标结果质疑的复函，向茂名市茂南区财政局提起投诉，要求：就某银公司投标文件进行公开，用以核实投标、评标的真实性及公正性，但茂名市公共资源交易中心却以不得泄露及公开投标文件为由回复质疑，明显不具有任何说服力，请求对此进行核查并予以公开。

2. 投诉处理机关茂名市茂南区财政局驳回该项投诉。2016 年 5 月 19 日，茂名市茂南区财政局作出政府采购投诉处理决定书，茂名市茂南区财政局认为：《政府采购货物和服务招标投标管理办法》（财政部令第 18 号，已失效，现在施行的是财政部令第 87 号）第七十八条第二项规定，评标委员会成员或者与评标活动有关的工作人员，必须对有关投标文件的评审和比较、中标候选人的推荐以及与评标有关的其他情况进行保密。因此，关于投诉人对投标文件申请公开的请求不予支持。结合其他，茂名市茂南区财政局决定，驳回投诉。

四、法院对质疑供应商要求公开中标人的投标文件的裁判

1. 一审法院广东省茂名市茂南区人民法院判决认为不得公开投标文件。某宝园林公司对茂名市茂南区财政局的政府采购投诉处理决定书不服，将茂名市茂南区财政局起诉到广东省茂名市茂南区人民法院。广东省茂名市茂南区人民法院经审理后，于 2016 年 10 月 14 日作出行政判决，认为：某银公司提交的投标文件在竞标时已经过评标委员会关于资格性和符合性的审查。根据《政府采购法》第五十四条的规定，被告在原告未能提供证据证明某银公司的投标文件有虚构行为或某银公司有其他不正当投标行为的情况下，对原告申请公开某银公司的投标文件不予支持，并无不当。结合其他，广东省茂名市茂南区人民法院判决，驳回原告东莞市某宝园林公司的诉讼请求。

2. 二审法院广东省茂名市中级人民法院判决认为不得公开投标文件。2017 年 2 月 13 日，广东省茂名市中级人民法院作出行政判决，认为：关于投标文件能否公开，由于《政府采购货物和服务招标投标管理办法》（财政部令第 18 号）第七十八条规定，评标委员会成员或者与评标活动有关的工作人员不得泄露有关投标文件的评审和比较、中标候选人的推荐以及与评标有关的其他情况。被上诉人茂名市茂南区财政局据此对某宝园林公司提出要求公开投标文件的请求不予支持，理据充分，本院予以支持。结合其他，广东省茂名市中级人民法院判决，驳回上诉，维持原判。

3. 再审法院广东省高级人民法院判决认为不得公开投标文件。2017年12月7日，广东省高级人民法院作出行政裁定，认为：关于某宝园林公司申请就某银公司投标文件进行公开的问题。《政府采购货物和服务招标投标管理办法》（财政部令第18号）第七十八条规定："评标委员会成员或者与评标活动有关的工作人员有下列行为之一的，给予警告，没收违法所得，可以并处三千元以上五万元以下的罚款；对评标委员会成员取消评标委员会成员资格，不得再参加任何政府采购招标项目的评标，并在财政部门指定的政府采购信息发布媒体上予以公告；构成犯罪的，依法追究刑事责任……（二）泄露有关投标文件的评审和比较、中标候选人的推荐以及与评标有关的其他情况的。"茂名市茂南区财政局据此对某宝园林公司提出的公开某银公司投标文件的请求不予支持，并无不当。结合其他，广东省高级人民法院裁定，驳回某宝园林公司的再审申请。

五、不得公开任何投标供应商的投标文件

1. 投标文件包含了投标供应商的商业秘密。《反不正当竞争法》第九条规定："经营者不得实施下列侵犯商业秘密的行为：（一）以盗窃、贿赂、欺诈、胁迫、电子侵入或者其他不正当手段获取权利人的商业秘密；（二）披露、使用或者允许他人使用以前项手段获取的权利人的商业秘密；（三）违反保密义务或者违反权利人有关保守商业秘密的要求，披露、使用或者允许他人使用其所掌握的商业秘密；（四）教唆、引诱、帮助他人违反保密义务或者违反权利人有关保守商业秘密的要求，获取、披露、使用或者允许他人使用权利人的商业秘密。经营者以外的其他自然人、法人和非法人组织实施前款所列违法行为的，视为侵犯商业秘密。第三人明知或者应知商业秘密权利人的员工、前员工或者其他单位、个人实施本条第一款所列违法行为，仍获取、披露、使用或者允许他人使用该商业秘密的，视为侵犯商业秘密。本法所称的商业秘密，是指不为公众所知悉、具有商业价值并经权利人采取相应保密措施的技术信息、经营信息等商业信息。"因此投标文件至少包括投标人的投标报价，且根据《政府采购货物和服务招标投标管理办法》（财政部令第87号）第三十三条第一款的规定："投标人应当在招标文件要求提交投标文件的截止时间前，将投标文件密封送达投标地点。采购人或者采购代理机构收到投标文件后，应当如实记载投标文件的送达时间和密封情况，签收保存，并向投标人出具签收回执。任何单位和个人不得在开标前开启投

标文件。"投标文件需要密封送达投标地点，即投标文件是采取了保密措施的含有商业秘密的资料。非经投标人同意，任何人不得公开包含有投标人商业秘密的投标文件。非法公开的，将承担相应法律责任。如，《反不正当竞争法》第二十一条规定："经营者以及其他自然人、法人和非法人组织违反本法第九条规定侵犯商业秘密的，由监督检查部门责令停止违法行为，没收违法所得，处十万元以上一百万元以下的罚款；情节严重的，处五十万元以上五百万元以下的罚款。"

2. 政府采购相关法规规定不得泄露相应情况。《政府采购法实施条例》第四十条第一款规定："政府采购评审专家应当遵守评审工作纪律，不得泄露评审文件、评审情况和评审中获悉的商业秘密。"《政府采购非招标采购方式管理办法》（财政部令第74号）第二十五条规定："谈判小组、询价小组成员以及与评审工作有关的人员不得泄露评审情况以及评审过程中获悉的国家秘密、商业秘密。"《政府采购货物和服务招标投标管理办法》（财政部令第87号）第六十六条规定："采购人、采购代理机构应当采取必要措施，保证评标在严格保密的情况下进行。除采购人代表、评标现场组织人员外，采购人的其他工作人员以及与评标工作无关的人员不得进入评标现场。有关人员对评标情况以及在评标过程中获悉的国家秘密、商业秘密负有保密责任。"投标供应商的投标文件不得公开。

六、结语

投标供应商的投标文件包含投标供应商的商业秘密。《反不正当竞争法》规定禁止侵犯他人的商业秘密，投标文件须采取密封措施送达投标地点，采购人、行政监督机关等均不得公开投标供应商的投标文件。

案例 48：未查验投标人授权代表的身份证原件是否应当废标？

一、前言

投标人授权代表参加投标的，须提交相应的授权委托书和身份证明材料。如果在投标过程中，采购人、采购代理机构等未查验投标人授权代表的身份证原件的，是否应当废标？

二、质疑供应商质疑采购代理机构未查验投标人授权代表的身份证原件并要求废标

1. 采购项目情况。2016 年 1 月 22 日，采购人广西壮族自治区国土资源厅、采购代理机构广西壮族自治区政府采购中心发布"广西壮族自治区第二批矿业权评估定点服务供应商采购"招标采购公告，经公开招标，北京某地科技发展有限责任公司（以下简称北京某地公司）未中标。

2. 质疑供应商质疑采购代理机构未查验其他投标人授权代表身份证原件并要求废标。2016 年 2 月 26 日，北京某地公司向广西壮族自治区政府采购中心提出质疑，质疑请求包括：2016 年 2 月 18 日提交投标文件签到时未验投标代理人身份证原件，违反了《招标投标法》的规定。其投标代理人是否为本单位投标文件中规定的代理人员？是否有冒名顶替行为？故请求本次招标活动中标结果作废并重新确定中标人。

3. 采购代理机构驳回质疑。2016 年 3 月 8 日，广西壮族自治区政府采购中心针对北京某地公司的质疑作出答复：本中心工作人员严格按照采购文件开标要求组织开标活动，在签到过程中，要求所有参与投标活动的委托代理人如实填写投标文件递交登记表。包括质疑人的委托代理人在内的三家投标人代表在本项目开标过程中投标文件密封性检查结果表的合格结果处作了签字确认。经开标、密封性检查、唱标等环节，开标现场没有投标人对开标过程和开标记录提出疑问和质疑。

三、投诉处理机关和行政复议机关对质疑供应商质疑采购代理机构未查验投标人授权代表身份证原件并要求废标的认定与处理

1. 投诉处理机关广西壮族自治区财政厅认为部分投诉成立但不构成废标。2016 年 5 月 18 日，广西壮族自治区财政厅针对北京某地公司提出的投诉作出政府采购投诉处理决定书，其中指出：经查，该项目开标当日广西壮族自治区政府采购中心工作人员按照采购文件开标要求组织开标活动，在开标准备的签到过程中，没有检验投标代理人的身份证原件，该投诉事项部分成立，但该事项不影响中标结果，其余投诉事项缺乏事实依据，依据《政府采购供应商投诉处理办法》（财政部第 20 号令，已失效，现在施行的是财政部令第 94 号）第十七条第二项规定，决定驳回投诉人投诉。由于广西壮族自治区政府采购中心在开标时没有仔细核对投标代理人的身份信息，责令广西壮族自治区政府采购中心整改，要求其加强管理和完善单位内部制度，并责成其对相关责任人进行批评教育，防止此类问题再次发生。

2. 行政复议机关财政部认为部分投诉成立但不构成废标。2016 年 8 月 26 日，财政部针对北京某地公司的行政复议申请作出行政复议决定书，其中指出：关于申请人（北京某地公司）第一项投诉事项和请求，就采购代理机构在递交投标文件签到时没有验招标代理人身份证原件这一问题，被申请人（广西壮族自治区财政厅）已经确认申请人该项投诉成立，但经核对，投标文件递交申请表登记的代理人身份证号码与各公司投标文件中投标代理人身份证复印件的身份证号码一致。依据《政府采购供应商投诉处理办法》（财政部第 20 号令）第十七条和第十九条的有关规定，当投诉成立的事项会影响或者可能影响中标、成交结果时，或者中标、成交结果的产生过程存在违法行为时，才会相应作出废标等处理决定。如前述，采购代理机构的程序错误不会对该次招标结果产生实质影响，因此，被申请人在投诉处理决定中责令采购代理机构进行整改，要求其加强管理和完善单位内部制度，并责成其对相关责任人进行批评教育，并无不妥。

四、法院对质疑供应商质疑采购代理机构未查验投标人授权代表身份证原件并要求废标的裁判

1. 一审法院北京市某中级人民法院判决认为不构成废标。北京某地公司对财政部作出的行政复议决定书不服，将财政部起诉到北京市某中级人民法院。北京市某中级人民法院经审理后，作出行政判决，认为：北京某地公司所质疑的采购代理机构在递交投标文件签到时没有验招标代理人身份证原件这一问题，广西壮族自治区财政厅经核实，已经确认该项投诉成立。但考虑到投标文件递交申请表登记的代理人身份证号码与各公司投标文件中投标代理人身份证复印件的身份证号码一致，该投诉成立的事项不影响中标结果，不属于应当作出废标处理决定之情形。广西壮族自治区财政厅责令采购代理机构进行整改，要求其加强管理和完善单位内部制度，并责成其对相关责任人进行批评教育，并无不妥。结合其他，北京市某中级人民法院判决，驳回北京某地公司的诉讼请求。

2. 二审法院北京市高级人民法院判决认为不构成废标。2017年9月6日，北京市高级人民法院作出行政判决，认为：北京某地公司提出的招标采购过程中未验投标代理人身份证原件，采购过程严重违反《招标投标法》规定的投诉事项，广西壮族自治区财政厅经过调查核实，确认上述投诉成立，但经核对，投标文件递交申请表登记的代理人身份证号码与各公司投标文件中投标代理人身份证复印件的身份证号码一致，该程序问题对中标结果不产生实质影响，不属于法定应予废标情形，故广西壮族自治区财政厅责令采购代理机构进行整改，加强管理与责成对相关责任人批评教育，并无不当；结合其他，北京市高级人民法院判决，驳回上诉，维持一审判决。

五、未查验投标人授权代表身份证原件不足以导致采购项目废标

1. 未查验投标人授权代表身份证原件不合规。《政府采购货物和服务招标投标管理办法》（财政部令第87号）第四十二条规定："开标过程应当由采购人或者采购代理机构负责记录，由参加开标的各投标人代表和相关工作人员签字确认后随采购文件一并存档。投标人代表对开标过程和开标记录有疑义，以及认为采

购人、采购代理机构相关工作人员有需要回避的情形的，应当场提出询问或者回避申请。采购人、采购代理机构对投标人代表提出的询问或者回避申请应当及时处理。投标人未参加开标的，视同认可开标结果。"第五十一条第二款规定："投标人的澄清、说明或者补正应当采用书面形式，并加盖公章，或者由法定代表人或其授权的代表签字。投标人的澄清、说明或者补正不得超出投标文件的范围或者改变投标文件的实质性内容。"《政府采购非招标采购方式管理办法》（财政部令第74号）第十六条第二款规定："谈判小组、询价小组要求供应商澄清、说明或者更正响应文件应当以书面形式作出。供应商的澄清、说明或者更正应当由法定代表人或其授权代表签字或者加盖公章。由授权代表签字的，应当附法定代表人授权书。供应商为自然人的，应当由本人签字并附身份证明。"因此，如果不查验投标人授权代表身份证原件（未核实其是否为投标人的授权代表）即实施前述规定的相关事项，不合规。

2. 并非所有的违法违规行为均会导致废标。《政府采购法》第三十六条规定："在招标采购中，出现下列情形之一的，应予废标：（一）符合专业条件的供应商或者对招标文件作实质响应的供应商不足三家的；（二）出现影响采购公正的违法、违规行为的；（三）投标人的报价均超过了采购预算，采购人不能支付的；（四）因重大变故，采购任务取消的。废标后，采购人应当将废标理由通知所有投标人。"《政府采购质疑和投诉办法》（财政部令第94号）第三十二条规定："投诉人对采购过程或者采购结果提起的投诉事项，财政部门经查证属实的，应当认定投诉事项成立。经认定成立的投诉事项不影响采购结果的，继续开展采购活动；影响或者可能影响采购结果的，财政部门按照下列情况处理：（一）未确定中标或者成交供应商的，责令重新开展采购活动。（二）已确定中标或者成交供应商但尚未签订政府采购合同的，认定中标或者成交结果无效。合格供应商符合法定数量时，可以从合格的中标或者成交候选人中另行确定中标或者成交供应商的，应当要求采购人依法另行确定中标、成交供应商；否则责令重新开展采购活动。（三）政府采购合同已经签订但尚未履行的，撤销合同。合格供应商符合法定数量时，可以从合格的中标或者成交候选人中另行确定中标或者成交供应商的，应当要求采购人依法另行确定中标、成交供应商；否则责令重新开展采购活动。（四）政府采购合同已经履行，给他人造成损失的，相关当事人可依法提起诉讼，由责任人承担赔偿责任。投诉人对废标行为提起的投诉事项成立的，财政部门应当认定废标行为无效。"因此，即使发生未查验投标人授权代表身份证原件的不合规行为,也不影响采购结果,并不属于《政府采购法》第三十六条规定的情形。当然,在前述"广西壮族自治区第二批矿业权评估定点服务供应商采购"中,经事后投诉处理机关的核对,投标文件递交申请表登记的代理人身份证号码与各公司投标文件中投标代理人身份证复印件的身份证号码一致,不影响采购结果。但如果投标文件递交申请表登记的代理人身份证号码与各公司投标文件中投标代理人身份证复印件的身份证号码不一致的,则须具体案例具体分析。

六、结语

采购人、采购代理机构等未查验投标人授权代表身份证原件,属于不合规行为。但是否导致废标,须确认其是否"影响或者可能影响采购结果",如果不影响采购结果的,则不构成废标。采购人、采购代理机构等在招标采购活动中,切记须查验投标人授权代表身份证原件。事虽小,但麻烦不一定小。

案例 49：用评标现场的录音进行投诉的供应商是否应被行政处罚？

一、前言

政府采购项目中，供应商投诉的，供应商应当提交投诉书和必要的证明材料。如果供应商提交的证明材料是评标现场的录音录像资料，那么，该供应商是否会因该举证行为而被行政处罚呢？

二、供应商用评标现场的录音作为证明材料进行投诉

1. 采购项目情况。2015 年 9 月 2 日，采购人上海海关、采购代理机构某成机电发布"上海海关金关工程二期上海青浦核心应用处理节点机房建设采购项目"招标公告。2015 年 10 月 8 日，该采购项目开标、评标，并于 2015 年 10 月 10 日发布中标公告。

2. 供应商用评标现场录音文件作为证明材料提起质疑投诉。2015 年 10 月 11 日，上海某杰信息技术有限公司（以下简称某杰公司）认为涉案采购项目评标过程违法违规，向采购代理机构提出质疑后，于 2015 年 11 月 10 日向财政部提出投诉，并提交该采购项目评标现场录音文件。

三、财政部经调查后对投诉人某杰公司进行行政处罚

1. 财政部责令重新开展采购活动。2016 年 1 月 20 日，财政部作出投诉及监督检查处理决定，认为该采购项目中标结果的产生过程存在违法行为，责令重新开展采购活动，并责令采购代理机构进行整改。

2. 采购代理机构举报投诉人用非法获取的证据材料进行投诉。2016 年 2 月 29 日，财政部收到采购代理机构的举报材料，其举报某杰公司对该采购项目提出质疑和投诉时使用的证据材料是非法获取的，违反《政府采购法实施条例》第七十三条之规定，要求财政部予以处罚。

3. 投诉人某杰公司称评标现场录音光盘系某评标知情人士匿名主动提供给某杰公司已离职的销售人员。收到举报后,财政部启动对涉案采购项目的监督检查程序。2016 年 3 月 8 日,财政部向某杰公司和采购人印发政府采购监督检查调取证据材料通知书,要求两单位就举报事项提交书面说明,并提交相关材料。2016 年 3 月 16 日,财政部收到某杰公司的回复函,其中称,某杰公司投诉采购代理机构所涉现场录音光盘系某评标知情人士认为评标现场不公正,事后主动提供给某杰公司销售人员(已离职),在质疑函中某杰公司提供录音仅作为招标代理机构调查评标过程的线索。2016 年 5 月 3 日,财政部向某杰公司印发进一步调查取证通知书,要求其进一步提供泄露招标信息的某产品供应商的相关信息、该产品供应商电话告知某杰公司销售人员相关招标信息时的电话记录以及涉案某杰公司销售人员的详细信息等涉及现场录音文件获取方式的细节证据材料。2016 年 5 月 9 日,某杰公司进行回复,其中提供了涉案销售人员的相关信息,但对于某产品供应商及相关电话记录的信息,称因时间较长记不清楚,故无法提供。2016 年 6 月 16 日,某杰公司再次向财政部提交回复函,其中提供了收到涉案评标现场录音光盘的某杰公司销售人员的信息,并表示该销售人员已经离职。经电话沟通,该销售人员表示其系通过匿名邮件收到的涉案评标现场录音文件并交给某杰公司。

4. 财政部对投诉人进行行政处罚。2016 年 8 月 29 日,财政部对某杰公司作出行政处罚决定,其中提到:财政部在依法对"上海海关金关工程二期上海青浦核心应用处理节点机房建设采购项目"作出监督检查处理中,发现某杰公司存在以非法手段获取证据材料进行投诉的行为。依据《政府采购法实施条例》第七十三条的规定,决定对某杰公司作出列入不良行为记录名单,1 年内禁止参加政府采购活动的行政处罚。

四、法院对供应商用评标现场的录音作为证明材料进行投诉被行政处罚的裁判

1. 一审法院北京市某中级人民法院判决认为处罚正确。某杰公司对财政部作出的行政处罚决定不服,将财政部作为被告,起诉到北京市某中级人民法院。北京市某中级人民法院经审理后,作出行政判决,认为:《政府采购法实施条例》第七十三条规定,供应商捏造事实、提供虚假材料或者以非法手段取得证明

材料进行投诉的，由财政部门列入不良行为记录名单，禁止其1至3年内参加政府采购活动。本案中，某杰公司认为涉案采购项目评标过程违法违规，向财政部提出投诉，并提交涉案采购项目评标现场录音文件。从该录音文件记载的内容来看，其涉及评标现场的诸多细节，属于应当保密的材料，且某杰公司并不属于该保密材料的知情人范围。某杰公司以保密材料进行投诉，构成上述规定所指的以非法手段取得证明材料进行投诉之情形，财政部据此作出将某杰公司列入不良行为记录名单，1年内禁止参加政府采购活动的被诉处罚决定并无不当。某杰公司对此提出的异议理由不能成立，不予支持。结合其他，北京市某中级人民法院判决，驳回某杰公司的诉讼请求。

2. 二审法院北京市高级人民法院判决认为处罚正确。2017年8月18日，北京市高级人民法院作出行政判决，认为：（一）涉案录音材料属于证明材料且某杰公司不属于合法知情人范围。某杰公司作为投标供应商，未参与评审过程，不应当知悉采购项目的评审情况。涉案录音资料展现的是项目评审现场情况，对某杰公司而言，属于"严格保密""不得泄露"的范围，即某杰公司不属于涉案录音资料的知情人范围。（二）某杰公司对涉案录音材料来源的合法性应当承担说明和证明责任。某杰公司如何获取其依法不应知悉的证明材料以及获取渠道是否合法正当，无疑某杰公司本身最清楚、最了解，因而，不论是在法理上，还是在事理抑或常识上，某杰公司对其涉嫌以非法手段获取证明材料的行为，既有合理说明和提供相应证据的能力，更有合理说明和提供相应证据的义务。（三）某杰公司投诉事项成立与财政部对其违规投诉行为进行规制属于不同性质的法律关系。本案中，某杰公司以非法手段获取的涉案录音资料进行投诉，财政部门在对该投诉予以驳回的基础上，经过调查认定涉案采购项目中标结果的产生过程中存在违法行为并决定责令重新开展采购活动，又基于他人举报对某杰公司恶意投诉的行为进行调查和处分，二者并不矛盾，亦无不当。（四）被诉处罚决定对某杰公司的处罚并不存在明显不当的地方。本案中，某杰公司不属于涉案录音材料的合法知情人范围，且某杰公司对其持有该材料并据此进行投诉不能进行合理说明，财政部认定其构成以非法手段取得证明材料进行投诉并将其列入不良行为记录名单，符合法律规定，并无不当。结合其他，北京市高级人民法院判决，驳回上诉，维持一审判决。

五、以非法手段取得证明材料进行投诉的将承担相应的法律责任

1. 投诉人投诉须提供必要的证明材料。根据《政府采购质疑和投诉办法》（财政部令第 94 号）第十八条的规定："投诉人投诉时，应当提交投诉书和必要的证明材料，并按照被投诉采购人、采购代理机构（以下简称被投诉人）和与投诉事项有关的供应商数量提供投诉书的副本。投诉书应当包括下列内容：（一）投诉人和被投诉人的姓名或者名称、通讯地址、邮编、联系人及联系电话；（二）质疑和质疑答复情况说明及相关证明材料……"

2. 投诉人以非法手段取得证明材料的应驳回投诉。《政府采购法实施条例》第五十七条规定："投诉人捏造事实、提供虚假材料或者以非法手段取得证明材料进行投诉的，财政部门应当予以驳回。财政部门受理投诉后，投诉人书面申请撤回投诉的，财政部门应当终止投诉处理程序。"《政府采购质疑和投诉办法》（财政部令第 94 号）第二十九条规定："投诉处理过程中，有下列情形之一的，财政部门应当驳回投诉……（四）投诉人以非法手段取得证明材料……"因此，投诉人以非法手段取得证明材料进行投诉的，财政部门应当予以驳回。

3. 投诉人承担证明其以合法手段取得证明材料的责任。《政府采购质疑和投诉办法》（财政部令第 94 号）第二十九条规定："投诉处理过程中，有下列情形之一的，财政部门应当驳回投诉……（四）投诉人以非法手段取得证明材料。证据来源的合法性存在明显疑问，投诉人无法证明其取得方式合法的，视为以非法手段取得证明材料。"因此，在前述"上海海关金关工程二期上海青浦核心应用处理节点机房建设采购项目"中，投诉人某杰公司承担证明其提供的评标现场录音证据来源合法的举证责任。无法证明其取得方式合法的，视为以非法手段取得证明材料。这也恰如北京市高级人民法院在判决中所言："涉案录音材料依法属于需要严格保密的范围，某杰公司并非合法知情人，财政部门在调查某杰公司是否存在非法手段获取证明材料的时候，行政程序举证责任分配更具有一定的特殊性。财政部门在行政程序中告知某杰公司就其涉嫌以非法手段获取证明材料行为进行说明并要求其提供排除其涉嫌违法行为证据，某杰公司在有义务也有能力就此进行说明并提供相应证据的情况下，如果无正当理由拒不说明并提供相应证据或者提供的证据不足以排除其违法嫌疑的，应当作出对某杰公司不利的认定。

某杰公司答复认为涉案证明材料系知情匿名人士通过匿名邮件的方式提供给其已离职的员工,具体情况需要财政部进行调查核实。某杰公司的该答复并不足以让人信服其系以合法手段获取涉案录音资料,且在行政程序中亦未向财政部提供可以进一步调查取证的有效线索。因此,财政部据此认定某杰公司以非法手段获取涉案录音资料并无不当。"

4. 驳回投诉并不代表不对客观存在的违法行为不进行处理。在前述"上海海关金关工程二期上海青浦核心应用处理节点机房建设采购项目"中,投诉人某杰公司的投诉被财政部依法驳回。但在"上海海关金关工程二期上海青浦核心应用处理节点机房建设采购项目"中客观存在的违法行为,并不意味着因驳回投诉人某杰公司的投诉而不予处理。也正因为如此,财政部依法驳回投诉人某杰公司的投诉,但也同时作出投诉及监督检查处理决定,责令重新开展采购活动等,并同时对投诉人某杰公司进行行政处罚。之所以如此,通俗的说法,是"桥归桥,路归路""一码归一码",投诉人违法,处罚投诉人;政府采购活动违法,处理政府采购活动,各归各,不混同。这也恰如前述"上海海关金关工程二期上海青浦核心应用处理节点机房建设采购项目"中,北京市高级人民法院在判决中所言:"维护公平公正和诚实信用,既是财政部门履行政府采购活动监管职责的目标要求,也是政府采购招投标参与主体的基本遵循。当事人以非法手段获取证明材料并进行投诉,不论投诉事项最终成立与否,都是违背诚实信用的行为,也是对政府采购公平公正秩序的一种破坏,这也是法律对此加以规制的直接原因。……之所以要禁止以非法手段取得证明材料进行投诉,是因为如果允许以非法手段获得的材料作为投诉的证据,尽管可能对财政部门查清案件事实有所助益,却是以破坏法律秩序和社会诚信以及侵害其他主体合法权益为代价。而且,对于投诉人以非法手段取得证明材料进行恶意投诉的情形,在法律后果上绝不仅仅在于投诉被驳回,投诉人还需要接受法律的制裁,这既是义务与责任相匹配的必然要求,也是维护政府采购法律秩序的需要,更是塑造社会诚实信用所必需。……投诉人以非法手段取得证明材料进行投诉的,不论投诉事项成立与否,既要依法驳回其投诉,还要依法制裁其恶意投诉行为,两者性质并不相同,不可混淆。"

5. 以非法手段取得证明材料进行投诉的将承担相应的法律责任。《政府采购法实施条例》第七十三条规定:"供应商捏造事实、提供虚假材料或者以非法手段取得证明材料进行投诉的,由财政部门列入不良行为记录名单,禁止其 1 至 3 年内参加政府采购活动。"《政府采购质疑和投诉办法》(财政部令第 94 号)第三十七条第二款规定:"投诉人有下列行为之一的,属于虚假、恶意投诉,由财政部门列入不良行为记录名单,禁止其 1 至 3 年内参加政府采购活动:(一)捏造事实;(二)提供虚假材料;(三)以非法手段取得证明材料。证据来源的合法性存在明显疑问,投诉人无法证明其取得方式合法的,视为以非法手段取得证明材料。"因此,如果投诉人以非法手段取得证明材料进行投诉的,将承担"由财政部门列入不良行为记录名单,禁止其 1 至 3 年内参加政府采购活动"的行政处罚。

六、结语

采购人、采购代理机构,均须依法开展政府采购活动;投标供应商,须依法参与政府采购活动,须提供以合法方式取得的证明材料进行质疑投诉;评标委员会成员及相关人员,须对依法保密的信息予以保密,不得违法泄露。否则,均须承担相应的法律责任。同时,他人犯错,不是自己犯错的理由。他人的过错,也不能抵消自己犯错后所应承担的后果。简言之,一码归一码。

案例 50：投标供应商提供的业绩合同金额与实际金额有出入是否为虚假业绩？

一、前言

政府采购项目中，投标供应商须提交投标响应文件，如果投标供应商提供的业绩合同是真实的，仅合同金额与客观实际有出入，该业绩合同是否属于虚假业绩？

二、预成交供应商被举报提供虚假材料

1. 采购项目情况。2013 年 12 月 26 日，采购人浙江大学对"气相色谱自动进样吹扫捕集器、聚焦电子枪蒸发设备、便携式光合荧光土壤呼吸测量系统、中央排气通风笼盒系统、小鼠独立通风式饲养系统项目"采取竞争性谈判采购，并发布了公告。采购文件"竞争性谈判须知"中"9.2 商务技术响应文件"第（6）项为相关项目实施业绩一览表。在附件六的相关项目实施业绩一览表中需填写内容具体包括项目名称、项目类型、简要描述、项目金额、实施时间、项目单位联系人及电话。

2. 预成交供应商被举报提供虚假材料。2015 年 10 月 11 日，苏州某皇动物实验设备科技有限公司（以下简称苏州某皇公司）参与了上述采购项目中的标项四，苏州某皇公司提交的投标响应文件（标项四）中"相关项目实施业绩一览表"共列明了八个 EVC（通气排风笼具系统，Exhaust Ventilated Closed-System Cage Rack，以下简称 EVC）鼠笼项目。其中第四项的项目名称：EVC 鼠笼，项目类型：新建，项目金额：500 万元，实施时间：2013 年 12 月 13 日，项目单位：南京某大学。后苏州某皇公司取得预成交资格。2014 年 6 月 11 日，上海某硕科技有限公司（以下简称上海某硕公司）以苏州某皇公司提供虚假材料谋取成交为由，向财政部提交了举报材料。

三、财政部对被举报的预成交供应商的处理

1. 财政部初次对预成交供应商罚款 2000 元。2015 年 4 月 2 日，财政部作出行政处罚决定，认定：苏州某皇公司提供的南京某大学 EVC 鼠笼 500 万元项目，实施时间 2013 年 12 月 13 日的业绩尚未实现，不是真实业绩，存在提供虚假材料谋取成交的违法情形。该行为违反了《政府采购法》第七十七条第一款第一项的规定，决定对苏州某皇公司处以采购金额千分之五（人民币 2000 元）的罚款。

2. 举报人认为处罚较轻向财政部提起行政复议。2015 年 6 月 3 日，举报人上海某硕公司不服行政处罚决定，向财政部提出行政复议申请，认为：在行政处罚告知书中载明财政部拟作出的行政处罚为对苏州某皇公司处以罚款 2000 元，列入不良行为记录名单，并作出一年内禁止参加政府采购活动；但该行政处罚决定遗漏了部分处罚内容等。故请求：依照《政府采购法》第七十七条规定，将行政处罚决定变更为采购金额千分之五（人民币 2000 元）的罚款，列入不良行为记录名单，并作出一年内禁止参加政府采购活动的行政处罚等。

3. 财政部经行政复议撤销了罚款 2000 元的处罚决定并要求重新作出处罚。2016 年 8 月 16 日，财政部针对上海某硕公司提出的复议申请作出行政复议决定，认为前述财政部作出的行政处罚决定关于"'南京某大学 EVC 鼠笼 500 万元项目，实施时间 2013 年 12 月 13 日'的业绩尚未实现，不是真实业绩，存在提供虚假材料谋取成交的违法情形"的事实认定清楚，证据确凿。《政府采购法》第七十七条中关于"处以采购金额千分之五以上千分之十以下的罚款，列入不良行为记录名单，在一至三年内禁止参加政府采购活动"的规定属于并处关系，财政部认定苏州某皇公司在采购项目中存在提供虚假材料谋取成交的违法情形，但仅对其处以罚款，属于适用法律错误等。根据《行政复议法》第二十八条第一款第三项的规定，决定撤销前述行政处罚决定，由财政部依法重新作出决定。

四、法院对投标供应商提供的合同真实金额不实是否为虚假业绩的裁判

1. 被举报人苏州某皇公司认为其业绩是真实业绩不是虚假业绩继而起诉中

华人民共和国财政部。被举报人苏州某皇公司对财政部作出的行政复议决定不服，将财政部作为被告，起诉到北京市某中级人民法院。苏州某皇公司认为：其在该采购项目中并不存在提供虚假材料谋取成交的违法情形。其向南京某大学提供 EVC 鼠笼的过程中，与该大学签订的协议虽为"试用"，但实际为"使用"。仅因苏州某皇公司自愿承担由此产生的费用，南京某大学在使用中才无须支付任何费用。但苏州某皇公司已经向南京某大学提供了 EVC 鼠笼，属于苏州某皇公司已实施业绩。且苏州某皇公司向南京某大学提供的鼠笼具有市场价值和成本。对于苏州某皇公司已经完成的工作，应当属于某公司真实的业绩。苏州某皇公司工作人员在竞争性谈判响应文件中，将实施时间写错，但不影响苏州某皇公司向南京某大学提供鼠笼的真实性等。

2. 一审法院北京市某中级人民法院判决认为合同真实金额不实的为虚假业绩。北京市某中级人民法院经审理后作出行政判决，认为：公平竞争、诚实信用是政府采购所应遵循的基本原则之一。《政府采购法》第七十七条第一款第一项规定的宗旨就是防止供应商在政府采购中弄虚作假，破坏公平竞争秩序。本案中，苏州某皇公司在投标响应文件的"相关项目实施业绩一览表"中列举了八个项目的业绩。根据该公司与南京某大学签订的协议，上述业绩中第四个项目实际是由苏州某皇公司提供 EVC 鼠笼供南京某大学试用，并由该公司承担试用期间的相关费用。虽然该项目所涉鼠笼实际提供给南京某大学使用，但就该项目而言，苏州某皇公司并未实际取得收入，与上述响应文件中所列项目金额 500 万元不一致。因此，苏州某皇公司在投标响应文件中填报的该项业绩尚未实现，不是真实的业绩。苏州某皇公司投标响应文件中存在的上述不实之处，属于《政府采购法》第七十七条第一款第一项规定的"提供虚假材料谋取中标、成交"的情形，依法应当受到处罚。结合其他，北京市某中级人民法院判决，驳回原告苏州某皇公司的全部诉讼请求。

3. 二审法院北京市高级人民法院判决认为合同真实但金额不实的为虚假业绩。2017 年 5 月 17 日，北京市高级人民法院作出行政判决，认为：本案的争议焦点之一是苏州某皇公司存在的投标响应文件中所列项目金额为 500 万元的涉案填报行为，是否构成《政府采购法》第七十七条第一款第一项中规定的"提供虚假材料谋取中标、成交"的行为。在苏州某皇公司与南京某大学于 2013 年 12 月 20 日签订的 EVC 试用协议书中，虽约定了苏州某皇公司自愿给南京某大学提供大鼠 EVC22 套、小鼠 EVC36 套进行试用，且在试用期间产生的所有费用由苏州某皇公司承担，但该协议并未出现项目金额 500 万元的约定。在案涉行政处罚决定作出前，苏州某皇公司亦未提供其他证据证明其在相关项目实施业绩一览表中填写的南京某大学 EVC 鼠笼项目 500 万元的项目金额具有相应的事实根据。据此，案涉行政处罚决定、行政复议决定、一审法院判决均认定 500 万元项目金额的业绩尚未实现，不是真实业绩，从而认定苏州某皇公司的行为构成提供虚假材料谋取中标、成交的行为，上述事实认定和定性并无不当。结合其他，北京市高级人民法院判决，驳回上诉，维持一审判决。

五、合同真实金额不实的也为虚假业绩并将承担相应的法律责任

1. 投标供应商必须秉承诚实信用原则提供真实的业绩。《政府采购法》第三条规定："政府采购应当遵循公开透明原则、公平竞争原则、公正原则和诚实信用原则。"《政府采购非招标采购方式管理办法》（财政部令第 74 号）第十三条规定："供应商应当按照谈判文件、询价通知书的要求编制响应文件，并对其提交的响应文件的真实性、合法性承担法律责任。"《政府采购竞争性磋商采购方式管理暂行办法》（财库〔2014〕214 号）第十一条规定："供应商应当按照磋商文件的要求编制响应文件，并对其提交的响应文件的真实性、合法性承担法律责任。"根据上述规定，提交真实的投标响应文件，是投标供应商的法定义务。

2. 真实业绩须全面客观真实。在前述"气相色谱自动进样吹扫捕集器、聚焦电子枪蒸发设备、便携式光合荧光土壤呼吸测量系统、中央排气通风笼盒系统、小鼠独立通风式饲养系统项目"中，被举报人苏州某皇公司提供的与南京某大学于 2013 年 12 月 20 日签订的 EVC 试用协议书是真实的，但苏州某皇公司提交的响应文件中"相关项目实施业绩一览表"第四项项目名称为 EVC 鼠笼，项目金额为 500 万元与客观实际不符，投标供应商提供的业绩部分真实，并不代表没有提交虚假的业绩材料。

3. 投标供应商提交虚假业绩材料将承担相应的法律责任。《政府采购法》第七十七条规定："供应商有下列情形之一的，处以采购金额千分之五以上千分之十以下的罚款，列入不良行为记录名单，在一至三年内禁止参加政府采购活动，有违法所得的，并处没收违法所得，情节严重的，由工商行政管理机关吊销营业执照；构成犯罪的，依法追究刑事责任：（一）提供虚假材料谋取中标、成交

的……供应商有前款第（一）至（五）项情形之一的，中标、成交无效。"《政府采购非招标采购方式管理办法》（财政部令第 74 号）第二十条规定："采购人或者采购代理机构应当在采购活动结束后及时退还供应商的保证金，但因供应商自身原因导致无法及时退还的除外。未成交供应商的保证金应当在成交通知书发出后 5 个工作日内退还，成交供应商的保证金应当在采购合同签订后 5 个工作日内退还。有下列情形之一的，保证金不予退还……（二）供应商在响应文件中提供虚假材料的……"《政府采购竞争性磋商采购方式管理暂行办法》第三十一条规定："采购人或者采购代理机构应当在采购活动结束后及时退还供应商的磋商保证金，但因供应商自身原因导致无法及时退还的除外。未成交供应商的磋商保证金应当在成交通知书发出后 5 个工作日内退还，成交供应商的磋商保证金应当在采购合同签订后 5 个工作日内退还。有下列情形之一的，磋商保证金不予退还……（二）供应商在响应文件中提供虚假材料的……"因此，投标供应商提交虚假业绩材料，法律后果严重。

六、结语

诚实信用原则贯穿政府采购活动始终，采购人、采购代理机构、投标供应商等均须严格执行。如果投标供应商提供虚假业绩材料，将承担法律法规规定的相应责任。同时，投标供应商提供的业绩部分真实，也并不代表没有提交虚假的业绩材料，投标供应商须提交全面客观真实的业绩。

案例 51：市场占有率可否作为参与询价项目的资格条件？

一、前言

政府采购询价项目，可否将供应商的市场占有率作为资格条件？

二、要求国内市场占有率前 5 名才具有参与询价的资格

1. 询价项目情况。2015 年 4 月 14 日，采购代理机构太仓市政府采购中心（以下简称采购中心）在苏州市政府采购网站发布"太仓市公安局 UPS 等设备 TZCGX201523 询价采购项目"（以下简称采购项目）的采购公告，其中 UPS 产品对制造商实力要求"所投产品（主机）品牌在国内市场占有率前 5 名，必须有官方认可的证明材料，以 CCID（China Center for Information Industry Development，中国电子信息产业发展研究院）为准"。

2. 成交供应商被质疑不满足市场占有率。2014 年 4 月 23 日，采购项目开标，宣布苏州某护神电子有限公司（以下简称某护神公司）为中标人。2014 年 4 月 26 日，采购中心收到其他人对中标公告的质疑函，质疑某护神公司投标产品不符合询价公告的要求。采购中心经复核后，重新认定某丽华用品有限公司中标，并于 2014 年 5 月 27 日进行公告。

3. 被作无效处理的成交供应商向财政局提出投诉。2014 年 6 月 30 日，某护神公司向太仓市财政局投诉采购中心，内容为：采购中心以某护神公司所投产品（主机）品牌在国内市场占有率未达前 5 名为由，认定某护神产品不符合采购要求，违反《政府采购非招标采购方式管理办法》第十条第二款关于"谈判文件、询价通知书不得要求或者标明供应商名称或者特定货物的品牌，不得含有指向特定供应商的技术、服务等条件"的规定。

三、财政局对要求国内市场占有率前 5 名才具有参与询价资格的处理

1. 投诉处理机关太仓市财政局认为违法。2014 年 8 月 7 日，太仓市财政局作出政府采购供应商投诉处理决定，认为：太仓市公安局 UPS 等设备 TZCGX201523 询价采购项目公告中 UPS 小功率 6KVA 制造商实力第 67 项"所投产品（主机）品牌在国内市场占有率前 5 名，必须有官方认可的证明材料（以 CCID 为准）"，违反了《政府采购法实施条例》第二十条第四项"以特定行政区域或者特定行业的业绩、奖项作为加分条件或者中标、成交条件"，第二十条第六项"限定或者指定特定的专利、商标、品牌或者供应商"的规定。结合其他，太仓市财政局作出如下决定：责令太仓市公安局、采购中心 UPS 等设备 TZCGX201523 询价采购项目修改采购文件后，重新开展采购活动。

2. 行政复议机关苏州市财政局也认为违法。2015 年 10 月 23 日，苏州市财政局作出行政复议决定，认为：询价文件中关于国内市场占有率前 5 名的条件属于歧视性条款，违反法律规定。苏州市财政局决定，维持太仓市财政局作出的投诉处理决定书。

四、法院对要求国内市场占有率前 5 名才具有参与询价资格的裁判

1. 一审法院苏州市姑苏区人民法院判决认为违法。某护神公司不服太仓市财政局作出的政府采购供应商投诉处理决定及苏州市财政局作出的行政复议决定，向苏州市姑苏区人民法院提起行政诉讼。苏州市姑苏区人民法院经审理后，作出行政判决，认为：《政府采购法实施条例》第二十条规定："采购人或者采购代理机构有下列情形之一的，属于以不合理的条件对供应商实行差别待遇或者歧视待遇……（六）限定或者指定特定的专利、商标、品牌或者供应商……"而第三人（采购中心）发布的采购公告，其中 UPS 产品对制造商实力要求"所投产品（主机）品牌在国内市场占有率前 5 名，必须有官方认可的证明材料（以 CCID 为准）"，该条件实质上限定了特定的 UPS 品牌，从而限制了潜在供应商参与采购项目、公平竞争的机会，同时又非满足招标项目实际需求所必需，太

仓市财政局认定第三人（采购中心）违反上述法律规定，并无不妥。结合其他，苏州市姑苏区人民法院判决，驳回原告某护神公司的诉讼请求。

2. 二审法院江苏省苏州市中级人民法院判决认为违法。2016年3月11日，江苏省苏州市中级人民法院作出行政判决，认为：原审第三人（采购中心）发布的采购公告，其中UPS产品对制造商实力中要求条件实质上限定了特定品牌、限制了潜在供应商参与采购项目、公平竞争的机会，被上诉人太仓市财政局认定为违反了《政府采购法实施条例》第二十条法律规定，并无不当。结合其他，江苏省苏州市中级人民法院判决，驳回上诉，维持原判。

3. 再审法院江苏省高级人民法院裁定认为违法。2016年11月10日，江苏省高级人民法院作出行政裁定，认为：《政府采购法实施条例》第二十条规定："采购人或者采购代理机构有下列情形之一的，属于以不合理的条件对供应商实行差别待遇或者歧视待遇……（六）限定或者指定特定的专利、商标、品牌或者供应商……"而第三人（采购中心）发布的采购公告，其中UPS产品对制造商实力要求"所投产品（主机）品牌在国内市场占有率前5名，必须有官方认可的证明材料（以CCID为准）"，该条件实质上限定了特定的UPS品牌，从而限制了潜在供应商参与采购项目、公平竞争的机会，同时又非满足采购项目实际需求所必需，被告太仓市财政局认定第三人（采购中心）违反上述法律规定，并无不妥。结合其他，江苏省高级人民法院裁定，驳回某护神公司的再审申请。

五、询价项目资格条件的设置须合法合规并贯彻落实政府采购政策

1. 询价项目资格条件的设置须符合《政府采购法》的规定。根据《政府采购法》第二十二条的规定："供应商参加政府采购活动应当具备下列条件：（一）具有独立承担民事责任的能力；（二）具有良好的商业信誉和健全的财务会计制度；（三）具有履行合同所必需的设备和专业技术能力；（四）有依法缴纳税收和社会保障资金的良好记录；（五）参加政府采购活动前三年内，在经营活动中没有重大违法记录；（六）法律、行政法规规定的其他条件。采购人可以根据采购项目的特殊要求，规定供应商的特定条件，但不得以不合理的条件对供应商实行差别待遇或者歧视待遇。"前述"太仓市公安局UPS等设备TZCGX201523询价采购项目"，设定"所投产品（主机）品牌在国内市场占有率前5名，必须有

官方认可的证明材料（以 CCID 为准）"，违反了《政府采购法》第二十二条第二款中"但不得以不合理的条件对供应商实行差别待遇或者歧视待遇"的规定。

2. 询价项目资格条件的设置还须符合《政府采购法实施条例》的规定。根据《政府采购法实施条例》第二十条的规定："采购人或者采购代理机构有下列情形之一的，属于以不合理的条件对供应商实行差别待遇或者歧视待遇：（一）就同一采购项目向供应商提供有差别的项目信息；（二）设定的资格、技术、商务条件与采购项目的具体特点和实际需要不相适应或者与合同履行无关；（三）采购需求中的技术、服务等要求指向特定供应商、特定产品；（四）以特定行政区域或者特定行业的业绩、奖项作为加分条件或者中标、成交条件；（五）对供应商采取不同的资格审查或者评审标准；（六）限定或者指定特定的专利、商标、品牌或者供应商；（七）非法限定供应商的所有制形式、组织形式或者所在地；（八）以其他不合理条件限制或者排斥潜在供应商。"前述"太仓市公安局 UPS 等设备 TZCGX201523 询价采购项目"，设定"所投产品（主机）品牌在国内市场占有率前 5 名，必须有官方认可的证明材料（以 CCID 为准）"，恰如前述江苏省高级人民法院、江苏省苏州市中级人民法院、苏州市姑苏区人民法院指出的，该条件实质上限定了特定的 UPS 品牌。

3. 询价项目资格条件的设置还须符合《政府采购非招标采购方式管理办法》的规定。《政府采购非招标采购方式管理办法》第十条规定："谈判文件、询价通知书应当根据采购项目的特点和采购人的实际需求制定，并经采购人书面同意。采购人应当以满足实际需求为原则，不得擅自提高经费预算和资产配置等采购标准。谈判文件、询价通知书不得要求或者标明供应商名称或者特定货物的品牌，不得含有指向特定供应商的技术、服务等条件。"前述"太仓市公安局 UPS 等设备 TZCGX201523 询价采购项目"，设定"所投产品（主机）品牌在国内市场占有率前 5 名，必须有官方认可的证明材料（以 CCID 为准）"，该条件实质上限定了特定的 UPS 品牌，违反了该规定。

4. 询价项目资格条件的设置还须符合政府采购支持中小微企业发展的规定。《中小企业促进法》第四十条规定："国务院有关部门应当制定中小企业政府采购的相关优惠政策，通过制定采购需求标准、预留采购份额、价格评审优惠、优先采购等措施，提高中小企业在政府采购中的份额。向中小企业预留的采购份额应当占本部门年度政府采购项目预算总额的百分之三十以上；其中，预留给小型微型企业的比例不低于百分之六十。中小企业无法提供的商品和服务除外。政府采购不得在企业股权结构、经营年限、经营规模和财务指标等方面对中小企业实行差别待遇或者歧视待遇。政府采购部门应当在政府采购监督管理部门指定的媒体上及时向社会公开发布采购信息，为中小企业获得政府采购合同提供指导和服务。"《政府采购促进中小企业发展管理办法》（财库〔2020〕46号）第五条规定："采购人在政府采购活动中应当合理确定采购项目的采购需求，不得以企业注册资本、资产总额、营业收入、从业人员、利润、纳税额等规模条件和财务指标作为供应商的资格要求或者评审因素，不得在企业股权结构、经营年限等方面对中小企业实行差别待遇或者歧视待遇。"前述"太仓市公安局UPS等设备TZCGX201523询价采购项目"，设定"所投产品（主机）品牌在国内市场占有率前5名，必须有官方认可的证明材料（以CCID为准）"，实质上是以规模条件作为供应商的资格要求，违反了该相关规定。

六、结语

资格条件，是供应商参与政府采购项目的门槛。资格条件的设置，必须依法依规，不得以不合理的条件对供应商实行差别待遇或者歧视待遇。资格条件的设置，还必须贯彻落实政府采购支持中小微企业发展的政策，不得以市场占有率等规模条件作为政府采购项目的资格条件或评审因素。

案例 52：利害关系人是否有权对政府采购项目提出质疑投诉？

一、前言

质疑投诉是政府采购法律法规规定的权利救济途径。如果供应商的利害关系人认为政府采购活动侵犯其权益的，其可否以自身名义提出质疑投诉呢？

二、利害关系人对废标决定提出投诉

1. 采购项目情况。2014 年 8 月 12 日，采购人佛山市顺德区乐从智慧城镇发展中心、佛山市顺德区环境运输和城市管理局乐从分局、佛山市顺德区乐从镇经济和科技促进局，采购代理机构深圳市某招标有限公司实施的"乐从镇智慧交通（智能停车管理）项目系统建设及移动运营服务资格采购"在佛山新城（乐从镇）公共资源交易中心进行公开招标，至开标截止日，该项目收到投标人某泰吉奥信息技术有限公司、广东某通信息发展有限公司、某江股份有限公司和广州市某工程维修综合发展公司等投标人的投标。2014 年 9 月 4 日，佛山市顺德区乐从镇财政局作出关于废除"乐从镇智慧交通（智能停车管理）项目系统建设及移动运营服务资格采购"评标结果的决定（以下简称废标决定）。

2. 利害关系人对废标决定提出投诉。2014 年 10 月 10 日，利害关系人佛山某海智能科技有限公司（以下简称某海公司）针对废标决定向佛山市顺德区政务监察和审计局（以下简称区纪委）提出投诉，区纪委依据相应程序将案件及相关材料交佛山市顺德区财税局转办。2014 年 10 月 20 日，佛山市顺德区财税局作出关于乐从智能停车管理项目有关问题的复函（以下简称复函），以某海公司并未参与上述政府采购项目为由，认为某海公司不是该政府采购活动的当事人，不属于该项目的供应商和质疑人，不符合《政府采购法》《政府采购供应商投诉处理办法》（财政部第 20 号令，已失效，现在施行的是财政部令第 94 号）及其相关法律法规中关于投诉人条件的规定。佛山市顺德区财税局于次日将复函送达利害关系人某海公司。

三、法院对利害关系人是否有权对废标决定提出投诉的裁判

1. 利害关系人提起诉讼认为有权质疑投诉。利害关系人某海公司不服佛山市顺德区财税局作出的复函，将佛山市顺德区财税局和佛山市顺德区乐从镇人民政府起诉到佛山市顺德区人民法院。利害关系人某海公司认为，其与投标人某江股份有限公司和广州市某工程维修综合发展公司"联合体"已签订有合作协议，是隐名的实际供应商，属于《招标投标法》第六十五条所规定的其他利害关系人，依法具有政府采购项目的投诉人资格，《政府采购法》对投诉人资格的理解过于狭隘，应不予适用。

2. 一审法院佛山市顺德区人民法院判决认为利害关系人无权提出质疑投诉。佛山市顺德区人民法院经审理后，作出行政判决，认为：《政府采购法》第二十一条规定"供应商是指向采购人提供货物、工程或者服务的法人、其他组织或者自然人"，《政府采购供应商投诉处理办法》（财政部第20号令）第十条第一项规定投诉人提起投诉应当首先符合"投诉人是参与所投诉政府采购活动的供应商"，因某海公司不是涉案政府采购项目的投标参与人，不属于该政府采购项目供应商，自然也不具备政府采购项目的投诉人资格。佛山市顺德区财税局作出复函，以某海公司并未参与上述政府采购项目为由，认为某海公司不是该政府采购活动的当事人，不属于该项目的供应商和质疑人，不符合《政府采购法》《政府采购供应商投诉处理办法》（财政部第20号令）及其相关法律法规中关于投诉人条件的规定，事实清楚、证据确凿，符合上述法律和规章的规定，应予以支持。某海公司认为其是某江股份有限公司和广州市某工程维修综合发展公司联合体的利害关系人具备投诉人资格理由不成立，应不予采纳。结合其他，佛山市顺德区人民法院判决，驳回某海公司要求确认佛山市顺德区财税局作出的复函违法无效并予以撤销且确认某海公司在乐从智能停车管理项目废标处理中投诉主体资格的诉讼请求。

3. 二审法院广东省佛山市中级人民法院判决认为利害关系人无权提出质疑投诉。2015年5月14日，广东省佛山市中级人民法院作出行政判决，认为：关于上诉人（某海公司）是否符合政府采购项目投诉人资格条件的问题，上诉人认为其与投标联合体（某江股份有限公司和广州市某工程维修综合发展公司）

之间签有合作协议，是隐名的实际供应商，属于《招标投标法》第六十五条所规定的其他利害关系人，依法具有政府采购项目的投诉人资格。经查，《政府采购法》第二十一条规定："供应商是指向采购人提供货物、工程或者服务的法人、其他组织或者自然人。"《政府采购供应商投诉处理办法》（财政部第20号令）第十条第一项规定投诉人是参与所投诉政府采购活动的供应商，另《财政部关于加强政府采购供应商投诉受理审查工作的通知》第二条规定："财政部门经审查，有投诉人不是参加投诉项目政府采购活动的当事人……应当认定为无效投诉，不予受理……"根据上述法律及财政部部门规章和规范性文件的规定可知，供应商应当是参加本次采购的当事人，上诉人没有以自己的名义参与所投诉政府采购活动，不属于本次采购项目有效投诉的供应商。也就是说，只有直接供应商中的实际参与供应商才有权提出投诉，即便上诉人是隐名的供应商，也不能作为政府采购投诉人。上诉人对政府采购项目投诉人资格的理解存在偏差，认为其作为投标联合体的利害关系人即具有政府采购项目投诉人资格的主张理据不足，本院不予支持。结合其他，广东省佛山市中级人民法院判决，驳回上诉，维持原判。

4. 再审法院广东省高级人民法院裁定认为利害关系人无权提出质疑投诉。2015年11月25日，广东省高级人民法院作出行政裁定，认为：《政府采购供应商投诉处理办法》（财政部第20号令）第十条规定："投诉人提起投诉应当符合下列条件：（一）投诉人是参与所投诉政府采购活动的供应商……"《政府采购法》第二十一条规定："供应商是指向采购人提供货物、工程或者服务的法人、其他组织或者自然人。"第二十四条规定："两个以上的自然人、法人或者其他组织可以组成一个联合体，以一个供应商的身份共同参加政府采购。以联合体形式进行政府采购的，参加联合体的供应商均应当具备本法第二十二条规定的条件，并应当向采购人提交联合协议，载明联合体各方承担的工作和义务。联合体各方应当共同与采购人签订采购合同，就采购合同约定的事项对采购人承担连带责任。"《财政部关于加强政府采购供应商投诉受理审查工作的通知》第二条规定："财政部门经审查，有投诉人不是参加投诉项目政府采购活动的当事人……等情形之一的，应当认定为无效投诉，不予受理，并及时书面告知投诉人不予受理的理由。"本案中，某海公司并未以自己名义参与涉案项目政府采购活动。其虽然称与投标联合体（某江股份有限公司和广州市某工程维修综合发展公司）之间签订有合作协议，是隐名的实际供应商，属于其他利害关系人，但上述规定中并未将组成联合体的供应商之外的其他人也列为供应商和投诉人。同时，《政府采购法》第七十条关于"任何单位和个人对政府采购活动中的违法行为，有权控告和检举，有关部门、机关应当依照各自职责及时处理"的规定，与该法第六章关于"质疑与投诉"的规定，在适用对象、范围、程序等方面均有所不同，不适用于本案。故佛山市顺德区财税局于2014年10月20日所作关于乐从智能停车管理项目有关问题的复函中，认为某海公司不是该政府采购活动的当事人，不属于该项目的供应商和质疑人，不符合相关法律法规中关于投诉人条件的规定，并无不当。结合其他，广东省高级人民法院裁定，驳回某海公司的再审申请。

四、适用《政府采购法》的政府采购项目中利害关系人无权提出质疑投诉

1. 有权提出质疑投诉的是供应商，不包括利害关系人。对于什么是供应商，《政府采购法》第二十一条规定："供应商是指向采购人提供货物、工程或者服务的法人、其他组织或者自然人。"对于供应商有权提出质疑投诉的规定，是《政府采购法》第五十一条："供应商对政府采购活动事项有疑问的，可以向采购人提出询问，采购人应当及时作出答复，但答复的内容不得涉及商业秘密。"和《政府采购质疑和投诉办法》（财政部令第94号）第十条的规定："供应商认为采购文件、采购过程、中标或者成交结果使自己的权益受到损害的，可以在知道或者应知其权益受到损害之日起7个工作日内，以书面形式向采购人、采购代理机构提出质疑。采购文件可以要求供应商在法定质疑期内一次性提出针对同一采购程序环节的质疑。"

2. 潜在供应商有权对采购文件提出质疑投诉，但利害关系人不等于潜在供应商。《政府采购质疑和投诉办法》（财政部令第94号）第十一条规定："提出质疑的供应商（以下简称质疑供应商）应当是参与所质疑项目采购活动的供应商。潜在供应商已依法获取其可质疑的采购文件的，可以对该文件提出质疑。对采购文件提出质疑的，应当在获取采购文件或者采购文件公告期限届满之日起7个工作日内提出。"因此，只有参与所质疑项目采购活动的供应商及已依法获取其可质疑的采购文件的潜在供应商有权依法提出质疑投诉，其他任何单位，包括与供应商或潜在供应商有利害关系的第三人，均无权对政府采购项目提出质疑投诉。

3. 采用招标方式的政府采购工程以及与工程建设有关的货物、服务项目的除外。政府采购项目应适用《政府采购法》《政府采购法实施条例》《政府采购质疑和投诉办法》（财政部令第 94 号）等政府采购法律法规的规定，除非存在《政府采购法实施条例》第七条所规定的"政府采购工程以及与工程建设有关的货物、服务，采用招标方式采购的，适用《中华人民共和国招标投标法》及其实施条例；采用其他方式采购的，适用政府采购法及本条例。前款所称工程，是指建设工程，包括建筑物和构筑物的新建、改建、扩建及其相关的装修、拆除、修缮等；所称与工程建设有关的货物，是指构成工程不可分割的组成部分，且为实现工程基本功能所必需的设备、材料等；所称与工程建设有关的服务，是指为完成工程所需的勘察、设计、监理等服务。政府采购工程以及与工程建设有关的货物、服务，应当执行政府采购政策"，即政府采购工程以及与工程建设有关的货物、服务，采用招标方式采购的，则利害关系人可以根据《招标投标法》《招标投标法实施条例》《工程建设项目招标投标活动投诉处理办法》等的规定依法提出投诉。但以非招标方式实施的政府采购工程以及与工程建设有关的货物、服务，利害关系人也无权提出质疑投诉。

五、结语

政府采购项目是政府采购工程以及与工程建设有关的货物、服务且采用招标方式采购的，利害关系人有权根据《招标投标法》等的规定依法提出投诉。但如果是其他的政府采购项目，利害关系人无权提出质疑投诉。采购人、代理机构、利害关系人等须注意招标采购中不同情况的法律规定，并正确适用法律法规开展招标采购活动，切记不可混淆。

案例 53：政府采购货物可否在采购文件中拒绝进口产品投标？

一、前言

政府采购货物，采购人可否在采购文件中规定，本采购项目不接受进口产品投标？

二、采购文件规定不接受进口产品投标被质疑投诉

1. 采购项目情况。2014 年 5 月 30 日，采购人南京某大学、采购代理机构江苏省政府采购中心发布了"旋转通风笼具采购项目"（招标文件编号：JSZC-G2014-×××）的招标文件，其中，招标文件规定，分包一：旋转式高密度大鼠独立通风笼具 17 套。分包二：旋转式高密度小鼠独立通风笼具 43 套。本次采购不接受进口产品投标，不接受联合体投标。

2. 供应商对招标文件提出质疑。2014 年 6 月 6 日，上海某硕科技有限公司（以下简称某硕公司）向江苏省政府采购中心递交关于招标文件（标书编号：JSZC-G2014-×××）的质疑书，提出如下质疑：采购中心明知可以提供本次招标产品的供应商只有国产一家和进口产品一家，招标项目（编号 JSZC-G2014-×××）不接受进口产品投标，带有明显的倾向性、限制性，损害了某硕公司的合法权益。

3. 采购代理机构对质疑进行答复。2014 年 6 月 13 日，江苏省政府采购中心作出关于某硕公司质疑书的复函，针对某硕公司对编号为 JSZC-G2014-×××号采购项目的招标文件的质疑作出回复：《政府采购进口产品管理办法》明确规定政府采购应当采购本国产品，确需采购进口产品的，实行审核管理。标书编号为 JSZC-G2014-×××号的案涉项目未获得财政部门审核同意采购进口产品，因此该项目招标文件明确规定"本次采购不接受进口产品投标"。2014 年 6 月 19 日，江苏省政府采购中心发布"南京某大学旋转通风笼具中标候选人公示"，因投标人不足三家，第一包和第二包均为废标。

三、财政部门对采购文件规定不接受进口产品投标的认定与处理

1. 投诉处理机关江苏省财政厅认为合法并驳回该项投诉。某硕公司不服江苏省政府采购中心作出的关于某硕公司质疑书的复函，向江苏省财政厅提出投诉。2014 年 8 月 21 日，江苏省财政厅作出政府采购供应商投诉处理决定（以下简称投诉处理决定），该决定认为：根据《政府采购法》规定，政府采购应当采购本国货物、工程和服务，因此，招标文件规定不接受进口产品投标符合政府采购法律规定，某硕公司的投诉事项缺乏事实根据和法律依据。结合其他，江苏省财政厅驳回投诉。

2. 行政复议机关财政部认为合法。某硕公司不服江苏省财政厅作出的投诉处理决定，向财政部提出行政复议申请。2014 年 12 月 15 日，财政部作出行政复议决定书，驳回了某硕公司的行政复议申请。

四、法院对采购文件规定不接受进口产品投标的裁判

1. 一审法院江苏省南京市中级人民法院判决认为合法。某硕公司不服江苏省财政厅作出的投诉处理决定，将江苏省财政厅作为被告，起诉到江苏省南京市中级人民法院，江苏省南京市中级人民法院经审理后，作出行政判决，认为：江苏省政府采购中心的做法符合《政府采购法》的规定，……江苏省财政厅依据《政府采购供应商投诉处理办法》（财政部第 20 号令，已失效，现在施行的是财政部令第 94 号）第十七条第二项规定，即财政部门经审查，投诉缺乏事实依据的，驳回投诉，依法驳回某硕公司的投诉符合法律规定。结合其他，江苏省南京市中级人民法院判决，驳回某硕公司的诉讼请求。

2. 二审法院江苏省高级人民法院判决认为合法。2015 年 9 月 30 日，江苏省高级人民法院作出行政判决，认为：只要不违反法律禁止性规定，采购人有权自主选择所需要的产品。本案中，采购人南京某大学在"旋转通风笼具采购项目"（招标文件编号：JSZC-G2014-×××）采购中提出不接受进口产品投标，既是其自主选择的体现，也符合《政府采购法》第十条第一款中"政府采购应当采购本国货物、工程和服务"的要求。结合其他，江苏省高级人民法院判决，驳回上

诉，维持原判。

五、政府采购项目不接受进口产品是原则，接受是例外

1. 采购国货是我国的政府采购政策之一。《政府采购法》第十条规定："政府采购应当采购本国货物、工程和服务。但有下列情形之一的除外：（一）需要采购的货物、工程或者服务在中国境内无法获取或者无法以合理的商业条件获取的；（二）为在中国境外使用而进行采购的；（三）其他法律、行政法规另有规定的。前款所称本国货物、工程和服务的界定，依照国务院有关规定执行。"因此，政府采购应当优先采购本国货物、工程或者服务，只有在特定的情形下，才可以采购进口的货物等。

2. 采购进口产品必须先获批。《政府采购进口产品管理办法》（财库〔2007〕119号）第四条规定："政府采购应当采购本国产品，确需采购进口产品的，实行审核管理。"第七条规定："采购人需要采购的产品在中国境内无法获取或者无法以合理的商业条件获取，以及法律法规另有规定确需采购进口产品的，应当在获得财政部门核准后，依法开展政府采购活动。"如果采购人擅自采购进口产品的，《政府采购进口产品管理办法》（财库〔2007〕119号）第二十一条规定了相关的法律责任："采购人未获得财政部门采购进口产品核准，有下列情形之一的，责令限期改正，并给予警告，对直接负责的主管人员和其他直接责任人员，由其行政主管部门或者有关机关给予处分，并予通报：（一）擅自采购进口产品的；（二）出具不实申请材料的；（三）违反本办法规定的其他情形。"因此，如果没有获得采购进口产品的批准，不得采购进口产品。在前述"旋转通风笼具采购项目"（招标文件编号：JSZC-G2014-×××）中，采购人未获得财政部门的进口产品批准，所以不得采购进口产品，在招标文件中规定不接受进口产品投标，并不违法。

六、结语

政府采购项目中，确需采购进口产品的，必须经过专家论证，并报财政部门核准后，才能采购。此时供应商才能以进口产品投标。否则，属于擅自采购进口产品，违反了相关法律法规的规定，将承担相应的法律责任。

案例 54：对供应商超期提出的质疑可否不予答复？

一、前言

政府采购项目中，答复质疑，是采购人、采购代理机构的法定义务。但对于供应商没有在法定期限内提出的质疑，即超期提出的质疑，采购人、采购代理机构可否不予答复呢？

二、供应商超期提出质疑采购人不予答复被投诉

1. 采购项目情况。2012年12月6日，采购人广东省第二人民医院、采购代理机构某招标公司（以下简称某招标公司）分别在广东省政府采购网、中国采购与招标网、中国政府采购网等网站上就"省二院采购口服药自动配药机招标项目"发布公开招标公告，对本次采购项目的招标文件进行公示，公示期为2012年12月6日至2012年12月12日共五个工作日。

2. 供应商超期对招标文件提出质疑。2012年12月25日，江西某迎医疗科技有限公司（以下简称某迎公司）通过挂号信向某招标公司邮寄了书面异议书，对招标文件中的口服药自动配药机技术参数第1、3、5、17、19、22、32项内容提出质疑，要求某招标公司立即停止招标活动并给予书面解释。

3. 采购代理机构未对质疑进行答复被投诉。采购代理机构某招标公司认为该质疑已过质疑有效期，故未予答复。

三、财政部门对供应商超期提出质疑采购人不予答复的认定与处理

1. 质疑供应商向广东省财政厅进行投诉。2013年1月20日，某迎公司向广东省财政厅邮寄了某迎公司于2013年1月20日作出的投诉书，认为涉案的招标活动招标文件内容不合法，故向广东省财政厅投诉，要求广东省财政厅进行处理。

2. 投诉处理机关广东省财政厅不予支持该项投诉。2013年3月29日，广东省财政厅作出政府采购投诉处理决定书，认为：某迎公司提出的质疑超过质疑有效期，属于无效质疑，故对于某迎公司认为某招标公司未对其质疑事项作出答复，所开展的招标活动中存在不公正、不公平的行为，其中标结果是不合法的投诉事项不予支持。

四、法院对供应商超期提出质疑采购人不予答复的裁判

1. 一审法院广东省广州市中级人民法院判决认为不予答复合法。某迎公司不服广东省财政厅作出的政府采购投诉处理决定书，将广东省财政厅作为被告，起诉到广东省广州市中级人民法院，广东省广州市中级人民法院经审理后，作出行政判决，认为：关于某招标公司未对某迎公司质疑作出回复的问题。《政府采购法》第五十二条规定："供应商认为采购文件、采购过程和中标、成交结果使自己的权益受到损害的，可以在知道或者应知其权益受到损害之日起七个工作日内，以书面形式向采购人提出质疑。"第五十四条规定："采购人委托采购代理机构采购的，供应商可以向采购代理机构提出询问或者质疑，采购代理机构应当依照本法第五十一条、第五十三条的规定就采购人委托授权范围内的事项作出答复。"《广东省实施〈中华人民共和国政府采购法〉办法》（2010年3月1日起施行）第三十五条规定："采购人或者其委托的采购代理机构应当将政府采购文件在指定的政府采购信息发布媒体上公示五个工作日。供应商可以自行下载政府采购文件。供应商认为政府采购文件的内容损害其权益的，可以在公示期间或者自期满之日起七个工作日内向采购人或者其委托的采购代理机构提出质疑；采购人或者其委托的采购代理机构认为质疑理由成立的，应当修改政府采购文件，重新组织政府采购活动。"某招标公司于2012年12月6日发布招标公告并公示招标采购文件，公示期为2012年12月6日至2012年12月12日共五个工作日，某迎公司于2012年12月25日对招标文件提出质疑，已超过质疑有效期，某迎公司对于招标文件的质疑不影响招标活动的进行。因此，被告对于某迎公司的该项投诉事项不予支持亦无不当。结合其他，广东省广州市中级人民法院判决，驳回某迎公司的诉讼请求。

2. 二审法院广东省高级人民法院判决认为不予答复合法。2014年5月12日，广东省高级人民法院作出行政判决，认为：《广东省实施〈中华人民共和国

政府采购法〉办法》第三十五条规定："采购人或者其委托的采购代理机构应当将政府采购文件在指定的政府采购信息发布媒体上公示五个工作日。供应商可以自行下载政府采购文件。供应商认为政府采购文件的内容损害其权益的，可以在公示期间或者自期满之日起七个工作日内向采购人或者其委托的采购代理机构提出质疑；采购人或者其委托的采购代理机构认为质疑理由成立的，应当修改政府采购文件，重新组织政府采购活动。"上述规定明确了采购文件公示的日期及供应商认为采购文件的内容损害其权益提出质疑的期限。本案中，某招标公司于2012年12月6日发布招标公告并公示招标采购文件，公示期至2012年12月12日共五个工作日，某迎公司于2012年12月25日对招标文件的内容提出质疑，已超过质疑有效期，某招标公司对其质疑不予答复有法律依据。广东省财政厅对于某迎公司投诉某招标公司未对其该次质疑作出回复的投诉事项不予支持并无不当。结合其他，广东省高级人民法院判决，驳回上诉，维持原判。

五、供应商超期提出质疑采购人可以不予答复

1. 在法定期限内提出质疑是质疑供应商的义务。《政府采购法》第五十二条规定："供应商认为采购文件、采购过程和中标、成交结果使自己的权益受到损害的，可以在知道或者应知其权益受到损害之日起七个工作日内，以书面形式向采购人提出质疑。"《政府采购法实施条例》第五十三条规定："政府采购法第五十二条规定的供应商应知其权益受到损害之日，是指：（一）对可以质疑的采购文件提出质疑的，为收到采购文件之日或者采购文件公告期限届满之日；（二）对采购过程提出质疑的，为各采购程序环节结束之日；（三）对中标或者成交结果提出质疑的，为中标或者成交结果公告期限届满之日。"《政府采购质疑和投诉办法》（财政部令第94号）第十条规定："供应商认为采购文件、采购过程、中标或者成交结果使自己的权益受到损害的，可以在知道或者应知其权益受到损害之日起7个工作日内，以书面形式向采购人、采购代理机构提出质疑。采购文件可以要求供应商在法定质疑期内一次性提出针对同一采购程序环节的质疑。"因此，供应商必须在前述规定的期限之内提出质疑，不得超期提出质疑。

2. 超期以发出时间为准而非采购人、采购代理机构收到质疑的时间。《政府采购质疑和投诉办法》（财政部令第94号）第十三条规定："采购人、采购代理机构不得拒收质疑供应商在法定质疑期内发出的质疑函，应当在收到质疑函后7

个工作日内作出答复,并以书面形式通知质疑供应商和其他有关供应商。"因此,虽然采购人或采购代理机构在收到供应商提出的质疑函时,时间可能已经超期,但只要供应商发出质疑函的时间未超期,则采购人、采购代理机构应当依法予以答复。至于发出的时间,并不完全等同于质疑函上载明的时间,而是以实际发出的时间为准,比如通过电子邮件发出的,电子邮件发出时间为提起质疑的时间;通过邮件方式发出的,邮递收件的时间即为提起质疑的时间;等等。

3. 超期提出的质疑采购人可答复也可不答复。《政府采购法》第五十三条规定:"采购人应当在收到供应商的书面质疑后七个工作日内作出答复,并以书面形式通知质疑供应商和其他有关供应商,但答复的内容不得涉及商业秘密。"此外,前述《政府采购质疑和投诉办法》(财政部令第94号)第十三条亦规定了采购人、采购代理机构答复质疑的时间。但此种答复义务和责任,只针对质疑供应商在法定期限内提出的质疑,不包括超期提出的质疑。至于质疑供应商超期提出的质疑,采购人、采购代理机构,可以答复,也可以如前述"省二院采购口服药自动配药机招标项目"一样,不予答复。

六、结语

政府采购项目中,质疑供应商没有在法定期限内提出的质疑,采购人、采购代理机构,可以答复,也可以不予答复。但对采购人、采购代理机构而言,准确判断质疑供应商是否在法定期限内提出质疑,是一项需要准确掌握的专业知识和技能。

案例 55：6 个子项中 3 个子项报价为 0 元是否属于低于成本价投标？

一、前言

如果一个政府采购项目同时采购多项货物，供应商在投标报价时，采取类似于工程招投标中的"不平衡报价"策略，其中部分子项报价为 0 元，可否认定该供应商的投标报价低于成本价呢？

二、供应商部分子项货物报价为 0 元引起质疑投诉

1. 采购项目情况。采购人甲省公安厅交通管理局、采购代理机构甲省某建招投标代理有限公司（以下简称某建公司）实施的"车辆号牌制作供应采购项目"，在该项目招标文件第一部分第二章第一节 4.2 号牌类型及单价预算控制价规定：大型汽车号牌每副预算价 43.76 元、小型汽车号牌每副预算价 38.05 元、挂车号牌每副预算价 26.23 元、教练车号牌每副预算价 38.06 元、摩托车号牌每副预算价 29.06 元、低速车号牌每副预算价 32.90 元，合计预算价 208.06 元。第三章第一节评标办法规定，本项目采用综合评分法进行评审。第二节评分标准"二、评分标准"部分"3. 价格分的计算"规定，投标报价：为所有号牌类别单价的总和。第四节无效标条款规定："出现下列情形之一的，供应商递交的投标文件作无效标处理，该供应商的投标文件不参与评审，且不计算入投标供应商家数……5. 投标报价被评审委员会认定低于成本价的……7. 投标文件对采购文件的实质性要求和条件未作出响应的。"

2. 某供应商三项货物报价为 0 元经评标委员会认定为初步审查不通过。2017 年 1 月 13 日，该采购项目开标、评标。甲省某运交通设施工程有限公司（以下简称某运公司）在其投标文件中的报价为：大型汽车号牌每副 35 元、小型汽车号牌每副 35 元、挂车号牌每副 0 元、教练车号牌每副 0 元、摩托车号牌每副 17 元、低速车号牌每副 0 元，单副号牌合计 87 元。在表中的"投标申明"部分载明："经我公司多年的生产数据分析，挂车号牌、教练车号牌、低速车号牌（市

场分析）约占号牌总量的1.27%，为感谢采购人多年的支持和关心，我公司将此三项不计价赠送，其成本已计入其他号牌中。"经评标委员会评审，某运公司未通过初步审查。评标委员会判定不通过的理由之一为：某运公司出现招标文件第三章第四节无效标条款中第5点和第7点的情形。

3. 三项货物报价为0元初步审查不通过的供应商提出质疑投诉。2017年1月19日，某运公司向某建公司提出质疑，具体事项包括：1. 经与中标企业投标价格比较计算，对中标结果是否遵循低价中标原则提出质疑；2. 其经过自查投标文件，内容皆响应招标文件要求，但最终得分为何会低于中标单位……2017年1月26日，某建公司作出质疑答复函。某运公司对答复不服，于2017年2月16日向甲省财政厅提出投诉。

三、财政部与甲省财政厅对供应商部分子项货物报价为0元是否属于低于成本价投标的认定不一致

1. 投诉处理机关甲省财政厅的第一次处理决定驳回某运公司的投诉。2017年3月28日，甲省财政厅作出政府采购投诉处理决定书（以下简称8号投诉处理决定），甲省财政厅认为：1. 某运公司未通过符合性审查，其投标文件未进入评审，因此某运公司对自身报价低而未中标及应得报价分的推测没有事实依据。……3. 投诉人（某运公司）对于"不计价赠送的三项号牌零元报价并未违法违规"等投诉，在提起投诉前没有依法进行质疑，不符合投诉条件。结合其他，甲省财政厅以某运公司的投诉缺乏事实依据为由，驳回了其投诉。

2. 投诉处理机关甲省财政厅的第二次处理决定中标结果无效，责令重新开展采购活动。2017年3月29日，甲省财政厅作出政府采购处理决定书（以下简称4号处理决定）。该决定认为……二、1. 该项目是以单副号牌合计价作为投标报价进行评分，某运公司单副号牌合计投标报价为87元，并未超过单副号牌合计预算控制价。2. 该项目招标文件并未设定"成本价"的标准，评标委员会简单地将各项号牌分开对待，并认定某运公司的投标报价低于成本价的判定与客观事实不符。因此，评标委员会对某运公司投标报价"低于成本"和"对采购文件的实质性要求和条件未作出响应"的认定并无法律依据和事实依据。综上，该项目评标委员会未按照招标文件规定的评标方法和标准进行评标，影响了中标结果，根据《政府采购货物和服务招标投标管理办法》（财政部令第18号，已失

效,现在施行的是财政部令第87号)第七十七条第二款和《财政部关于加强政府采购货物和服务项目价格评审管理的通知》(财库〔2007〕2号)之规定,决定涉案采购项目中标结果无效,责令重新开展采购活动。

3. 中标人不服甲省财政厅的第二次处理决定向财政部提起行政复议申请。该采购项目的中标人甲省某龙反光标牌有限公司(以下简称某龙公司)不服甲省财政厅作出的4号处理决定,向财政部提出行政复议申请。某龙公司认为……(3)根据《政府采购货物和服务招标投标管理办法》(财政部令第18号)第五十四条和招标文件第四节第5点有关"投标报价被评审委员会认定低于成本价的,作无效处理"的规定,原告对挂车号牌、教练车号牌、低速车号牌的报价为0元,明显已低于成本……(5)根据《反不正当竞争法》[①]第十一条的规定,原告对挂车号牌、教练车号牌、低速车号牌的报价为0元,明显低于成本……4号处理决定存在矛盾和明显不当。甲省财政厅作出的8号投诉处理决定认定某运公司的投诉缺乏事实依据,并决定驳回投诉。据此可推断此次中标应合法有效。而其又作出4号处理决定,认定中标无效。两决定书存在矛盾和明显不当。综上,某龙公司请求财政部撤销4号处理决定。

4. 行政复议机关财政部撤销了甲省财政厅所作的4号处理决定。2017年6月6日,财政部针对某龙公司的行政复议申请作出行政复议申请决定。认为:根据《政府采购法》第三条的规定,政府采购应当遵循公开透明原则、公平竞争原则、公正原则和诚实信用原则。供应商在投标时应本着前述原则对投标标的进行报价,即使招标文件未规定最低价格,但供应商提供一项产品就会产生相应的成本,供应商应在制作该产品的成本基础上进行报价,供应商以相应产品市场占有率低,其成本计入市场占有率高的产品成本中,而将相应产品报价为0元,使得最终投标价格总和整体降低谋取中标的做法,违反了公平竞争原则,这种做法也会影响政府采购秩序。本案中,采购内容是单个车牌,相应的制作工艺并不烦琐,因此,价格分是供应商是否可以中标的重要判断标准,虽然甲省公安厅交通管理局车辆号牌制作供应采购项目采购文件(以下简称招标文件)并未对"单个号牌报价为0元是否属于投标报价低于成本价的无效投标情形"进行规定。但是从采购标的整体来看,采购的是单一类别的单个车牌,每一个最终用户(上牌人)所需车牌对应的也是单一类别的单个车牌,每一个最终用户(上牌人)的

[①] 《反不正当竞争法》于1993年9月2日通过,自1993年12月1日起施行,于2017年11月4日修订、2019年4月23日修正,具体请参见现行规定。

上牌行为都会产生制作单个车牌的成本，供应商将该种车牌的制作成本设定为0元与事实不符。因此，对于制作工艺简单，门槛较低的产品，供应商这种降低占有率少的产品价格，使得整体投标报价降低，拉开价格分差进而谋取中标的行为，违反了公平竞争原则且扰乱了政府采购秩序。甲省财政厅对于"单个车牌报价为零并非投标报价低于成本价"的认定，属于事实认定不清。结合其他，财政部决定撤销甲省财政厅于2017年3月29日作出的4号处理决定。

四、法院对供应商部分子项货物报价为0元是否属于低于成本价投标的裁判

1. 一审法院北京市某中级人民法院判决驳回某运公司的全部诉讼请求。某运公司对财政部作出的行政复议申请决定不服，将财政部起诉到北京市某中级人民法院。北京市某中级人民法院经审理后，作出行政判决，认为……《政府采购法》第三条规定，政府采购应当遵循公开透明原则、公平竞争原则、公正原则和诚实信用原则。公平竞争原则是指在政府采购中引入竞争机制，实现机会均等、待遇均等，使政府采购主体采购到质优价廉的商品和服务。竞争机制是市场经济最基本的运行机制。法律保障生产经营者在市场活动中公开、公平地进行竞争，鼓励其通过提高自身的生产能力，取得市场竞争优势。同时，参与市场竞争的生产经营者在竞争中要恪守诚实信用原则。诚实信用是发展市场经济的前提和基础，一方面允许市场参与者追求其最大的利益，另一方面要求其不得对他人及社会的利益带来不正当的影响。在政府采购中，供应商的投标行为属于有偿提供商品或服务的行为，也是一种销售行为。参与政府采购投标的供应商之间是竞争关系。各供应商投标的目的是中标。其投标文件无论是采用较低价格的报价，还是通过在技术、商务等因素中体现其优势，都是为了在竞争中获得优势地位。因此，政府采购活动中，供应商应当遵循公开透明、公平竞争、公正以及诚实信用的原则。虽然报价是供应商的权利和自由，但供应商在报价时，不仅要遵循商业规则，符合招标文件的要求，还不能违反法律基本原则以及法律的禁止性规定。投标报价不得低于成本价既是公平竞争原则的体现，也是《反不正当竞争法》的强制性规定。本案中，招标文件规定的投标报价方式是以所有号牌类别单价的总和来报价。而原告（某运公司）将三类号牌单价报为0元，该价格明显低于其成本价格。虽然招标文件未规定单副号牌单价为0元属于低于成本价的无效标情

形，但原告这种报价方式无形中降低了六类号牌单价的总和，使其在价格分上与其他供应商拉开了差距，存在谋取中标而排挤其他竞争对手的情况。原告的行为属于不正当竞争行为，损害了其他参与投标供应商的合法权益。实际上，供应商每生产和提供一类号牌，就会产生相应的制作和运营等成本，原告将三类号牌单价报价为0元，有违诚实信用原则。且正常情况下，供应商亦应当在每类号牌成本的基础上确定其单价，进而合计得出六类号牌的最终报价。原告的报价方式与正常情况下其他供应商的报价方式不同，并且通过这种方式，降低六类号牌单价的总和。在六类号牌使用数量尚不确定的情况下，采购人最终为原告提供的商品支付的费用可能并非最低，但原告的行为不符合《政府采购法》规定的公平竞争原则的要求。招标文件规定，投标报价经评标委员会认定低于成本价的，供应商递交的投标文件作无效标处理。涉案政府采购项目的评标委员会是依据相关法律规定并按照招标文件规定的评标办法和标准进行的评标，所作结论并无不当。被告（财政部）据此认定4号处理决定就原告报价是否低于成本价的相关处理意见属于认定事实不清，亦无不当之处。原告就该问题提出的相关诉讼意见，缺乏事实和法律依据，本院不予采纳。结合其他，北京市某中级人民法院判决：驳回原告某运公司的全部诉讼请求。

2. 二审法院北京市高级人民法院判决驳回上诉维持一审判决。2018年6月19日，北京市高级人民法院作出行政判决，认为：《政府采购法》第三条规定，政府采购应当遵循公开透明原则、公平竞争原则、公正原则和诚实信用原则。经审查，本案招标文件的相关规定不违反上述法律规定的原则。故对于上述争议的评判应当首先基于招标文件的文本分析。招标文件"价格分的计算"中规定，投标报价为所有号牌类别单价的总和，据此，"总和"应该基于所有号牌类别的"单价"综合而成；而评标程序"初步审查"中的商务符合性要求审查供应商的报价应不低于成本价，该要求未明确供应商投标的"单价"可以低于成本价。基于招标文件的上述规定，某运公司在投标文件中将挂车号牌、教练车号牌、低速车号牌报价每副为0元，评标委员会在评审中认为某运公司的投标报价低于成本价，属于无效的投标，故确认某运公司未通过初步审查。评标委员会的上述行为符合招标文件的要求。《政府采购法实施条例》第四十一条第一款规定，评标委员会、竞争性谈判小组或者询价小组成员应当按照客观、公正、审慎的原则，根据采购文件规定的评审程序、评审方法和评审标准进行独立评审。采购文件内容违反国家有关强制性规定的，评标委员会、竞争性谈判小组或者询价小组应当停止评审并向采购人或者采购代理机构说明情况。本案中,评标委员会认定某运公司的投标报价低于成本价属于无效投标,并未违反客观、公正、审慎的原则,亦未违反评审标准。且招标文件中规定的"不低于成本报价"的要求亦不违反国家强制性规定。结合其他,北京市高级人民法院判决如下:驳回上诉,维持一审判决。

五、政府采购活动中存在部分子项报价为 0 元等低价形式的"不平衡报价"将被认定为低于成本价投标

1. 现行法律法规不允许低于成本价报价。《价格法》第二条规定:"在中华人民共和国境内发生的价格行为,适用本法。本法所称价格包括商品价格和服务价格。商品价格是指各类有形产品和无形资产的价格。服务价格是指各类有偿服务的收费。"第三条第三款规定:"本法所称经营者是指从事生产、经营商品或者提供有偿服务的法人、其他组织和个人。"第七条规定:"经营者定价,应当遵循公平、合法和诚实信用的原则。"第八条规定:"经营者定价的基本依据是生产经营成本和市场供求状况。"第十四条规定:"经营者不得有下列不正当价格行为……(二)在依法降价处理鲜活商品、季节性商品、积压商品等商品外,为了排挤竞争对手或者独占市场,以低于成本的价格倾销,扰乱正常的生产经营秩序,损害国家利益或者其他经营者的合法权益……"因此,在前述"车辆号牌制作供应采购项目"中,供应商某运公司属于经营者,其投标报价,须根据《价格法》的前述规定,依据生产经营成本等进行报价。同时,政府采购的供应商,不得为了排挤竞争对手或者独占市场,以低于成本的价格倾销,扰乱正常的生产经营秩序,损害国家利益或者其他经营者的合法权益。否则将承担相应的法律责任。

2. 注意区分工程招投标活动中的"不平衡报价"与政府采购活动中的"不平衡报价"。工程招投标活动因其整个工程建设项目的复杂性,与政府采购项目有重大的区别。工程招投标活动并不禁止不平衡报价,在工作实践中,累积了很多限制不平衡报价的策略。需要注意的是,限制不平衡报价与禁止不平衡报价并不等同。

3. 注意区分工程招投标活动中的"工程量清单漏项"与政府采购活动中的子项 0 元报价。工程招投标活动中,如果采用工程量清单报价的,根据《建设工

程工程量清单计价规范》（GB50500-2013）第 6.2.6 条①规定："招标工程量清单与计价表中列明的所有需要填写的单价和合价的项目，投标人均应填写且只允许有一个报价。未填写单价和合价的项目，视为此项费用已包含在已标价工程量清单中其他项目的单价和合价之中。竣工结算时，此项目不得重新组价予以调整。"这也是前述"车辆号牌制作供应采购项目"中，供应商某运公司"投标申明"部分载明："经我公司多年的生产数据分析，挂车号牌、教练车号牌、低速车号牌（市场分析）约占号牌总量的 1.27%，为感谢采购人多年的支持和关心，我公司将此三项不计价赠送，其成本已计入其他号牌中。"该"投标申明"中的"其成本已计入其他号牌中"与《建设工程工程量清单计价规范》中的"视为此项费用已包含在已标价工程量清单中其他项目的单价和合价之中"类似，但政府采购项目中，尤其是在采购货物或服务项目中，《建设工程工程量清单计价规范》并不适用。要注意区分工程招投标活动中的"工程量清单漏项"与政府采购活动中的子项 0 元报价。

六、结语

政府采购投标报价也受《价格法》的约束，投标供应商不得低于成本报价。政府采购与工程招投标有重大的区别，不得机械地将工程招投标活动中的"不平衡报价"策略应用于政府采购货物或服务中，否则存在被认定为低于成本投标的风险。

---

① 根据住房城乡建设部关于发布国家标准《建设工程工程量清单计价标准》的公告，《建设工程工程量清单计价标准》（GB/T50500-2024），自 2025 年 9 月 1 日起实施。原国家标准《建设工程工程量清单计价规范》（GB50500-2013）同时废止。《建设工程工程量清单计价标准》（GB/T50500-2024）第 6.1.9 条规定："采用单价合同的工程，投标人应按要求完整填报工程量清单中所有清单项目的综合单价及其合价和（或）总价计价项目的价格，且每个清单项目应只填报一个报价，未按要求填报（漏填或未填）综合单价及其合价和（或）清单项目价格的，宜按本标准第 3.5.4 条的规定完成相关的投标报价澄清或说明，相关清单项目报价可视为已包含在投标总价中。"

后　记

日为积，月为累。

在长达十几年的招标采购工作中，遇到了太多太多的疑难案例。

对疑难案例的分析与处理，使干巴巴的招标采购规则鲜活起来。

与招标采购各方主体的沟通交流，得以知悉他们出发的视角、站位的选择、利益的平衡……，原来，招标采购规则就是一头大象，招标采购各方主体，被视角、选择、利益等"蒙蔽"了双眼，盲人摸象般，述说着他们对规则的正确理解并反驳他人的错误理解。

他人中有自己，自己也是他人。谁的理解才是正解？谁摸出的大象样貌，才是完整的一头大象的摸样？经过异议质疑，质疑答复，投诉处理，行政复议，行政诉讼，法院的裁判理由也更加严谨。

在繁重的工作之余，研读大量的招标采购判例，好奇心使然，也是职业使然，但收获颇多。

阅读是一种输入，写作是一种输出，但同时也是一种更深层的输入。从这些裁判案例中，经过解析，提炼，编排……，虽然辛苦，也是一种幸福。

时光的流逝，留下了经过的印迹。55 个案例，记录着日月的更替。

55 个案例，汇集成为本书。感谢中国法治出版社各位工作人员的辛劳与一以贯之的支持，感谢读者朋友们的选择，谢谢您们。

以此为记。

李金升律师
2025 年 2 月 6 日

图书在版编目（CIP）数据

政府采购和招标投标质疑投诉诉讼实务案例解析 / 李金升著. -- 北京：中国法治出版社，2025. 3.
ISBN 978-7-5216-4853-9

Ⅰ. D922.204

中国国家版本馆 CIP 数据核字第 2024UM0288 号

责任编辑：马春芳　　　　　　　　　　　　　　　　　封面设计：赵博

政府采购和招标投标质疑投诉诉讼实务案例解析
ZHENGFU CAIGOU HE ZHAOBIAO TOUBIAO ZHIYI TOUSU SUSONG SHIWU ANLI JIEXI

著者/李金升
经销/新华书店
印刷/三河市紫恒印装有限公司
开本/730 毫米×1030 毫米　16 开　　　　　印张/ 17.25　字数/ 228 千
版次/2025 年 3 月第 1 版　　　　　　　　　　2025 年 3 月第 1 次印刷

中国法治出版社出版
书号 ISBN 978-7-5216-4853-9　　　　　　　　　　　　　定价：78.00 元

北京市西城区西便门西里甲 16 号西便门办公区
邮政编码：100053　　　　　　　　　　　　　　传真：010-63141600
网址：http://www.zgfzs.com　　　　　　　　编辑部电话：010-63141816
市场营销部电话：010-63141612　　　　　　　印务部电话：010-63141606

（如有印装质量问题，请与本社印务部联系。）